学校课程发展
精品丛书

丛书主编

舒小红　杨四耕

主编

章　明

学科课程与深度学习

华东师范大学出版社

·上海·

图书在版编目（CIP）数据

学科课程与深度学习/章明主编. —上海：华东
师范大学出版社,2020
　　（学校课程发展精品丛书）
　　ISBN 978-7-5760-0505-9

　　Ⅰ.①学… Ⅱ.①章… Ⅲ.①数学课-教学研究-中
小学 Ⅳ.①G633.602

中国版本图书馆 CIP 数据核字(2020)第 147382 号

学校课程发展精品丛书
学科课程与深度学习

丛书主编　舒小红　杨四耕
主　　编　章　明
责任编辑　刘　佳
项目编辑　林青荻
特约审读　李　鑫
责任校对　胡　静　时东明
装帧设计　高静芳

出版发行　华东师范大学出版社
社　　址　上海市中山北路 3663 号　邮编 200062
网　　址　www.ecnupress.com.cn
电　　话　021-60821666　行政传真 021-62572105
客服电话　021-62865537　门市(邮购)电话 021-62869887
地　　址　上海市中山北路 3663 号华东师范大学校内先锋路口
网　　店　http://hdsdcbs.tmall.com/

印 刷 者　上海展强印刷有限公司
开　　本　787×1092　16 开
印　　张　17
字　　数　255 千字
版　　次　2021 年 2 月第 1 版
印　　次　2021 年 2 月第 1 次
书　　号　ISBN 978-7-5760-0505-9
定　　价　52.00 元

出 版 人　王　焰

(如发现本版图书有印订质量问题,请寄回本社客服中心调换或电话 021-62865537 联系)

丛书总序

　　区域课程改革既受国家课程改革政策影响,又与学校课程变革主体意愿相关。无论是国家课程改革的落地,还是学校课程变革的统领,都和区域这个中间环节密不可分。就区域课程改革推进模式而言,主要有"自上而下"的空降模式、"自下而上"的草根模式和"平行主体"的分布模式等三种。从宏观角度看,自上而下的课程变革层级设计是最有效的;从微观角度看,自下而上的课程变革主体参与是最重要的;从文化角度看,平行主体的课程变革激励分享是最有意义的。面对各种课程变革模式,如何取长补短是区域课程改革的路径选择和实践智慧。

　　美国当代教育改革家约翰·I.古德莱德(John I. Goodlad)和克莱因(M. Frances Klein)、肯尼思·A.泰伊(Kenneth A. Tye)提出"课程层级论"思想,他们将课程分为五个层级:(1)理想的课程,由研究机构、学术团体和课程专家倡导的、以纯粹形式呈现的课程形态。这类课程是否产生实际影响,主要看它是否为官方所采纳;(2)正式的课程,是获得州和地方学校委员会同意,由学校和教师采用的课程,也就是列入学校课程表的课程;(3)领悟的课程,指头脑中领悟的、理解的课程,被官方采纳的正式的课程会以学科形式呈现,经教师理解和领悟进入实施状态;(4)实施的课程,教师根据具体的教育情境,对"领悟的课程"作出调整使之成为"实施的课程",进入课堂教学;(5)体验的课程,这是学生实际体验到的课程,尽管经历了同样的课程与学习,但不同学生会获得不同的学习体验,该层次的课程是对整个课程组织流转的最终检验和落实。①

　　在古德莱德看来,上述五个课程层级,每个课程层级都必须进行三个方面的探究:一是实质性探究,包含对课程目标、学科内容以及教材等课程实体要素的本质和价值研究;二是社会性探究,包括对人类发展过程的研究,通过"政治—社会"研

① John I. Goodlad and Associates (eds.). Curriculum Inquiry: the study of curriculum practice[M]. New York: McGraw Hill, 1979: 344 – 350.

究看到利益倾向及其因果关联;三是专业性探究,主要从"技术—专业"角度考察个体或群体对课程的设计、维护和评价,进而改进、推动或者更新课程。① 前两个方面主要探究课程的价值与原理,后一个方面主要探究课程的技术与实践。古德莱德认为每个层级的课程都必须对其本质与价值、政治与社会、技术与专业进行细节性地审视和实践化处理,才能真正促使课程一层一层地垂直落地。

古德莱德"课程层级论"揭示了课程从理论形态到实践形态的运动过程,使人们对课程概念的理解从静态角度转换到动态角度,真正把课程看成是层次化、系统化和生态化的复杂系统,使我们既看到课程的宏观系统,又看到课程的微观层面;既关注原理的探究,又关注实践的落实,对课程从哪里来,要到哪里去,从时间流上考察清楚了。

按照古德莱德"课程层级论"思想,课程改革从区域布局到学生学习整个自上而下的"课程链"有五个层级:(1)区域层面,代表国家,推行"理想的课程";(2)学校层面,基于本校,规划"正式的课程";(3)科组层面,立足学科,设计"理解的课程";(4)教师层面,深耕课堂,创生"实施的课程";(5)学生层面,聚焦学习,获得"经验的课程"。每个课程层级内部有一个"势能储层"。按照《简明不列颠百科全书》的解释:势能是由系统各部分的相对位置所决定的储能,势能是系统的特性而不是单个物体或质点的性质。② 势能是个状态量,是相互作用的物体所共有的。我们用"势能储层"这个概念来表达在一个课程层级内的若干要素之间的相互作用情况,每个课程层级就是一个"势能储层",该层级内部各要素,如资源、环境、主体等相互作用,产生一定的"能量",进而推动着课程变革进一步落地,形成区域课程改革的瀑布模型(见图1)。

1. 区域层面:代表国家,推行"理想的课程"

区域层面如何以国家课程政策为依据,以学科课程标准为基础,整合性地推进"理想的课程"落地?课程是最重要的改革载体,区域课程改革必须立足实际,基于"五育并举"的要求,把对学校发展、教师发展以及学生发展产生影响的各种因素及

---

① (瑞典)胡森,(德)波斯尔斯韦特.教育大百科全书　第7卷[M].重庆:西南师范大学出版社,2006:109.
② 姜椿芳.简明不列颠百科全书　第7卷[M].北京:中国大百科全书出版社,1986:323.

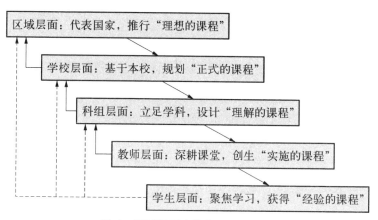

图 1　区域课程改革的瀑布模型图

资源进行整合考虑,建构系统的区域课程变革框架。南昌市东湖区组织各层面专家学者以及校长头脑风暴,广泛听取意见,对区域课程改革进行了梳理和归纳,通过充分调查研究,出台了《南昌市东湖区教育科技体育局关于提升中小学课程品质的指导意见》。这是一份"理想的课程"如何落地的宣言书,该指导意见从意义、目标、重点工作和保障措施四个方面为区域课程改革提供操作性指导意见,其目标在于"实践导向、精细设计,以点带面、聚焦特色,整合力量、共同发展",优化工作机制,整合教研、科研、培训、督导等方面的力量,培育一批有推广价值的课程改革经验,促进区域课程品质整体提升;重点工作聚焦在完善课程体系,加强课程建设,改进课程实施,促进课堂转型,构建多元评价体系等方面;本着"先行试点、积极探索、逐步推广、全面推进"的要求,积极稳妥地推进中小学课程改革,提升学校课程品质。应该说,通过区域课程改革政策设计,系统规划了区域课程改革,提高了区域课程改革的理解力和设计力。

2. 学校层面:基于本校,规划"正式的课程"

学校层面如何立足本校实际,推进课程深度变革呢?这一课程层级可以研制学校整体课程规划为抓手,规划"正式的课程",进而提升学校课程领导力。南昌市东湖区每所学校均以校长为核心组建学校课程领导小组。学校课程领导小组牵头研制学校整体课程规划,建立与学校内涵发展相匹配的课程体系,提升学校课程品质。学校整体课程规划关注以下七个关键问题:(1) 分析学校课程情境,明确学校课程变革的家底;(2) 确定学校课程哲学,把握学校课程变革的价值取向;(3) 厘定学校课程目标,引领学校课程方向;(4) 设计学校课程框架,建构学校课程体系;(5) 布局学校课程实施,转变课程育人方式;(6) 改进学校课程评价,提升学校课程品质;(7) 探索学校课程管理,保障课程扎实落地。学校根据自身实际情况,以内涵发展为中心,通过整体课程规划,优化学校课程结构,设计适合学生发展的课程体系,有逻辑地推进学校课程变革。[①] 学校课程变革是一个不断研究、深化的过程,学校整体课程规划本质上是以校长为核心的领导团队关于课程的价值判断力、目标厘定力、框架建构力、实施推动力和管理保障力的探索过程,是课程领导团队通过研究系统规划"正式的课程"的过程。

3. 科组层面: 立足学科,设计"理解的课程"

学校是有明确职能分工的科层组织,学科教研组是其中最重要的业务组织。学科教研组层面如何立足学科,设计"理解的课程",便是这一课程层级需要思考的问题。在南昌市东湖区,我们推进学校学科教研组研制学科课程群建设方案,促进教师理解课程的真谛,进入课程领域,发现课程的意义。立足学校与学科实际,学科课程群建设方案主要从以下六个维度进行设计: (1) 确定学科课程哲学,把握学科课程价值观;(2) 厘定学科课程目标,细化学科核心素养要求;(3) 设计学科课程框架,活化学科课程内容;(4) 布局学科课程实施,转变学科学习方式;(5) 改进学科课程评价,提升学科课程品质;(6) 探索学科课程管理,保障学科课程落实。实践证明,学科是中小学教师的专业家园,学科教研组组长是学科课程建设的带头人,是学科课程的主要决策者。通过学科课程群建设方案的设计,带领学科教师走进课程世界,在课程实践中不断建构分享型组织文化,是一所学校课程变革的一个重要维度。

4. 教师层面: 深耕课堂,创生"实施的课程"

教师即课程,教师的课程理解决定着教师的教学行为。教师创生课程是专业自主权发挥的体现,是个性化教学生成的重要标志。有学者认为"教师即课程"有两个内涵:其一,教师是课程的内在要素,是课程的有机组成部分;其二,教师是课

---

① 杨四耕.学校课程变革的逻辑与深度[J].中小学教育(人大复印资料),2016(7): 45 – 47.

程的创造者,创造课程是教师的责任。① 立足课堂教学,教师创生着最现实、最富有实践感的课程,也就是"实施的课程",其中包含师生关系在内的隐性课程、学科知识的经验再现课程以及拓展延伸的生成课程等表现形态。在南昌市东湖区,我们倡导教师从四个方面激活课程:一是培育课程敏感,让教师在课堂教学中,富有学科育人意识,有迅速捕捉课程资源的机智,充分发展课程的意义;二是提出教学主张,让教师把握学科本质,深化课程理解,对学科课程的理解,在一定意义上就是对学科本质的探寻;三是立足儿童成长,让课堂洋溢生命感,让课程成为给予儿童最重要的礼物,成为支持学生的创造和生长的资源;四是激活课程创生,在鲜活的教育情境中创生课程,践行"教师即课程"的美好追求。从静态知识观到生成课程观,从知识的预设到课程的创生,教师在课堂教学中充分发挥课程实施的主体创造性,实现对课程的情景性理解和把握,全面增值课程的育人价值,这就是"深耕课堂"的意涵,这就创生了"实施的课程"。

5. 学生层面:聚焦学习,获得"经验的课程"

"经验的课程"是学生实际体验到的课程,是儿童经验的改组和改造,是课程运行的最终归宿和效果落实。为了丰富学生的学习经历,促进儿童获得有价值的"经验的课程",在南昌市东湖区,我们强调以下四点。其一,准确把握学科知识的育人价值。学科知识是系统化的人类经验,有其特别的价值。我们倡导以生动的事实与学科知识有机结合的"课程微处理",让儿童从经验中学习,"行动就变成尝试,变成一次寻找世界真相的实验;而承受的结果就变成教训——发现事物之间的联结"。② 其二,实现学科知识和学生经验的全面联结。课程既包括静态的知识体系,也包括动态的学习过程,知识体系和经验世界共同构成了课程的风景,促进二者的融通是经验增值的途径。没有学生的经验活动过程,学科知识只是"死的符号",是没有意义的。其三,寻找课程内容与学生经验的最佳结合点。学科知识中的概念归纳、逻辑推理、事理演绎,都必须以学生的生活经验为基点,使学科知识贴近儿童的生活体验,让知识逻辑变为学生可感的经验表达,促使琐碎的经验事实不

① 陈丽华.教师即课程:蕴涵与形式[J].课程·教材·教法,2010(6):10.
② (美)约翰·杜威.民主主义与教育[M].王承绪,译.北京:人民教育出版社,1990:149.

断地向系统的知识逻辑发展。其四,引导学生进行真实的经验探索和评述。经验是具体的尝试过程,学生不能在被动静听中获得经验,只有在亲自"做"的过程中才能发展出真实的经验。教学要为学生提供经验探索的环境,引导学生主动尝试、积极求索,在发现问题和解决问题中获得经验,表述和评价经验的形成过程和成果。

综上所述,区域课程改革是镶嵌于上述五个"课程层级"中的若干不同主体、不同事件和活动构成的系统运作过程,由上至下构成了一个瀑布式课程推进模型。瀑布给人雄伟、壮观的印象,大家可以想象一下这样的画面:瀑布的上方有个储水池,溪流源源不断地往储水池注水,当池面水位达到一定高度,就会在水池边沿溢出,形成壮观的瀑布场景。溪水倾泻到瀑布底端后,又流进了一个储水池,当水面达到一定高度后又会溢出流入下一个水池,如此一层层往下流动,形成连续的瀑布场景。区域课程变革过程也像这样一个瀑布流,在每个"课程层级"都需要经历"储能"的过程,就像溪水流入每一个储水池,都需要时间积累和事件增值,当水位达到一定高度才发生溢出效应。

事实上,区域课程改革是通过设计一系列阶段性项目任务而展开的,从问题界定到需求分析,从项目确定到策略选择,从项目推进到评估反馈,每一个阶段的项目任务都有明确的内容,都会产生瀑布效应。课程改革项目进程从一个阶段"流动"到下一个阶段,逐步落实与推进,并溅起无数"浪花",形成整体"水幕"的过程,我们可以称之为瀑布式课程改革过程。[①] 从深层次看,瀑布式课程改革是课程政策由外部向内部、由宏观向微观、由理念构建向实践创新转换的关键所在,整个过程包含界定问题、需求定位、项目聚焦、策略选择、触点变革、项目推广、评估反馈等阶段。通过瀑布式推进,区域课程改革氛围可以浓郁起来,课程改革项目可以落地有声。

杨四耕

2020 年 6 月 18 日于上海市教育科学研究院

---

① 杨四耕.区域课程改革的瀑布式推进[N].中国教师报,2017－8－16(13).

目 录

易中天先生曾说："智慧与知识不同。知识属于社会,智慧属于个人;知识可以授受,智慧只能启迪。"知识是普存的,在信息技术发展惊人的今天,死记硬背的知识"百度"一下即知即得,但要把知识变成智慧,却需要付出努力。以孩子为中心的数学学科课程变革,把教材知识、网络资源、生活实际等资源优化整合到课程中,激活孩子学习的深层动机,使孩子全身心参与实践探究,经历知识的发现与建构过程,促进深度理解和实践创新,让孩子转识成智,把知识学习真正与个人的思维融合,达成思维的发展和智慧的生成。

深度学习旨在提升孩子的高阶思维能力和问题解决能力。数学学科课程的建设把点状的数学概念进行联结与融合,形成具有一定挑战性、反映学科本质的学习主题,引发孩子的认知冲突,在围绕学习主题深度探究的过程中,内化数学概念背后蕴含的学科思想、思维方式,从单一概念知识学习走向核心知识群学习,探求学科结构,形成学科逻辑,实现高阶思维能力和学科核心素养的发展。

第三章｜**从静态到动态**

课程是学生全面发展的资源。教师开发出来的数学课程群,把一切有利于孩子成长的人类文明财富拿过来作为学习资源,让课程适应社会变化,适应学科发展,适应孩子成长,变静态课程为动态课程,充满着生长的气息。如此,数学学科课程群把数学课程打开,把孩子的思维方式打开,把封闭的课堂教学打开,把单一的评价方式打开,促使孩子脑洞大开,从静态学习进入深度学习。

第四章｜**从单调到丰富**

孩子学习不再只是单纯地接受教师所教授的知识,而是能够以批判性的思维去深入思考所学的新知识、新思想,并将其吸收、纳入自身认知结构中,形成自己的知识体系。在与各种真实情境的持续互动中,孩子的学习不再是简单理解单一知识点,而是在不断解决问题中,深入理解特征相似的知识群。借助深度学习理念,促使孩子的学习从单调到丰富,形成有助于未来可持续发展的核心素养。

第五章｜**从认知到情境**

荷兰数学家弗赖登塔尔认为：数学学习主要是进行"再创造"或"数学化"的活动。数学核心素养是在数学活动中,通过对数学知识的自主探索和创造,逐步形成并发展起来的。数学学科课程建设将课堂教学内容与社会、生活情境紧密联系,在课堂教学中构建真实、复杂的情境,让孩子利用已有经验、知识和信念,在情境中发现、提出问题,分析、解决问题;在情境中进行知识的建构、问题的解决和反思改进。在现象和本质的统一中反思,掌握学科核心知识,形成数学关键能力,提升学科核心素养。

第六章 ┃ **从符号到文化**　　　　　　　　　　　　　／ 207

现代社会倡导以知识的积累、利用、创新为主的知识经济,而传统知识教学观注重对教材知识的复制和传递,把孩子的学习指向于智能提高,常采取题海训练、死记硬背等方式,把学科知识以符号学习形式传递给孩子,忽视了孩子的人性价值和知识的发展性。面向未来的学习,促使学科课程设计对教学内容进行拓展与整合,把文化性、社会性和发展性等作为基本要素,让课堂教学与生活实际贴近、与孩子可持续性发展贴近、与社会文化贴近。把数学课程以一种文化形态呈现给孩子,让孩子从符号学习走向学科本质和意义建构,培养学生对知识学习的批判意识、探究意识和创新精神,促进孩子的终身学习,实现全面发展。

后　记　　　　　　　　　　　　　　　　　　　　　／ 254

总　论

指向深度学习的
学科课程范式

　　《义务教育数学课程标准(2011年版)》指出：数学素养是现代社会每一个公民应该具备的基本素养。① 2017年12月,教育部印发的新修订普通高中课程方案和各学科课程标准,把党的教育方针中关于学生德智体美劳全面发展的总体要求具体化、细化为学生发展核心素养;各学科结合学生发展核心素养的要求和学科特点,进一步提炼出学科核心素养,并把学科核心素养作为确定课程目标、教学内容、设计教学活动的主要依据。

　　数学学科核心素养是数学课程目标的集中体现,是具有数学基本特征的思维品质、关键能力以及情感、态度与价值观的综合体现,是在数学学习和应用的过程中逐步形成和发展的。②

　　小学数学核心素养是在面对真实情境中的问题和数学活动中,通过体验、感悟和反思,抽象出数学概念、命题和结构,建立数学模型,并运用逻辑推理和运算解决问题的一种综合性特征。③

　　培养孩子的数学核心素养就要让数学学习真正发生,即需要激活孩子已有的经验,引导孩子在真实的问题或情境下进入学习,促进孩子深度思考。让孩子经历深度学习的过程,是课堂变革的理念,是发展孩子核心素养的有效途径。

　　"深度学习"是指在教师的引领下,孩子围绕具有挑战性的学习主题,全身心积极参与、体验成功、获得发展的有意义的学习过程。在这个过程中,学生掌握学科的核心知识,理解学习的过程,把握学科的本质及思想方法,形成积极的内在的学习动机、高级的社会性情感、积极的态度、正确的价值观,成为既具有独立性、批判性、创造性又有合作精神,基础扎实的优秀的学习者,成为未来社会历时实践的主人。④

----

① 中华人民共和国教育部.义务教育数学课程标准(2011年版)[S].北京：北京师范大学出版社,2012：1.
② 中华人民共和国教育部.普通高中数学课程标准[S].北京：人民教育出版社,2018：4.
③ 王永春.小学数学核心素养教学论[M].上海：华东师范大学出版社,2019：32.
④ 刘月霞,郭华.深度学习：走向核心素养(理论普及读本)[M].北京：教育科学出版社,2008：32.

　　素养是"个体在与各种真实情境持续的社会性互动中,不断解决问题和创生意义的过程中形成的"①,深度学习正是培养学生素养的活动、过程和追求。为了更好地通过数学学习发展孩子数学核心素养,东湖区各所学校开展文献研究,汲取中外教学思想精华,围绕学校课程建设的总目标,以立德树人为基本方向,以核心素养为出发点,对原有的数学学科课程从课程目标、课程结构、课程设置、课程实施、课程评价到课程管理,进行全方位的改革。以整体、发展的眼光看待孩子和课程,设计具有学校特色的数学学科课程体系,沟通并整合孩子的学习世界和生活世界,将学科知识、生活实际与社会文化相联系,将孩子的学科思维、认知发展、素养培育相统一,聚焦深度学习,提升孩子数学核心素养,培养"完整、全面的人"。

　　各校构建的数学学科课程方案,使数学学科课程结构化、统整化。在夯实国家基础课程的前提下,设计开发的数学学科课程满足孩子个性化、多样化成长需求。聚焦六个关注点,让孩子的深度学习真实发生,促进孩子数学核心素养的发展,以深度教学的实践探索推动数学高品质课程的建设。

关注点一: 从知识到智慧

　　知识是外在的,是对所见事物的认识;智慧则是内涵的,是对无形事物的了解。"知识就是力量"是我们大家比较熟悉的一句话。实际上,知识并不等于力量,只有把知识转变成智慧才是真正的力量。有知识的人并不一定有智慧,而有智慧的人,则可以高效获取并运用知识,甚至创造出新知识。孩子要真正成为一个全面的人,就需要这二者兼备。东湖小学的"启智数学"课程,借助生活中的实际问题,帮助孩子们打开数学知识的大门,激活孩子学习的深层动机,开展切身体验和深度思考,促进深度理解和实践创新,让孩子转知识为智慧,把知识学习真正与个人的思想融合,促进思维的发展和智慧的成长。育新学校的"灵动数学"课程,通过灵动课堂、灵动社团、灵动数学节、灵动阅读、灵动竞赛等途径让孩子经历深度学习,启迪思想智慧,开发生命潜能;开放的课程体系助力孩子融识成智,由智生慧,多维度提升数学核心素养。

---

① 杨向东.如何基于核心素养设计教学案例[N].中国教育报,2008-5-30(5).

关注点二: 从概念到逻辑

学科课程的变革让教学不仅仅是把储存在书本上的一个个数学概念或知识转移到孩子的头脑里再储存起来,而是在教学中把数学学科内部核心内容联结并进行跨学科融合,形成具有一定挑战性、反映学科本质的学习主题,引发孩子的认知冲突。在教师的指导下,把点状的、外在的、看似无关的概念知识经过自己头脑的整理、过滤,形成逻辑组织,了解它的道理,渊源,构成,知其然且知其所以然。让孩子的学习从概念到逻辑,掌握学习内容的本质与方法,体验学习过程的方法与策略,形成数学学习的高阶思维能力与问题解决能力。八一嘉实希望小学的"通透数学"课程,通过铺好孩子数学知识体系的"基石"——"数学概念";系好孩子形成良好认知结构的"纽带"——"数学思想方法";建好孩子系统的数学知识框架,全面发展孩子的数学学习能力和逻辑思维能力。使孩子学通学透,在乐学、善思中提升数学学科素养。扬子洲学校的"智趣数学"课程,围绕"扬子之长"理念,从"智趣课堂""智趣社团""智趣网端""智趣数学节"等方面,推动课程的可持续发展。把孩子所学的零散概念与孩子的发展建立起意义关联,形成有逻辑、有结构、有体系的知识,在教师的引导下,通过孩子的自主探究促进孩子的全面成长,提高数学核心能力。

关注点三: 从静态到动态

课程是孩子发展的资源。团队教师开发出来的数学课程群,把一切有利于孩子成长的人类文明财富拿过来作为学习资源,让课程适应社会变化,适应学科发展,适应孩子成长。数学课程的变革,把教学内容从静态的课本知识变成动态的问题探究;学习方式从教师讲授孩子静听变成在教师的指导下的孩子的积极思考、交流辨析或深刻反思。城北学校"乐活数学"课程,从静止的文本知识到孩子自我悦纳的数学思想,从静美的课堂学习到乐动的实践拓展,教师尊重孩子主体,重视理解性教学、研究性学习,使教师乐教、孩子乐学,师生教学相长。通过深化实践性教学,把教学活动由以知识为中心转变为以孩子发展为中心,让不同层次的孩子在深度学习中得到全面发展。"乐活数学"学科课程理念的提出,避免了教学过程中出现"表面学习、表层学习、表演学习"等不良现象,引导孩子"深度学习、深刻学习、深入学习"。豫章集团爱国路校区"动感数学"课程,让孩子在乐学、乐动、乐说、乐创中学习,分年级开展符合孩子年龄特点的拓展探究活动,让孩子在活动中建立自信,提升综合能力。把数学课程打开,把思维方式打开,把课堂教学打开,把评价方式打开,让孩子的脑洞大开。动态课程为教学提供了丰富的实践资源,充满生长的气息,培养孩子乐学创新的情感及数学核心能力。

关注点四: 从单调到丰富

21世纪的信息量和知识量以几何级数递增,孩子的学习不能再是单一地接受教师所教授的知识,而是要能够以批判性的思维去深入思考所学的新知识、新思想,并将其吸收、纳入自身认知结构中,形成自己的知识网络体系。南昌市光明学校的"绽放数学"课程,给每一位孩子提供适宜的环境,让孩子自然地、不断地成长。通过构建"绽放课堂"、开拓"绽放空间"、设立"绽放数学节"、建设"绽放数学社团"等途径,让孩子获得丰富的数学教育资源,人人绽放独特的美,闪耀独有的光芒,让数学绽放别样的价值。育新集团青桥分校的"乐探数学"课程,追求"勤于思考,乐于探究"的学科理念,因材施教,顺学而导,让孩子寻找适合自己的学习方式,自主构建知识体系;激发孩子对数学知识产生"心向往之"的需要,达到深度学习的目标。

数学学习不再是简单掌握某一知识点,而是在不断解决问题中,深入理解特征相似的知识群。借助深度学习理念,促使孩子的学习从单一到丰富,形成有助于未来可持续发展的核心素养。

关注点五: 从认知到情境

荷兰数学家弗赖登塔尔认为:数学学习主要是进行"再创造"或"数学化"的活动。学科核心素养离不开知识和技能,但知识和技能不等同于素养。数学核心素养是在数学活动中通过对数学知识的自主探索和创造逐步形成并发展起来的。滨江学校的"润智数学"课程,以启迪数学、升华数学、润泽数学为宗旨,建构润智课堂,让学习成为感悟生活,展示风采,体验成功,感受欢愉,发展生命的过程。右营街小学的"趣味数学"课程,把数学学习向课外延伸,密切联系生活,让孩子在情境中体验,在情境中探究,把握事物本质,培养孩子深刻而灵活的思维品质。

　　数学学科课程的改革,将课堂教学内容与社会、生活情境紧密联系在一起,在课堂教学中构建真实的、复杂的情境,在教师的引导下,孩子从简单信息加工的认知学习到真实情境中的知识建构,在情境中发现问题并提出问题;在情境中实现知识的迁移和问题的解决;在现象和本质的统一中反思,掌握学科核心知识,形成数学关键能力,提升学科核心素养。

关注点六: 从符号到文化

　　指向深度学习的数学学科课程,把教学的主要任务由单纯传授课本知识转变为通过课本知识的传递来培养孩子的批判意识、探究意识和创新精神等。引导孩子进行自主学习、思考、质疑,保护和激发孩子的求知欲望和怀疑精神。提倡师生、生生之间的互动学习,充分尊重孩子,让孩子在课堂上真正成为学习的主人。教师更多的是引领孩子进行数学学科文化的学习和熏陶,启发和指导孩子的学习活动,培养孩子终身学习的意识。邮政路小学"耕深数学"课程,主张把教学看作农民耕作,通过土壤课程、茎干课程、枝叶课程,设计显本质,追本源,重思维,乐创造,育情感的数学课程,让孩子个性成长,促进孩子全面发展。南林小学"益智数学"课程,通过益智课堂、益智数学课程群、益智课外活动及社团活动体验等板块进行课程实施,把数学课程以一种文化形态呈现给孩子,引导孩子从符号学习走向学科思想和意义系统的深度理解和掌握,注重调动孩子的内在学习动力,培养孩子深度学习的能力,提升孩子高阶思维能力,发展孩子数学核心素养。

　　指向深度学习的数学学科课程,转变了传统的知识观,对教学内容进行拓展与整合,把文化性、社会性和发展性等作为基本要素,让课堂教学与生活实际贴近、与孩子可持续性发展贴近、与社会文化贴近。树立教材是教师教,孩子学和改进教学研究素材的观念,把教材、孩子生活实际和中国传统文化按照一定比例和方式融合,并以此作为数学课的教学内容,让孩子经历知识的形成和发展过程,了解并认同知识背后蕴含的情感态度与价值观,让孩子从符号学习走向学科思想和意义系统的建构,促进孩子的终身学习,实现全面发展。

　　总之,指向深度学习理念的数学学科课程,促使教师从"教书匠"转型为"课程人",从"教"课升华为"建"课,让更多的选择支撑起课程体系。不仅指向课堂教学,关注对教学本质的研究,使得"让孩子成为主体"的理念真正在深度学习教学中得以落实,更是站在人类社会发展的大背景下来思考教育问题,强调培养孩子的核心素养,促进孩子的全面发展,使之成为能够创造未来美好生活的社会人。孩子在指向深度学习的数学学科课程中学会了学习,形成了有助于未来持续发展的核心素养。

第一章

从知识到智慧

易中天先生曾说:"智慧与知识不同。知识属于社会,智慧属于个人;知识可以授受,智慧只能启迪。"知识是普存的,在信息技术发展惊人的今天,死记硬背的知识"百度"一下即知即得,但要把知识变成智慧,却需要付出努力。以孩子为中心的数学学科课程变革,把教材知识、网络资源、生活实际等资源优化整合到课程中,激活孩子学习的深层动机,使孩子全身心参与实践探究,经历知识的发现与建构过程,促进深度理解和实践创新,让孩子转识成智,把知识学习真正与个人的思维融合,达成思维的发展和智慧的生成。

➡ 范式 1

启智数学：启迪孩子智慧成长

南昌市东湖小学有数学学科组 6 组，共计 13 人，师资队伍优良，结构合理，拥有江西省学科带头人 1 人，南昌市骨干教师 2 人，东湖区学科带头人 3 人，多次在区"骏马杯"比赛中获奖。为了更好地落实《教育部关于全面深化课程改革，落实立德树人根本任务的意见》《义务教育数学课程标准(2011 年版)》等文件精神，学校深入推进"启智数学"学科的课程建设，帮助孩子打开数学知识大门，启迪孩子智慧成长。

第一部分　学科课程哲学

一、学科性质观

《义务教育数学课程标准(2011 年版)》指出：数学是研究数量关系和空间形式的科学。数学与人类发展和社会进步息息相关，随着现代信息技术的飞速发展，数学更加广泛应用于社会生产和日常生活的各个方面。[1] 数学作为一门工具性的学科，在日常生活中发挥的作用越来越大。

数学是人类文化的重要组成部分，数学素养是现代社会每一个公民应该具备的基本素养。[2] 我们的教学不仅要让孩子掌握必要的数学知识与数学技能，还要培养孩子的高阶思维和创新能力。

结合课标中指出的"人人都能获得良好的数学教育，不同的人在数学上得到不

---

[1] 中华人民共和国教育部. 义务教育数学课程标准(2011 年版)[S]. 北京：北京师范大学出版社，2012：1.
[2] 同上。

同的发展"①,以及小孩子爱思考、敢表达、乐探究的特点,我校提出"启智数学"的学科课程理念,借助生活中的实际问题,帮助孩子打开数学知识的大门,激活孩子学习的深层动机,展开切身体验和深层次思索,促进深度理解和实践创新,让孩子转知识为智慧,把知识学习真正与个人的思想融合,促进思维的发展和智慧的成长。

二、学科课程理念

数学家华罗庚认为"就数学本身而言,是壮丽多彩、千姿百态、引人入胜的。""启智数学"就是遵循孩子的心理特征和认知规律,从孩子的已有知识和生活经验出发,帮助孩子开启数学知识的大门,启迪孩子潜在的智慧,促进孩子智慧成长。我们希望孩子能够通过数学知识的学习和动手操作的体验,培养学习技能,并在体验过程中激发深层思考,从而提高思维能力,启迪潜在的智慧。因此,将数学学科课程理念定位为"启智数学",使孩子掌握必备的基础知识和基本技能;培养孩子从直观到抽象的思维能力和逻辑推理能力;培养孩子的动手操作能力和创新能力;提高孩子的学习兴趣;培养乐于思考、勇于质疑等良好品质。

"启智数学"是"启发"的数学。在实施学校课程的基础上,重视培养孩子动手操作能力和合作探究能力,提升孩子的数学思维品质与创新能力。

"启智数学"是"智慧"的数学,通过学习,孩子能自觉地将所思、所感、所悟灵活地运用到现实生活中,发展应用意识,提高应用能力。

具体而言:

(一)"启智数学":重人本

"启智数学"以面向全体孩子为原则,注意每个孩子的个体差异,使每个孩子的潜能得到充分的发展,着眼于孩子数学素养的提高。这就要求我们在课前充分考

---

① 中华人民共和国教育部.义务教育数学课程标准(2011年版)[S].北京:北京师范大学出版社,2012:2.

虑孩子在性别、兴趣爱好、成长环境、文化背景等方面存在的个体差异,在课中为每一个孩子提供公平的学习机会和有效的指导,同时在课程设计和教学评价等方面注重多样性和灵活性。

(二)"启智数学": 重探究

"启智数学"特别注重培养孩子的合作探究能力,即让孩子通过动手操作的方式来获取数学知识,体验合作探究的过程,领悟数学思想。"启智数学"创设与生活有关的情境,设计具有思考价值和实践意义的问题,为孩子提供充分的合作探究机会,让他们在合作探究的过程中体验学习的乐趣,培养孩子团结合作的能力。在合作探究过程中充分点燃孩子的学习激情,帮助孩子打开思维,引导对数学问题进行深思,对合作探究的过程进行反思,对合作探究的结果进行质疑,激发孩子探究的潜力,掌握探究的方法,使孩子在探究的过程中,形成"独立思考、自主表达、敢于质疑、团结合作"等科学精神。

(三)"启智数学": 重创造

德国数学家菲利克斯·克莱因说:"数学是人类最高超的智力成就,也是人类心灵最独特的创作。"数学凝聚了人类美的智慧、真的智慧、创造探索自由的智慧,"启智数学"是在"发现问题、探究问题、解决问题"的递进过程中提升孩子的数学素养。每一次问题的解决都是一次数学智慧的生长,也是数学学习的愉快体验,更是数学智慧的创新。

总之"启智数学"在于激励孩子动手操作,尊重科学,敢于发表自己的见解;在合作交流中互相启发、互相鼓舞、共同发展;使孩子有上进心,乐于解决生活中的实际问题,全面提高孩子的核心素养。

第二部分　学科课程目标

《义务教育数学课程标准(2011年版)》指出数学课程目标为:"通过义务教育

阶段的数学学习,学生能获得适应社会生活和进一步发展所必需的数学的基础知识、基本技能、基本思想,基本活动经验;体会数学知识之间、数学与其他学科之间、数学与生活之间的联系,运用数学的思维方式进行思考,增强发现和提出问题的能力、分析和解决问题的能力。了解数学的价值,提高学习数学的兴趣,增强学好数学的信心,养成良好的学习习惯,具有初步的创新意识和实事求是的科学态度。"①
基于数学学科核心素养的内涵,根据"启智数学"提倡的启发孩子智慧成长的课程理念,设置数学学科课程目标。

一、学科课程总体目标

依据课程标准提出的"数学课程应该致力于现实义务教育阶段的培养目标,要面向全体孩子,适应孩子个性发展的需要,使得人人都能获得良好的数学教育,不同的人在数学上得到不同的发展。"我们将"启智数学"课程总体目标分为知识技能、数学思考、问题解决、情感态度四个维度②(见表 1-1-1)。

表 1-1-1 "启智数学"课程总体目标表

知识技能	经历数与代数的抽象、运算与建模等过程,掌握数与代数的基础知识和基本技能; 经历图形的抽象、分类、性质探讨、运动、位置确定等过程,掌握图形与几何的基础知识和基本技能; 经历在实际问题中收集和处理数据、利用数据分析问题、获取信息的过程,掌握统计与概率的基础知识和基本技能; 参与综合实践活动,积累综合运用数学知识、技能和方法等解决简单问题的数学活动经验。
数学思考	建立数感、符号意识和空间观念,初步形成几何直观和运算能力,发展形象思维与抽象思维; 体会统计方法的意义,发展数据分析观念,感受随机现象; 在参与观察、实验、猜想、证明、综合实践等数学活动中,发展合情推理和演绎推理能力,清晰地表达自己的想法; 学会独立思考,体会数学的基本思想和思维方式。

---

① 中华人民共和国教育部.义务教育数学课程标准(2011 年版)[S].北京:北京师范大学出版社,2012:8.
② 同上。

续　表

问题解决	初步学会从数学的角度发现问题和提出问题,综合运用数学知识解决简单的实际问题,增强应用意识,提高实践能力; 获得分析问题和解决问题的一些基本方法,体验解决问题方法的多样性,发展创新意识; 学会与他人合作交流; 初步形成评价与反思的意识。
情感态度	积极参与数学活动,对数学有好奇心和求知欲; 在数学学习过程中,体验获得成功的乐趣,锻炼克服困难的意志,建立自信心; 体会数学的特点,了解数学的价值; 养成认真勤奋、独立思考、合作交流、反思质疑等学习习惯; 形成坚持真理、修正错误、严谨求实的科学态度。

二、学科课程年段目标

依据数学课程总目标,我们制定了六年的课程目标如下(见表 1-1-2)。

表 1-1-2　"启智数学"课程年级目标表

	知识技能	数学思考	问题解决	情感态度
一年级	1. 经历从日常生活中抽象出数的过程,理解100以内数的意义。 2. 在理解数的基础上能运用一一对等活动比较物体数量的多少,并引导孩子学会用抽象的数字、符号表示具体数量的大小关系。 3. 借助具体的生活情境学习加减法计算,体会加减法运算的意义。 4. 在观察、想象和交流等操作活动中,积累认识立体图形和平面图形的活动经验,初步建立空间观念。	1. 在运用数描述现实生活中的简单现象中发展数感。 2. 在具体的生活情境中,经历认识钟表的过程,结合日常作息时间,学会合理安排时间,养成珍惜时间的好习惯。 3. 结合生活实际,感受简单的收集、整理信息的过程,有对简单事物和简单信息筛选、比较、分类的意识,渗透简单的统计思想。 4. 在观察、操作等活动中,能提出一些简单的数学问题。	1. 通过快乐拼搭,进一步认识各种立体图形的特征,发展空间观念,发挥想象力和创造力。 2. 通过环保小卫士活动,学会分类整理自己的书包、文具、房间,在整理过程中养成良好的习惯,感受分类与生活的密切联系。 3. 通过寻找家中的数学信息,综合运用所学数学知识,感受数学在日常生活中的运用。 4. 通过模拟购物进一步认识人民币及之间的关系,培养解决问题的策略和能力。	1. 愿意了解生活中与数学相关的信息,积极主动参与数学学习活动。 2. 能在老师和同学的鼓励、帮助下,克服在数学活动中遇到的某些困难,获得成功的感受。 3. 在运用数学知识和方法解决问题的过程中,初步养成乐于思考、勇于质疑等良好品质。

续　表

	知 识 技 能	数 学 思 考	问 题 解 决	情 感 态 度
二年级	1. 联系生活实际认识万以内的数,理解数的实际含义;能准确进行运算。 2. 通过观察、操作等数学活动,认识简单的平面图形,感受平移、旋转、轴对称现象;认识物体的相对位置;掌握初步的测量、识图、画图的技能,发展空间观念。 3. 经历简单的数据收集和整理过程,了解调查的基本方法,会运用自己的方式呈现整理数据的结果。	1. 体会数学与生活的联系,体会加、减、乘、除法运算的意义。 2. 在对运算结果进行估计的过程中发展数感。 3. 在从实际物体中抽象出几何图形、想象图形的运动和位置等学习过程中,发展空间观念。 4. 体会调查和收集整理数据的必要性。能对调查过程中获得的简单数据进行归类,体验数据中蕴含着信息。	1. 通过变与不变、一笔画成的思考,逐步培养孩子的思辨能力。 2. 通过制作钟表,培养孩子合理规划时间的意识。 3. 通过调查同学们最喜欢的图书,学会简单的记录数据的方法。	1. 通过各种计算游戏让孩子感受计算的乐趣,增强孩子的计算兴趣。 2. 用图形设计简单的图案,发展初步的审美意识。 3. 通过交流养成接纳鉴赏他人意见的良好习惯,在表达自己意见的过程中增强自信心。 4. 能倾听别人的意见,尝试对别人的想法提出建议,知道应该尊重客观事实。
三年级	1. 经历从日常生活中抽象数的过程,初步认识分数和小数;会比较数的大小,并进行简单的计算。 2. 在解决现实问题的过程中,经历抽象出四则混合算式的过程,理解四则混合运算的意义和运算顺序。 3. 结合具体情境认识计量单位,了解它们之间的关系。 4. 理解周长和面积的实际含义,初步建立周长和面积的概念。	1. 能结合具体情境进行估算,进一步发展估算的意识和能力,并发展数感。 2. 经历简单的数据收集、整理和分析的过程,了解简单的数据处理方法,体验数据中蕴含的信息。 3. 经历分析轴对称图形特征和观察物体平移、旋转运动的过程,发展空间想象能力。	1. 通过求不规则图形的周长,使孩子进一步理解周长的含义,熟练掌握计算周长的方法,能巧妙运用周长公式解决实际问题。 2. 通过统计精彩的比赛,学会统计数据的方法,并对数据加以简单分析,了解简单数据处理方法,解决简单的实际问题。 3. 通过精制年历,培养孩子动手能力,感受数的魅力。	1. 通过探索时间规律的活动,充分感受合理安排时间的重要性。养成热爱生命,珍惜时间的好习惯。 2. 与同伴合作学习,感受数学活动中的成功,能尝试克服困难。 3. 在实践操作活动中,激发孩子学习数学的兴趣和好奇心。 4. 在整理数据的过程中,初步养成认真、仔细的良好习惯。

续　表

	知识技能	数学思考	问题解决	情感态度
四年级	1. 经历收集日常生活中常见大数的过程，认识亿以内的数；理解小数的实际意义，掌握必要的运算技能；理解估算的意义。 2. 了解三角形和四边形的基本特征；了解确定位置的一些基本方法；掌握识图和画图的基本方法。 3. 经历数据的收集、整理和分析的过程，掌握一些简单的数据处理技能；体验随机事件和事件发生的可能性。 4. 能借助计算器解决简单的应用问题。	1. 初步形成数感和空间观念，感受符号和几何直观的作用。 2. 通过实例感受简单的随机现象，体验事件发生的可能性有大小，并对可能性大小做出定性描述。 3. 在观察、实验、猜想、验证等活动中，发展孩子推理能力，能进行有条理的思考，清楚地表达自己的思考过程与结果。 4. 独立思考，体会一些数学的基本思想。了解解决问题方法的多样性。	1. 通过巧算达人，能正确计算小数加减法、小数乘法、小数混合运算及应用运算定律进行小数简便运算。 2. 通过"怎样走最近"和"探索三角形的奥秘"活动，发展孩子空间观念，体会垂直在生活中的运用。 3. 通过"文艺汇演"和"精彩的比赛"，学会统计数据，学会条形统计图的制作，并获取数据解决问题，会进行简单的预测。	1. 借助大数据以及计算器的使用、算盘文化等，了解社会生活中与数学相关的信息，主动参与数学学习活动。 2. 在他人的鼓励和引导下，体验克服困难、解决问题的过程，相信自己能够学好数学。 3. 初步养成乐于思考、勇于质疑、言必有据的良好品质。
五年级	1. 经历探索数的有关特征的活动，根据解决问题的需要，收集有用的信息，进行归纳、类比与猜想，发展初步的合情推理能力。 2. 深入认识并掌握长方体的基本特征；结合具体情境，探索平面图形面积公式的推导过程，以及计算长方体的棱长总和、表面积及体积，发展孩子的空间观念。 3. 经历数据收集、整理和分析的过程，体会统计的作用，发展统计观念。能选择合适的统计图，表示数据。	1. 进一步认识到数据中蕴含着信息，发展数据分析观念；通过实例感受简单的随机现象。 2. 在操作活动中，能用分数表示可能性的大小，能对一些简单的随机现象发生的可能性大小做出定性描述。 3. 能进行有条理的思考，比较清楚地表达自己的思考过程与结果。	1. 通过24点和妙趣算，灵活掌握加减乘除运算；会运用运算定律进行简便运算。 2. 通过巧算面积，学会求平行四边形、三角形、梯形的面积，让孩子能运用割补、转化等方法求出不规则图形的面积。 3. 通过巧手包装，探索多个相同长方体叠放后表面积最小的策略，经历与他人合作交流解决问题的过程，尝试解释自己的思考过程。	1. 通过探究数字的相关现象，培养对数学的兴趣，能够主动参与数学学习活动。 2. 深入解读"鸡兔同笼"的数学文化，感受祖先的聪明才智，增强学好数学的自信心，初步养成乐于思考、勇于质疑、言必有据等良好品质。 3. 在运用数学知识和方法解决问题的过程中，认识数学的价值。

续 表

	知识技能	数学思考	问题解决	情感态度
六年级	1. 理解小数、分数和百分数的意义,会进行小数、分数和百分数的转化。 2. 能进行整数、小数、分数、百分数四则混合运算。 3. 探索并了解运算定律,会运用运算定律进行简便计算。 4. 能选择合适的方法进行估算。能解决简单的实际问题,探索简单的规律。了解确定物体位置的一些基本方法;掌握测量、识图和画图的基本方法。 5. 认识复式折线统计图,能解释统计结果,根据结果做出简单的判断和预测,并进行交流。	1. 在观察、猜想、综合实践等学习活动中,培养有序思考的思维品质,发展合情推理能力,能比较清楚地表达自己的思考过程与结果。 2. 初步形成数感和空间观念,感受符号和几何直观的作用。 3. 会独立思考,体会一些数学的基本思想。	1. 利用位置方向设计一个简单地图,根据线索寻找位置。 2. 结合实际问题情境,选择合适的统计图记录数据,经历数据收集、整理和分析的过程,掌握一些简单的数据处理技能。 3. 运用数学知识解决旅行中的问题,独立设计旅游方案,提高综合运用知识的能力。 4. 能正确使用测量工具进行准确测量,在操作过程中提高动手操作、解决问题和小组合作能力。	1. 愿意了解社会生活中与数学相关的信息,主动参与数学学习活动。 2. 了解圆的相关信息,感受圆在生活中的广泛应用,逐步形成坚持真理、严谨求实的科学态度。 3. 经历有目的、有设计、有步骤、有合作的实践活动。通过应用和反思,进一步理解所学的知识和方法,了解所学知识之间的联系,获得数学活动经验。

第三部分 学科课程框架

依据"启智数学"课程基本理念,在实施数学课程的同时,有机结合"启智数学"课程目标,丰富数学学科课程,构建相互补充、相互促进的课程体系,从而挖掘孩子的潜能,全面提升数学核心素养,促进孩子个性发展。

一、学科课程结构

　　依据国家教育方针政策,我校的数学课程主要以国家统编教材为教学媒介,全面有效实施国家课程。"启智数学"课程依据小学数学学科的课程标准,根据孩子的年龄特点、动手能力以及学校的总体目标来设计,共分为"计算之策""图形之幻""统计之美""实践之探"四大类别,"启智数学"课程结构见右图(图 1-1-1)。

图 1-1-1　"启智数学"课程结构示意图

(一) 计算之策

　　"数与代数"的内容在数学教学中占有举足轻重的地位,所有的数学学习都要建立在此基础之上。我们根据孩子的已有知识,开发设计了"加加减减""百数大战""加减小能手""乘除小健将"等课程。计算之策旨在通过动手操作,让孩子明白计算的算理,建立孩子的数感,发展运算能力,激发学习数学的兴趣。

(二) 图形之幻

　　图形之幻注重发展孩子的空间观念,我们开发设计了"快乐拼搭""一笔画成""小小设计师""巧求周长""设计校园方位图""怎样走最近""探索三角形的奥秘"等课程。旨在让孩子经历观察、操作、实践、思考的过程,体会图形之间的联系与变化,发展初步的创新意识,感受图形之美。

(三) 统计之美

　　统计之美旨在结合生活中的实际问题,让孩子学会在具体情境中收集有用的信息,整理相关数据,利用数据分析问题、获取信息。我们开设了"环保小卫士""整理图书角""精彩的比赛""中奖的秘密""家庭支出我明了"等课程,让孩子学会从数学的角度观察生活,并从中提出有价值的数学问题,学会综合运用所学知识解决实际问题,发展应用能力;让孩子在解决问题中体验方法的多样性,发展创新思维;学会与他人沟通、合作、交流,培养孩子敢于表达自我的能力。

(四) 实践之探

"实践之探"是以生活中常见的问题为载体,引导孩子自主参与的学习活动。实践之探课程设置的目的在于让孩子综合运用有关的知识、生活经验及数学方法解决实际问题,充分调动孩子的积极性,合作展示探究的过程,分享交流各自的体会,激发孩子的创造潜能。我们在教材的基础上,拓展资源,开发设计了"家中的数学""购物小行家""制作钟表""剪贴窗花""数字编码""精制的年历""测量校园""设计游戏规则""旅行中的数学"等课程。

二、学科课程设置

"启智数学"以课程目标的达成和核心素养的落实为出发点,围绕"启智数学"的学科理念,在学校课程基础上进行延伸、拓展,设置了"启智数学"课程内容,具体如下(见表 1-1-3)。

表 1-1-3 "启智数学"数学拓展课程设置表

实施年级	计算之策	图形之幻	统计之美	实践之探
一年级上学期	加加减减(珠心算)	快乐拼搭(平面图形)	环保小卫士	家中的数学
一年级下学期	百数大战(珠心算)	快乐拼搭(立体图形)		购物小行家
二年级上学期	加减小能手(珠心算)	一笔画成	整理图书角	制作钟表
二年级下学期	乘除小健将(珠心算)	小小设计师		剪贴窗花

续　表

实施年级	计 算 之 策	图 形 之 幻	统 计 之 美	实 践 之 探
三年级上学期	计算小达人	巧求周长	精彩的比赛(一)	数字编码
三年级下学期		设计校园方位图		精制的年历
四年级上学期	巧算达人	怎样走最快	文艺汇演	测量校园
四年级下学期		探索三角形的奥秘	精彩的比赛(二)	对称美
五年级上学期	24点游戏	巧算面积	中奖的秘密	设计游戏规则
五年级下学期	妙趣算算	巧手包装	生长的秘密	怎样做容积最大
六年级上学期	数学百分百	生活中的圆	家庭支出我明了	旅行中的数学
六年级下学期	数字长征	猜猜我在哪	神奇的变化	看我七十二变

第四部分　学科课程实施与评价

　　"启智数学"课程依据学科课程理念、课程目标、课程设置,结合数学的实践性和操作性、孩子的学习特点以及教师的教学特点,从"启智课堂""启智数学节""启智数学社团"三个方面实施与评价,帮助孩子开启智慧大门,共探数学之美。

一、构建"启智课堂",开启智慧大门

　　"启智课堂"是百花齐放的课堂。在"启智课堂"中,借助生活中的实际问题,开展切身体验和深度思考,提升孩子的数学核心素养,充分挖掘孩子的潜能,把知识学习真正与个人的思考融合,促进思维的发展和智慧的成长。

(一)"启智课堂"要义与实施

1. 联系生活,设疑激趣。学习数学要做到从生活中来、到生活中去,体现数学学习的最大意义和实用价值。因此,"启智课堂"借助数学与生活之间的联系,选取数学学科的趣味知识,设计具有思考价值和实践意义的问题,充分点燃孩子们的学习激情,帮助孩子打开思维。

2. 实验探索,大胆求证。教师首先要依据孩子的认知水平、年龄特征等协助孩子制定合适的研究计划,同时,还应力所能及为孩子们提供必要的实验器材和其他资源,确定实验方法,指导、规范孩子的探索过程,让孩子自主参与,提出初步的猜想,探究问题的本质。使孩子们畅游在知识的海洋中,让探究与思考融为一体。

3. 缜密思考,沉着应答。经过一系列的猜想、验证、交流,孩子会把他们查阅的资料和实验的过程进行归纳梳理,从而得出自己的实验结论和科学解释。同一问题由不同的孩子和团队自由提出各自不同的看法和想法,将自己的研究成果清晰地表达出来,百花齐放、百家争鸣,有效促进孩子高级思维的发展。

4. 思维碰撞,分享交流。这个过程要求孩子把各自的探究成果分享给全班同学,与大家共同商榷、相互探讨、自由辨析,使不正确的地方得到进一步修正。教师在整个过程中注意营造平等、和谐的交流氛围,适时适度给予评价,肯定优点,指出欠缺,小心呵护孩子创新思维的火花,培养孩子科学探索的态度。

在"启智课堂"中,"启"重在帮助孩子打开知识的大门,启发孩子的思维,启迪孩子潜在的智慧,正所谓灵光一现,点亮智慧;"智"重在引导孩子把知识转化为智慧,达成思维的发展和智慧的生成,提升孩子的数学核心素养。

(二)"启智课堂"评价要求

"启智课堂"从课堂目标多元性、教学环节和谐性、教学过程趣味性、教学方法灵活性四个方面进行评价,调动孩子积极性,促进孩子自主发展。同时丰富教师的课堂经验,提升教师的专业素养。依据"启智数学"的课程理念和目标制定"启智数学"课堂教学评价标准(见表 1-1-4)。

表 1 - 1 - 4　"启智数学"课堂教学评价表

授课教师		上课时间		班级		评课教师	
学科		课题					

类别	指标	优 完全达到 100—88分	良 基本达到 87—75分	合格 部分达到 74—60分	不合格 少量达到或 未达到60分	得分
课堂目标	多元25分	1. 目标符合数学课程标准要求,符合孩子生活实际。 2. 目标体现知识与技能、策略与方法的生成性,思维活动的激发与引导性,情感的生成与支持性,态度与价值观的形成性;三维目标和谐统一。 3. 以目标统领教学准备与教学实践。				
教学环节	和谐25分	1. 教学环节和谐,组织协调顺畅,问题与探究时间充足,孩子思维活跃清晰,教学活动自然流畅。 2. 活动与过程符合孩子的认知规律和知识的形成规律,符合孩子思维发展和成长追求。 3. 既关注孩子新的学习与感悟,又关注孩子实践应用的习得与成长。 4. 层次清晰,符合和满足不同孩子及各个阶段的进取和发展需要,有利于目标的达成。				
教学过程	趣味25分	1. 情境有利于唤起孩子的生活经验,有利于孩子主动开展数学认知活动。 2. 提供丰富的生活资源,满足孩子多样化学习与探究及思考的需求;教学手段符合教学实际和需求;有效利用课堂生成资源。 3. 科学恰当地组织孩子开展独立探究、小组合作与交流等活动,组织得当,引导与指导到位。				
教学方法	灵活25分	1. 语言与肢体语言具有亲和力、感染力,思维清晰,语言精辟。 2. 教学设计与实践个性化。 3. 具有深厚的学术素养和数学文化底蕴,厚积而薄发。 4. 教学开放且调控得体、得力。				
综合评价						
本课精彩之处:				存在问题及建议:		

二、依托"启智数学节",感受数学乐趣

"启智数学节"就是让孩子有更多的亲身体验,把严谨的数学知识变成好玩儿的、有趣的各种活动。

(一)"启智数学节"的要义与操作

"国际数学节"是每年的 3 月 14 日,这个节日是为了纪念中国古代数学家祖冲之而设立的。数学节不但有其特殊意义,也承载着许多数学文化。因此,我们设立"启智数学节",为孩子提供展示自我的平台,营造浓厚的数学文化氛围,提升孩子的素养。"启智数学节"的内容由年级组确定主题,以班级为单位分小组进行专题活动,充分利用家校合作的资源调动家长与孩子参与的积极性,进一步提升孩子学好数学的决心,体会数学学习的喜悦感和获得感。"启智数学节"课程(见表 1-1-5)。

表 1-1-5　"启智数学节"课程表

时　　间	年　　级	课　　程
3 月 14 日	一年级	珠心算加减练
3 月 14 日	二年级	珠心算综合练
3 月 14 日	三年级	巧手装扮教室
3 月 14 日	四年级	探索数形结合
3 月 14 日	五年级	探索图形的奥秘
3 月 14 日	六年级	探索分数的奥秘

(二)"启智数学节"的评价标准和方法

节日课程活动要符合孩子年龄特征,要有趣味性,能真正促进孩子的发展。由分管领导、教师代表、家长委员会成员组成评价考核小组,从内容、形式、过程和效果四个方面对各个活动小组进行评价。"启智数学节"评价标准如下(见表 1-1-6)。

表 1-1-6 "启智数学节"评价表

小组人员		评价教师	
课　题		班　级	
项　目	评　价　标　准		评　价
活动内容 30 分	难易适度,符合孩子的年龄特征		
	有趣味性,提高孩子的兴趣		
	有神秘性,激发孩子的好奇心		
	贴合生活实际,提高孩子解决问题的实践能力		
活动形式 20 分	形式要生动活泼,把孩子引入求知的活动中		
	班班结合,数学知识与社交能力共同增长		
	家校结合,多方面开发资源		
	参与到社会生活活动中,提升多方面能力		
活动过程 30 分	孩子参与积极,主体作用发挥好		
	各种能力增长循序渐进		
	教师管理有方,孩子活动有序		
活动效果 20 分	孩子兴趣得到培养,个性特长得到发展		
	拓展了孩子的思维空间,培养了孩子的创新意识		
综合评价			
精彩之处:		问题及建议:	

三、开设"启智数学社团",领略数学的魅力

"启智数学社团"给学有余力的孩子搭建了展示自我的平台,在不知不觉中将孩子引入奇妙的数学世界,激发他们对数学学习的热情,让他们在数学学习中收获更多的体验和价值。

(一)"启智数学社团"的要义与操作

"启智数学社团"坚持自由、灵活、有序的原则。社团成员自主选课报名,以自

愿参加为原则,由指导老师组织开展社团活动。在社团老师的组织下开展专题研究,在活动中激发孩子的学习欲望,调动学习的兴趣,领略数学的魅力。"启智数学社团"课程如下(见表1-1-7)。

表1-1-7 "启智数学社团"课程表

时　间	地　点	年　级	社　团　名　称
周四下午	一(2)班教室	1年级	巧手拨珠
周四下午	二(4)班教室	2年级	数学乐园
周四下午	三(4)班教室	3年级	数学频道
周四下午	四(4)班教室	4年级	数学风暴
周四下午	五(4)班教室	5年级	数学俱乐部
周四下午	六(4)班教室	6年级	华罗庚社团

(二)"启智数学社团"评价方法

"启智数学社团"活动从过程评价和成果展示两方面按星级制度来进行评价,"启智数学社团"的评价标准如下(见表1-1-8)。

表1-1-8 "启智数学社团"的评价表

评价项目	评　价　标　准	评　价
过程评价	制定可行的管理制度及详细的活动计划	☆☆☆
	活动主题、内容、形式有创新	☆☆☆
	活动组织井然有序,学习氛围浓厚	☆☆☆
	社团花名册及活动过程记录详实	☆☆☆
	活动照片及孩子作品保存完整	☆☆☆
	教师的指导张弛有度,有针对性	☆☆☆
	每次活动结束后都有相应的总结、反馈、评价	☆☆☆
成果展示	展示形式丰富新颖	☆☆☆
	内容符合社团特点、全面完整	☆☆☆
	活动小组分工合作,协调有序	☆☆☆
	有借鉴价值的经验与反思	☆☆☆

　　综上所述,"启智数学"是引导孩子在问题、情境下进入学习,促进孩子深度思考,让他们经历深度学习的过程。给孩子充分思考的时间、空间以及实践、探究的机会,让每一个孩子都能熟悉和探索数学世界,感受到数学的乐趣与力量,从而对学习充满信心。"启智数学"课程的开发和建设,推动了学校的整体改革,推动了学校的发展、孩子的发展、教师的发展,使数学核心素养培育真正落地生根。

（撰稿人：罗梅　　胡璐）

➡ 范式 2

灵动数学: 悦动思维让智慧生长

南昌市育新学校数学学科师资队伍优良,结构合理,现有教师 38 人,分 6 个教研组;拥有江西省学科带头人 1 人,江西省骨干教师 2 人,南昌市数学学科带头人 1 人,南昌市骨干教师 1 人,东湖区名师 1 人,东湖区学科带头人 6 人,其中多人次在国家省市区各级各类竞赛中屡获殊荣。为进一步落实《教育部关于全面深化课程改革,落实立德树人根本任务的意见》要求,深入推进数学学科课程建设,数学团队结合校情、学情,不断深化课堂教学改革,提炼出"灵动数学"的学科课程理念,促进孩子进行深度学习,培养孩子数学核心素养,让每一个孩子在数学教育中提升思维品质,增强实践能力,成为有灵气、有智慧的灵动少年。

第一部分 学科课程哲学

一、学科价值观

《义务教育数学课程标准(2011 年版)》指出:"数学是研究数量关系和空间形式的科学。……数学作为对于客观现象抽象概括而逐渐形成的科学语言与工具,不仅是自然科学和技术科学的基础,而且在人文科学与社会科学中发挥着越来越大的作用。""数学是人类文化的重要组成部分,数学素养是现代社会每一个公民应该具备的基本素养。作为促进孩子全面发展教育的重要组成部分,数学教育既要使学生掌握现代生活和学习中所需要的数学知识与技能,更要发挥数学在培养人的思维能力和创新能力方面的不可替代的作用。""数学课程能使学生掌握必备的基础知识和基本技能,培养学生的抽象思维和推理能力;培养学生的创新意识和实践能力,促进孩子在情感、态度与价值观等方面的发展,义务教育的数学课程能为学生未来生活、工作和学习奠定重要的基础。"①

二、学科课程理念

数学学习不仅要掌握数学知识与技能,更需要"学会用数学的眼光观察世界,用数学的思维方式分析解决现实问题。在掌握知识技能的同时,感悟数学的基本思想,积累数学思维的经验,形成适应个人终身发展和社会发展需要的、具有数学特征的关键能力与思维品质"②。基于以上认识,我们提出"灵动数学"的学科课程理念。"灵动数学"是智慧的数学,在基础类课程之上拓展延伸,注重培养孩子的动手操作与实践探究能力,提升孩子的数学思维品质与关键能力。"灵动数学"是悦动的数学,在灵活而生动的学习样态中,孩子经历体验与创造,不断探寻适合自身的学习方法,构建完善的知识体系,提升数学核心素养,形成灵动的数学思维,由智生慧,为终身发展奠基。

(一)"灵动数学": 丰盈立体

"灵动数学"饱满而丰富。教材内容与知识延展融合,学科学习与实践探究辉映,生动多样的教学样态激发学习的兴趣,点燃思考的火花,在愉悦民主的氛围中,在预设与生成中,拓展思维的空间,彰显生命的力量。

(二)"灵动数学": 启迪智慧

"学而不思则罔,思而不学则殆。"(《论语·为政》)"灵动数学"沟通数学新知与学生已有知识和生活经验的联系,深入挖掘知识的生长点,疏通知识间的关联点,在将真实的生活实际问题抽象为数学模型并进行理解与应用的过程中,使学生合作探究,释放学习潜能,完善认知结构,获得思想方法,形成核心素养,生成智慧能力,提升思维水平。

---

① 中华人民共和国教育部.义务教育数学课程标准(2011年版)[S].北京:北京师范大学出版社,2012:8.
② 史宁中.学科核心素养的培养与教学——以数学学科核心素养的培养为例[J].中小学管理,2017(1):35-37.

(三)"灵动数学":创生发展

手指尖上出智慧。"灵动数学"关注儿童创新实践与个性发展,注重创设自由开放的时空,开展丰富多彩的实践活动,引导儿童敏于观察,勤于思考,善于综合,勇于创新,在做中学,玩中用,释放天赋潜能,促进多元发展,成就生命的精彩。

(四)"灵动数学":和谐共育

心理学家伯尔赫斯·弗雷德里克·斯金纳曾说:"当所学的东西都忘掉之后,剩下的就是教育。"同样,"灵动数学"中不仅有代数与几何,更有思想与方法、文化与思维、审美与欣赏、独立与个性、尊重与包容、执着与热爱。这样的数学各美其美,美美与共;这样的数学智慧生长,魅力无限。这里的儿童是未来地球的公民,这里的儿童与美好相遇。

第二部分 学科课程目标

《义务教育数学课程标准(2011 年版)》指出:数学课程能使孩子获得适应社会生活和进一步发展所必需的数学的基础知识、基本技能、基本思想、基本活动经验;体会数学知识之间、数学与其他学科之间、数学与生活之间的联系,运用数学的思维方式进行思考,增强发现和提出问题的能力、分析和解决问题的能力;了解数学的价值,提高学习数学的兴趣,增强学好数学的信心,养成良好的学习习惯,具有初步的创新意识和实事求是的科学态度。[1] 为了实现这一课程总目标,着力落实数学核心素养,"灵动数学"课程目标细解如下。

一、学科课程总体目标

依据课程标准提出的"数学课程应致力于实现义务教育阶段的培养目标,要面

---

[1] 中华人民共和国教育部. 义务教育数学课程标准(2011 年版)[S]. 北京:北京师范大学出版社,2012:8.

向全体孩子,适应孩子个性发展的需要,使得:人人都能获得良好的数学教育,不同的人在数学上得到不同的发展"①,我们将"灵动数学"课程总体目标分为知识技能目标、数学思考目标、问题解决目标、情感态度目标四个维度。

(一) 知识技能目标

经历数与代数的抽象、运算与建模等过程,掌握数与代数的基础知识和基本技能;经历图形的抽象、分类、性质探讨、运动、位置确定等过程,掌握图形与几何的基础知识和基本技能;经历在实际问题中收集和处理数据、利用数据分析问题、获取信息的过程,掌握统计与概率的基础知识和基本技能;参与综合实践活动,积累综合运用数学知识、技能和方法等解决简单问题的数学活动经验。②

(二) 数学思考目标

建立数感、符号意识和空间观念,初步形成几何直观和运算能力,发展形象思维与抽象思维;体会统计方法的意义,发展数据分析观念,感受随机现象;在参与观察、实验、猜想、证明、综合实践等数学活动中,发展合情推理和演绎推理能力,清晰地表达自己的想法;学会独立思考,体会数学的基本思想和思维方式。③

(三) 问题解决目标

初步学会从数学的角度发现问题和提出问题,综合运用数学知识解决简单的实际问题,增强应用意识,提高实践能力;获得分析问题和解决问题的一些基本方法,体验解决问题方法的多样性,发展创新意识;学会与他人合作交流;初步形成评价与反思的意识。④

(四) 情感态度目标

积极参与数学活动,对数学有好奇心和求知欲;在数学学习过程中,体验获得

① 中华人民共和国教育部. 义务教育数学课程标准(2011 年版)[S]. 北京:北京师范大学出版社,2012:2.
② 同上书,第 8 页。
③ 同上书,第 9 页。
④ 同上。

成功的乐趣,锻炼克服困难的意志,建立自信心;体会数学的特点,了解数学的价值;养成认真勤奋、独立思考、合作交流、反思质疑等学习习惯;形成坚持真理、修正错误、严谨求实的科学态度。[1]

二、学科课程年级目标

依据数学课程总目标,组织孩子进行深度探究学习,体验有意义的学习过程,整体理解所学内容,促进知识建模和方法迁移,发展灵动的数学思维,在解决问题的过程中提升数学核心素养,形成正确的情感、态度、价值观,成为智慧的学习者。"灵动数学"课程目标细化到各年级,具体如下(见表1-2-1)。

表1-2-1 "灵动数学"课程年级目标表

内容 目标 年级	知识技能	数学思考	问题解决	情感态度
一年级	1. 理解100以内数的意义及加减法运算的意义,借助"数字罗盘"活动,提高孩子运算能力,发展孩子数感。 2. 积累认识立体图形和平面图形的活动经验,借助活动,感受图形与日常生活的密切联系,激发学习图形的兴趣。初步建立空间观念。 3. 经历简单的数据收集、整理、分析的过程,了解简单的数据处理方法。	1. 通过体验活动,初步学会从数学思维的角度去观察事物的方法。 2. 在具体的生活情境中,经历认识钟表的过程,结合日常作息时间,学会合理安排时间,养成珍惜时间的好习惯。 3. 借助实践活动,使孩子能够根据标准对事物或数据进行分类、整理,渗透简单的统计思想。	1. 能在教师指导下,从实际问题中发现信息,提出问题,借助数学知识对实际问题做出有条理的分析,并设法解决问题。 2. 通过与同伴合作交流,体验与他人合作的乐趣,学会分享、交流解决问题的过程。	1. 愿意了解生活中与数学相关的信息,积极主动参与数学学习活动。 2. 能在老师和同学的鼓励、帮助下,克服在数学活动中遇到的困难,获得成功的体验。 3. 在运用数学知识和方法解决问题的过程中,初步养成乐于思考、勇于质疑等良好品质。

[1] 中华人民共和国教育部. 义务教育数学课程标准(2011年版)[S]. 北京:北京师范大学出版社,2012:9.

续　表

内容／目标／年级	知 识 技 能	数 学 思 考	问 题 解 决	情 感 态 度
二年级	1. 认识万以内的数,理解数的实际含义;能准确进行运算;借助运算,提高计算能力。 2. 掌握初步的测量、识图、画图的技能,发展空间观念。 3. 经历简单的数据收集和整理过程,了解调查的基本方法,能看懂他人对调查数据及结果的记录,会运用自己的方式呈现整理数据的结果。	1. 借助活动体会加、减、乘、除法运算的意义,在对运算结果进行估计的过程中发展数感。 2. 借助活动,发现常见图形的特征,体会拼搭图形方法的多样性,初步发展空间观念。 3. 借助生活小调查活动,体会调查和收集整理数据的必要性。能对调查过程中获得的简单数据进行归类,体验数据中蕴涵的数学信息。	1. 能解决简单的实际问题,初步学会表达解决问题的大致过程和结果,体会解决问题策略的多样性;学会与同伴合作。 2. 通过"缤纷搭配"活动,培养孩子有序、全面地思考问题的能力,进而提高孩子的推理能力。	1. 通过交流养成接纳鉴赏他人意见的良好习惯,在表达自己意见的过程中增强自信心和创造力。 2. 能倾听别人的意见,尝试对别人的想法提出建议,知道应该尊重客观事实。
三年级	1. 初步认识分数和小数;会进行简单的计算。理解混合运算的意义和运算顺序,能准确进行运算,体会混合运算与生活的密切联系。 2. 认识年、月、日,认识 24 时法,并能计算简单的经过时间。 3. 通过观察、实验、猜想、验证等活动认识周长和面积,理解实际含义,初步建立周长、面积的概念。	1. 通过"千丝万缕"活动进行估算,进一步发展估算的意识和能力,发展数感,培养灵动的数学思维。 2. 经历分析轴对称图形特征和观察物体平移、旋转运动的过程,发展空间想象能力。 3. 经历简单的数据收集、整理和分析的过程,了解数据整理方法,体验数据中蕴涵的信息。	1. 通过"超市中的数学"活动,探索和发现运算规律的内在联系,体会数学与生活的密切联系,养成回顾和反思的好习惯。 2. 借助"趣味拼图"活动,认识周长和面积的含义,并且在经历与他人合作交流解决问题的过程中,尝试解释自己的思考过程。	1. 在与同伴的合作学习下,感受数学活动中的成功,能尝试克服困难。 2. 在实践操作、讨论交流等活动中积累活动经验,初步养成独立思考,勇于探索的习惯。

续　表

内容　目标　年级	知识技能	数学思考	问题解决	情感态度
四年级	1. 认识亿以内的数;理解小数的实际意义,掌握必要的运算技能;理解估算的意义。 2. 探索线与角的形状、大小、位置关系,了解三角形和四边形的基本特征;了解确定位置的一些基本方法;掌握识图和画图的基本方法。 3. 经历数据的收集、整理和分析的过程,掌握一些简单的数据处理技能;体验随机事件和事件发生的可能性。	1. 初步形成数感和空间观念,感受符号和几何直观的作用。 2. 通过"探秘校园""神机妙算"活动,感受简单的随机现象,体验事件发生的可能性有大有小,并对可能性大小做出定性描述。 3. 在观察、实验、猜想、验证等活动中,发展合情推理能力,能进行有条理的思考,能比较清楚地表达自己的思考过程与结果。	1. 经历对生活中的某些现象进行推理判断的过程,能够对这些现象进行合理的分析。能独立思考,会用语言清晰表达自己的想法。 2. 尝试从"最佳方案""优化设计"活动中探索分析和解决简单问题的有效方法,了解解决问题的多样性,并找出最佳方案。	1. 借助"点石成金"活动,培养孩子深度探究能力,完善认知结构,形成核心素养,生成智慧能力,提升思维水平。 2. 在他人的鼓励和引导下,体验克服困难、解决问题的过程,相信自己能够学好数学。 3. 初步养成乐于思考、勇于质疑、言必有据的良好品质。
五年级	1. 认识自然数和整数、奇数和偶数、质数和合数、倍数和因数;会解简单方程及运用方程解决问题。 2. 探索长方体、正方体特征,会计算简单图形及组合图形的面积。 3. 理解物体的体积和容积,能进行体积度量单位之间的换算,掌握长方体和正方体表面积和体积的计算方法。	1. 初步形成数感和空间观念,感受符号和几何直观的作用,落实数学核心素养。 2. 进一步认识到数据中蕴含着信息,发展数据分析观念,通过"玩味大转盘"活动,感受生活中的随机现象。	1. 借助"千姿百态""包装的学问"等活动,经历将现实问题抽象为数学问题的过程;在实践与探索的过程中,尝试用多种方法解决问题。 2. 发展数据分析观念,培养孩子表达交流、回顾反思的好习惯。	1. 培养孩子对数学的兴趣,能够主动参与数学学习活动。 2. 解读数学文化,增强学好数学的自信心,养成乐于思考、勇于质疑、言必有据的良好品质。 3. 在运用数学知识和方法解决问题的过程中,认识数学的价值。

续　表

内容 \\ 目标 \\ 年级	知识技能	数学思考	问题解决	情感态度
六年级	1. 理解百分数的意义；会进行小数、分数和百分数的转化。 2. 认识并掌握圆、圆柱和圆锥的相关知识。 3. 能从平移、旋转和轴对称的角度欣赏生活中的图案，并运用它们在方格纸上设计简单的图案。 4. 认识扇形统计图，能根据需要选择统计图有效地表示数据。	1. 在观察、猜想、综合实践等学习活动中，培养灵动的思维品质，能比较清楚地表达自己的思考过程与结果。 2. 初步形成数感和空间观念，感受符号和几何直观的作用。 3. 会独立思考，体会一些数学的基本思想。	1. 尝试提出生活中的简单数学问题，经历探索分析和解决问题的思考过程，体会画图策略的优越性，感受统计的作用。 2. 在解决问题的过程中，尝试独立获取有效的数学信息，能运用合适的方法和策略分析问题，在合作分享中交流质疑，总结自己的思考和收获。	1. 借助"数学嘉年华""走进大数据"活动培养孩子的深度探究能力，了解社会生活中与数学相关的信息，理解所学知识之间的联系，积累数学活动经验。 2. 经历有目的、有设计、有步骤、有合作的实践活动。提高实践能力，发展创新意识。

第三部分　学科课程框架

　　"灵动数学"课程旨在夯实孩子数学学科知识与技能，开发孩子的潜能与特长，提高深度思考问题的能力，全面提升数学核心素养，培养有灵气的智慧少年，为孩子未来学习、生活和工作奠定基础。

一、学科课程结构

　　依据"灵动数学"课程理念，在使用国家统编教材的基础上，结合孩子的年龄发展特点及认知规律，在学科知识的深度、广度、厚度上进行二次开发，以孩子在学习任务中引发的认知冲突为落脚点，以启迪智慧为目标，在有意义学习的过程中，提升孩子的核心素养。构建互为补充、相互促进的课程体系。课程结构图如下(见图 1-2-1)。

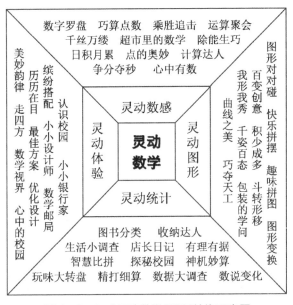

图 1-2-1 "灵动数学"课程结构示意图

(一) 灵动数感

灵动数感对应数与代数领域,内容涉及数的认识、数的运算等知识,旨在培养孩子的数感,深入发展孩子的运算能力、问题解决能力,激发孩子学习数学的兴趣,提升孩子从数量与关系中抽出数的思维能力,凸显数学与生活的联系。

(二) 灵动图形

灵动图形对应图形与几何领域,内容涉及图形的认识、测量、平移、位置、设计等知识,旨在发展孩子的空间观念,使孩子能够深层次地体会图形之间的联系与变化,在活动中提高动手操作能力,形成完整立体的认知结构体系,培养创新意识,感受图形之美。

(三) 灵动统计

灵动统计对应统计与概率领域,内容涉及数据的统计、随机现象的发生、可能性等知识。在数据的收集、整理、分析过程中感受统计的魅力与意义,初步建立数据分析观念,提高运用数据分析解决问题的能力,培养统计意识。

(四) 灵动体验

灵动体验对应综合与实践领域,内容是综合运用数学知识,紧密联系生活,解决生活中的真问题。提高孩子的问题意识、应用意识和创新意识,引发孩子持续探究,吸引孩子全面、深入参与学习活动,强化孩子的经验与知识之间的关联,挖掘孩子的学习潜能,提高孩子运用数学知识解决实际问题的综合能力。

二、学科课程设置

"灵动数学"以课程目标的达成和核心素养的落实为出发点,围绕"灵动数学"的学科理念,基于数学的四大领域,凸显数学文化,开发相应课程,具体课程设置如下(见表 1 - 2 - 2)。

表 1 - 2 - 2 "灵动数学"课程设置表

年　　级	灵动数感	灵动图形	灵动统计	灵动体验
一年级上学期	数字罗盘	图形对对碰	图书分类	认识校园
一年级下学期	巧算点数	快乐拼摆	收纳达人	小小银行家
二年级上学期	乘胜追击	百变创意	生活小调查	缤纷搭配
二年级下学期	运算聚会	图形变换	店长日记	小小设计师
三年级上学期	千丝万缕	趣味拼图	有理有据	数学邮局
三年级下学期	超市数学	积少成多	智慧比拼	历历在目
四年级上学期	除能生巧	斗转形移	探秘校园	最佳方案
四年级下学期	日积月累	我形我秀	神机妙算	优化设计
五年级上学期	点的奥妙	千姿百态	玩味大转盘	美妙韵律
五年级下学期	计算达人	包装的学问	精打细算	走四方
六年级上学期	争分夺秒	曲线之美	数据大调查	数学视界
六年级下学期	心中有数	巧夺天工	数说变化	心中的校园

第四部分　学科课程实施与评价

根据"灵动数学"的课程理念、课程目标,从"灵动课堂""灵动社团""灵动数学节""灵动书说""灵动竞赛"五方面融入课程,让孩子爱上灵动学习,领略数学的魅力。

一、"灵动课堂",让学习智慧起来

"灵动课堂"以贴近生活实际为宗旨,注重孩子学习的经历与体验,通过加强数学应用,强化孩子的动手操作能力训练,提升孩子的数学核心素养,开发孩子的自身潜能,充分发挥孩子的创造性,促进孩子学习与操作能力和谐发展。

(一)"灵动课堂"的要义与实施

1. "灵动课堂"是慎思的课堂。"灵动课堂"的课前设计是隐形的课堂,教师对教材内容深刻分析,对学情精准把握,对教学目标准确设定,对教与学环节精心设计,将教学过程与学科核心素养有机融合。显性的课堂中,预设与生成,发生与发展,考验着教师的教学机智,如观察、发现、调控、驾驭的能力,需要教师的大脑飞速运转。我思故我在,我思故我新。在慎思与行动的往来交替中,淬炼出灵动的课堂。

2. "灵动课堂"是有味的课堂。"灵动课堂"拾味于生活,弥漫着学习的趣味、探究的兴味、建构的深味、创新的体味、民主的意味,开放的风味、数学的韵味、思考的回味、成功的滋味。这样的课堂让教材内容"动"起来,让数学思维"活"起来,让课堂交流"嗨"起来。品位独特的精神大餐,孩子流连忘返,乐此不疲。

3. "灵动课堂"是共生的课堂。孩子、教师、课程、环境与技术四个要素构成共生的教育生态系统。课堂核心指向学习与发展。四者相互依存,和谐统一。课堂的核心学习得到优化,课堂关系和谐、共生发展。

4. "灵动课堂"是融合的课堂。日常教学中,除了常态的单科数学教学外,还要恰当选择其他学科,与数学进行跨学科的融合学习,打破学科之间的壁垒,突破

学科之间的主题界限,让不同学科的相关知识有机交融,促进孩子从多角度思考学习,在问题驱动下,孩子的知识技能、学习方式和思维创新能力得以融汇提升。

(二)"灵动课堂"的评价标准

"灵动课堂"的评价注重从教师和孩子两方面进行评价。教师评价体现在目标的制定、方式的处理、教学技巧及教师的活动维度等方面;孩子评价侧重于孩子的参与状态、思维状态、达成状态。依据"灵动数学"课程理念和总体目标,结合孩子年龄特点,制定"灵动数学"课堂教学评价标准(见表1-2-3)。

表1-2-3　"灵动数学"课堂教学评价表

项　　目		实　施　要　素	评价标准	得分
学生学习行为 50分	参与状态	1. 孩子对问题情境关注,参与面大,参与时间充分。	5	
		2. 各层面孩子能积极参与到数学课堂各环节。	5	
		3. 孩子具有良好的学习习惯和一定的数学素养。	5	
	思维状态	1. 孩子的注意力集中,主动地收集、加工学习信息,积极地思考、提炼问题等。	5	
		2. 能独立思考,勇于发表自己的见解并乐于听取别人的意见。	5	
		3. 孩子主动观察、实验、猜测、计算、推理、验证,数学活动生动富有个性。	10	
		4. 数学活动中能正确评价自己和他人。	5	
	达成状态	1. 理解和掌握所学的知识与技能,经历数学化的过程,基本训练到位。	5	
		2. 在学习过程中得到综合发展,能运用数学思想和方法、能力和经验分析和解决问题。	5	
		3. 获得了积极的情感体验,增强数学兴趣。	5	
教师教学行为 50分	教学目标	1. 体现知识与技能、数学思考、解决问题、情感与态度四个方面的要求,切合教材要求和孩子实际。	5	
		2. 表述完整、具体,准确使用刻画知识技能与教学活动水平的目标动词。	5	

项　　目		实　施　要　素	评价标准	得分
教师教学行为 50分	教学处理	1. 准确把握教材,正确理解教材内容的本质、地位及相互间的内在联系。	5	
		2. 合理组织教学内容,恰当运用现代化信息手段,有效突破教学重难点,构建数学思维。	5	
	教师活动	1. 教学思路清晰,层次清楚,重点突出,结构合理,符合孩子认知规律,有利于孩子认知结构的建立。	10	
		2. 教学方式灵活多样,情境创设恰当,问题设计严谨合理,注重孩子的数学思考。	5	
	课堂调控	1. 能从多个角度鼓励孩子提出问题,正确及时地评价孩子的回答,帮助孩子在数学课堂中获得自信、自尊。	5	
		2. 能根据课堂生成,及时调整课堂进程。	5	
总　　分			100	

二、"灵动社团",让成长加速起来

不同的人在数学学习中有不同的发展。实际教学中有许多才思敏捷,学有余力的孩子,在数学学习中渴望得到更大的提升。"灵动社团"为孩子们提供发挥个性,快乐成长的空间。

(一)"灵动社团"的实施

"灵动社团"的成员以自愿参加为原则,自主创设、自主管理,老师只是负责为孩子们搭建一个挑战数学、亲近数学、多维视角玩转数学的平台。孩子们自己想目标、找内容、约时间、定地点。在社团老师的帮助下,孩子自己开展主题探究,享受思维的乐趣,思维品质得到提升。

(二)"灵动社团"的评价

灵动社团从社团结构、社团老师、社团活动三个方面分 ABCD 四个等级进行综合评价。具体评价标准如下(见表 1-2-4)。

表 1-2-4 "灵动数学"社团评价表

项　目	评　价　内　容	等　级
社团结构	1. 社团内部有明确的分工 2. 各社团成员在活动过程中积极主动,能提出有贡献、有价值的问题 3. 各社团成员间能相互合作,积极听取意见	
社团老师	1. 能提供有效的活动性指导 2. 能帮助各社团确定有价值的研究性主题 3. 能协调各社团间的活动安排	
社团活动	1. 有明确的研究性主题 2. 有详细的研究活动方案 3. 有研究活动的过程性材料 4. 有研究性成果	

三、"灵动数学节",让氛围浓郁起来

数学家陈省身曾说过:"数学好玩。"怎样玩? 如何玩? 数学玩什么? 孩子们,请来我们的数学节玩一玩吧!

(一)"灵动数学节"的实施

"灵动数学节"制定数学节日方案,分年级确定活动主题,以班级为单位分小组开展专题活动。孩子搜集整理过程性资料,多种形式展现成果,评选优秀作品,奖励"灵动数学币",评选"灵动少年"。欢乐数学节将印象中枯燥、抽象的数学融入大家喜闻乐见的活动中,营造浓厚的爱数学、学数学、用数学的氛围! 数学节中,同学们走出校园、走向生活,相互协作、思维碰撞,在行走中感悟自然,在旅途中研学探索,感知数学之美,体会数学的价值。

(二)"灵动数学节"的评价

"灵动数学节"的评价从活动内容的丰富性、活动形式的多样性、活动过程的系统性、活动效果的完美性四个方面进行评价。具体评价标准如下(见表 1-2-5)。

表 1-2-5 "灵动数学节"活动评价表

班 级		小组成员		
评价教师		课 题		
项 目	评 价 标 准			评 分
活动内容 (30分)	1. 难易适度,符合孩子的年龄特征 2. 有趣味性,提高孩子的兴趣 3. 有神秘性,激发孩子的好奇心 4. 贴合生活实际,提高孩子解决问题的实践能力			
活动形式 (20分)	1. 形式要生动活泼,把孩子引入求知的活动中 2. 班班结合,数学知识与社交能力共同增长 3. 家校结合,多方面开发资源 4. 参与到社会生活活动中,提升多方面能力			
活动过程 (30分)	1. 孩子参与积极,主体作用发挥好 2. 各种能力增长循序渐进 3. 教师管理有方,孩子活动有序			
活动效果 (20分)	1. 孩子兴趣得到培养,个性特长得到发展 2. 拓展了孩子的思维空间,培养了孩子的创新意识			
灵动数学币	——			

四、"灵动书说",让数学眼界开阔起来

枯燥的数字、符号是没有生命力的,只有将这些内容浸润到数学体验与经历中,才会赋予它们生命,变得生动而有趣,才会被孩子们所接纳。"灵动书说"将数学阅读与数学表达有机结合,帮助孩子用数学的眼光观察世界,用数学的思维分析现实,用数学的语言表达交流。开拓孩子视野,激发孩子学习数学的兴趣和探索数学奥秘的好奇心,使孩子深入了解数学文化,深刻理解数学知识,学会独立思考,体会数学价值,获得智慧,学会创造。

(一)"灵动书说"的实施

"灵动书说"根据年级分为三个学段(高、中、低),分别向孩子推荐相应的数学读物,开展亲子阅读、师生共读、主题阅读等活动,并在各年级开展相关课程。设立

"阅读存折"进行阅读打卡,多元评价阅读成效,奖励灵动数学币。开展阶段性读书交流会,通过好书推荐会、悦读小报、数学日记等形式共同分享阅读的收获,提高阅读趣味。广泛的数学阅读,使孩子感知了数学的奇妙和精彩,领略了数学的灵动美与智慧美。活动内容如下(见表1-2-6)。

表1-2-6 "灵动书说"活动课程表

一年级(上)	数的故事	一年级(下)	数学绘本
二年级(上)	趣味数学	二年级(下)	遇见数学
三年级(上)	光阴故事	三年级(下)	数学好玩
四年级(上)	点石成金	四年级(下)	好书推荐
五年级(上)	思维导图	五年级(下)	数学淘宝
六年级(上)	数学嘉年华	六年级(下)	走近大数据

数学阅读从不同方面丰富了孩子对数学概念的理解,帮助孩子认识数学价值,形成良好的数学情感。尤其是不同的价值理念浸润文本,对孩子的习惯养成、品格形成、价值观塑造带来积极而持久的影响。

(二)"灵动书说"的评价

"灵动书说"分别从爱读书、多读书、会读书、善表达四个维度,通过自评、互评、家长评和教师评四个方面开展。具体评价标准如下(见表1-2-7)。

表1-2-7 "灵动书说"评价表

评价内容	评 价 指 标	自我评价	同学互评	家长评价	教师评价
爱读书	1. 有读书兴趣,能从阅读中发现乐趣 2. 经常到图书馆借阅图书,与同学交换图书,到书店看书购书	👍 👍	👍 👍	👍 👍	👍 👍
多读书	1. 能根据教师推荐的书目进行阅读 2. 能根据自己的实际情况选择性地进行阅读 3. 坚持课外阅读,"阅读存折"持续进行阅读打卡	👍 👍 👍	👍 👍 👍	👍 👍 👍	👍 👍 👍

续　表

评价 内容	评　价　指　标	自我 评价	同学 互评	家长 评价	教师 评价
会 读 书	1. 会运用阅读方法和自己喜欢的方式进行阅读 2. 能带着问题进行自主阅读 3. 会记录积累阅读中的发现与收获 4. 会用多种形式与同学、家长、老师等分享阅读的快 　乐与体会	👍👍👍👍	👍👍👍👍	👍👍👍👍	👍👍👍👍
善 表 达	1. 能有理有据地分析数理原因 2. 会有条理地整理归纳知识 3. 能用多种形式与同学、家长、老师等分享阅读的快 　乐与体会	👍👍👍	👍👍👍	👍👍👍	👍👍👍

五、"灵动竞赛",让素养提升起来

"灵动竞赛"为孩子搭建起一个以赛促交流、以赛促展示的平台,充分激发孩子学习数学的兴题,深入了解数学文化,提高学科基本技能,培养创新意识与实践能力,促进孩子数学素养的综合提升。

(一)"灵动竞赛"的实施

灵动数学竞赛包括展示和比赛两种形态,形式有数学小报、数学日记、数学错题记录本、数学实验、数学故事、数学小品表演、数学设计制作、趣味数学运动会等。展示内容由孩子投票评定等级。竞赛项目根据孩子整体完成情况,评出优秀团队,对于个人奖励灵通币,颁发"数学灵动之星"奖状。

(二)"灵动竞赛"的评价

"灵动竞赛"的评价以孩子自评为主,注重引导孩子反思。具体评价标准如下(见表 1 - 2 - 8)。

表 1-2-8　"灵动竞赛"活动自评表

竞赛内容				
班　　级		姓　名		
自　评　项　目	思　考　反　馈			
1. 竞赛中你解决了哪些问题?				
2. 这些问题涉及了哪些知识?				
3. 运用了什么方法解决问题?				
4. 令你印象最深刻/最有兴趣的是什么问题? 为什么?				
5. 活动中你最大的收获是什么?				
6. 请评价你在竞赛中的表现	满意		一般	不满意

　　"灵动数学"课程以开放的姿态架构起知识与技能、思维与方法、实践与创造之间的多维通道,多样化的学习路径促进了孩子在体验中思考,在思考中收获。收获的信心、体验的成功、形成的智慧,都将为孩子未来的人生打下亮丽的底色。

　　　　　　　　　　(撰稿人:钱继芳　　温江涛　　郑瑾　　刘韦歆)

第二章

从概念到逻辑

深度学习旨在提升孩子的高阶思维能力和问题解决能力。数学学科课程的建设把点状的数学概念进行联结与融合,形成具有一定挑战性、反映学科本质的学习主题,引发孩子的认知冲突,在围绕学习主题深度探究的过程中,内化数学概念背后蕴含的学科思想、思维方式,从单一概念知识学习走向核心知识群学习,探求学科结构,形成学科逻辑,实现高阶思维能力和学科核心素养的发展。

➡ 范式 3

通透数学: 渗透思维方法使孩子学通学透

　　八一嘉实希望小学数学学科教研组有 3 组,共 14 人,师资队伍优良,结构合理。为了更好地落实《教育部关于全面深化课程改革,落实立德树人根本任务的意见》《义务教育数学课程标准(2011 年版)》等文件精神,学校深入推进通透数学学科课程建设,着力发展孩子的数学核心素养,培养具有应用意识和创新能力的人。

第一部分　学科课程哲学

一、学科性质观

　　《义务教育数学课程标准(2011 年版)》指出：数学是研究数量关系和空间形式的科学。[①] 技术科学和自然科学的基础是数学,它在社会科学和人文科学中发挥的作用也越来越大。数学作为基础学科,逐渐成为其他学科的语言和工具,随着社会生产力不断发展,尤其是计算机出现以后,数学与计算机科学技术的有机结合成为推动社会生产力发展的直接动力,并为社会发展创造了价值。

　　数学的应用非常广泛,居民日常生活中有很多地方都存在着数学的影子,因此,培养数学素养,对孩子的未来生活、工作和学习都具有十分重要的作用。义务教育阶段的数学课程具有基础性、普及性和发展性,是培养公民素质的基础课程。通过"通透数学"课程的实施,孩子能掌握数学基础知识,理解各种数学思想方法,提升分析和解决问题的能力;体会数学与生活之间的联系并运用数学的思维方式

---

① 中华人民共和国教育部. 义务教育数学课程标准(2011 年版)[S]. 北京：北京师范大学出版社, 2012：1.

思考问题。

二、学科课程理念

嘉实数学人在教学中不断创新和思考,提出了"通透数学"的学科理念,让数学教学不仅仅是为了提高孩子的数学成绩,还要让孩子灵活掌握数学思想方法,更深入地理解数学概念。"通透数学"课程重视在孩子学习过程中渗透数学思想方法,建立孩子系统的数学知识框架,使孩子的数学学习能力和逻辑思维能力得到全面发展,使孩子学通学透,在乐学、善思中提升数学学科素养。追求小学数学教育的真义,让孩子在智慧中聪颖,在思考中成长。

我校数学课程组提出"通透数学"的课程理念,面向全体孩子,适应孩子的个性发展。在课程实施过程中,以思促智,因材施教,因学而教,帮助每一个孩子找到适合自己的学习方法,不断建构属于自己的知识体系,逐步提升自己的数学素养,在学习数学的过程收获乐趣,学得通透。使得:人人都能获得良好的数学教育,不同的人在数学上得到不同的发展。①

我校数学学科组提出"通透数学,渗透思想方法使孩子学通学透"的学科理念,具体而言:

(一)"通透数学"系生活,让孩子在生活中学习数学

良好的数学教育是以人为本的。通透数学课程内容的设置重视从孩子的生活实践经验和已有的知识出发,以孩子容易理解的和感兴趣的现实问题为素材,以多种教学形式为手段,重视孩子思维能力和动手实践能力的培养,努力做到学有所用。"通透数学"教学重视以孩子为主体,让孩子在熟悉的事物和感兴趣的具体情境中去"经历",去"参与",去"体验",去"获得"。课程目标的达成不仅关注数学知识、技能的传授,也关注学习数学的感悟及数学活动经验的积累;不仅关注数学能力的培养,也关注孩子的兴趣、情感、态度、价值观的培养,即传授知识、激发兴趣,

---

① 中华人民共和国教育部. 义务教育数学课程标准(2011年版)[S].北京:北京师范大学出版社,2012:2.

开启智慧、完善人格。① 使得"数学生活化""生活数学化"。

(二)"通透数学"重过程,让孩子经历数学知识的形成

数学具有极大的抽象性,而这种抽象性的特点更进一步激发了人类潜意识里面所具有的巨大能动性,这种能动性驱使着孩子们能够更好地去接受数学的这一属性。

数学的教学和学习过程都比较注重孩子的实践体验活动,让孩子亲历数学的形成过程,换句话说数学学习最正确的方法就是"再创造"。深度学习强调孩子通过自己参与相关的数学研究活动,从中获得亲身体验,在探究的过程中使思维变得更通透,就是"再创造"。只有让孩子看到并经历了数学知识形成和发展的全过程,亲身体验如何"做数学"的过程,才能更快地将数学知识学"通"、学"透"。

(三)"通透数学"促思想,让孩子转变自己的学习方式

数学思想是解决数学问题所采用的策略,它是建立数学概念、归纳数学规律、掌握数学知识和解决数学问题的基础。通过数学学习,获得的不只是单一的知识,更重要的是获得数学思想。数学思想的培养决定着孩子的素质培养。"通透数学"在孩子学习数学知识的过程中实物化、图形化、操作化,科学、有效地渗透数学思想方法,为孩子未来适应社会和终身发展奠定基础。

(四)"通透数学"会运用,让孩子更好地学以致用

"学以致用"是教育的最终目的。各种知识与技巧的学习是为了更好地应用于生活实际,这种"学以致用"的思维习惯更能调动学习者学习的积极性与主动性。②"通透数学"在学习过程中注重让孩子体会"数学知识来源于生活,又紧密联系于生活实际"的特点,主要途径有两个:一是让孩子通过已积累的生活经验,帮助孩子理解或验证所学的知识;二是应用数学知识、概念、思维、方法,解决生活中的实际问题。

① 李建芬,张秀来. 浅谈小学数学教学中如何对孩子进行"四基"的培养[J]. 天津教育,2013(6):53-54.
② 王新.让数学知识"学以致用"[J].读与写(教育教学刊),2010(4):160.

第二部分　学科课程目标

《义务教育数学课程标准(2011年版)》指出：数学教育作为促进孩子全面发展教育的重要组成部分,既要使学生掌握现代生活和学习中所需要的数学知识与技能,更要发挥数学在培养人的思维能力和创新能力方面的不可替代的作用。[①] 通过"通透数学"课程的实施,孩子能掌握数学基础知识,理解各种数学思想方法,提升分析和解决问题的能力;体会数学与生活之间的联系,并运用数学的思维方式思考问题。

一、学科课程总体目标

(一) 数学概念——孩子建成数学知识体系的"基石"

"通透数学"通过有趣的运算课程让孩子把枯燥的运算玩通透,掌握必要的运算技能,并进行深度思考和学习。图形具有抽象性和多变性,我们设置的课程能使孩子利用图形的变化掌握"图形与几何"的基础知识和基本技能。

经历在实际问题中收集和处理数据、利用数据分析问题、获取信息的过程,掌握"统计与概率"的基础知识和基本技能。[②] 经历动手制作的过程,掌握生活中的数学知识。

(二) 解决问题的能力——孩子养成良好思维品质的"工具"

培养孩子解决问题的能力是指：初步学会从数学的角度发现问题和提出问题,综合运用所学的知识、技能和方法等解决基本的实际问题,增强孩子对知识的应用意识,提高实践能力;从活动中获得分析问题并解决问题的一些基本的思维方法,体验解决问题方法的多样化,发展创新思维能力;学会运用数学的基本方法和思维方式独立思考并学会与他人合作交流。在学习的过程中不断积累活动经验,提高孩子解决现实问题的能力。

[①] 中华人民共和国教育部. 义务教育数学课程标准(2011年版)[S]. 北京：北京师范大学出版社,2012：3.

[②] 同上书,第9页。

(三) 数学思想方法——孩子形成良好认知结构的"纽带"

促进孩子形象思维与抽象思维的进一步发展;帮助孩子初步学会用数形结合、分类讨论、转化与化归等思想解决实际的数学问题,在观察、猜想、实验、证明等数学实践活动中,发展孩子的逻辑思维能力和语言表达能力。

(四) 情感态度与价值观——孩子达成良好学科品格的"源泉"

勇于克服困难,不断开拓进取,养成独立解决困难的能力、勇气和信心;认识数学与生活的密切联系,体会数学知识的实用性和数学活动的创造性;养成爱思考、会合作、勤学习等学习习惯,获得乐于思考、勇于质疑、实事求是等良好品质。

学校秉承"通透数学"的理念,围绕以上四个课程目标,发展孩子的学科核心素养,培养具有应用意识和创新能力的孩子。

二、学科课程年段目标

为了更好地达成学科教学总目标,我们将总目标细化成学科课程年段目标。一至六年级具体教学目标如下(见表2-1-1)。

表2-1-1 "通透数学"课程年段目标表

内容\类型 年级	数 与 代 数	图形与几何	统计与概率	综合与实践
一年级	1. 能熟练掌握100以内的数的组成、顺序,会比大小。借助"有趣的阿拉伯数字"会用100以内的数表示日常生活中的事物,并会进行简单的估算和交流。	1. 直观认识长方体、正方体、圆柱、球、长方形、正方形、三角形和圆。 2. 通过"千变万化的角"使孩子在动手拼搭的过程中感悟图形的变化,体验学习数学的乐趣。	1. 初步体验数据的收集、整理、描述、分析的过程,会用简单的方法收集、整理数据。 2. 学会分类,在分类过程中养成良好的习惯。	1. 经历从生活中发现并提出问题、解决问题的过程,体验数学与日常生活的密切联系,感受数学在日常生活中的作用。 2. 通过"制作钟表"活动,进一步认识钟表,

续　表

内容 类型 年级	数 与 代 数	图形与几何	统计与概率	综合与实践
一年级	2. 熟练地计算20 以内的退位减法,会计算100 以内两位数加、减一位数和整数,会用加、减法计算知识解决一些简单的实际问题。 3. 初步认识钟表,会认识整时和半时。认识人民币单位元、角、分,知道 1 元 = 10 角,1 角 = 10 分;知道爱护人民币。会读、写几时几分,知道 1 时 = 60 分,知道珍惜时间。 4. 会探索给定图形或数的排列中的简单规律,初步形成发现和欣赏数学美的意识。			培养动手操作能力,提高学习数学的兴趣。 3. 通过实践活动体会数学与日常生活的密切联系。
二年级	1. 熟练掌握 100 以内笔算加、减法的计算方法,能够正确地进行计算。熟记全部乘法口诀,熟练地口算两个一位数相乘。 2. 理解除法并能熟练地用乘法口诀求商,通过"排队问题"更好地理解有余数的除法。	1. 认识常见的各种角,通过角的拼搭活动体验角的多变性。 2. 掌握轴对称图形的特点,欣赏生活中美妙的轴对称,制作轴对称图形。让孩子们明白数学与我们的生活密切相关。	1. 初步了解统计的意义,体验数据的收集、整理、描述和分析的过程。 2. 能根据整理的数据提出问题、回答问题,同时进行简单的分析。	1. 借助"规划作息表"体会学习数学的乐趣,养成良好的作息。 2. 通过实践活动,经历自主探索、合作交流的过程,体会数学与日常生活的密切联系。

内容　类型　年级	数 与 代 数	图形与几何	统计与概率	综合与实践
三年级	1. 熟练地进行笔算三位数的加减法、笔算一位数除多位数的除法、两位数乘两位数的乘法，并且学会进行相应的加、减、乘、除法估算和验算。 2. 通过"报数游戏"培养孩子的计算能力，加强一位数乘多位数、除数是一位数的除法的口算能力，并会估算；能熟练地算除数和商是一位数的有余数的除法。	1. 通过"周长巧妙求"活动，探秘巧求周长的方法，培养孩子的探索能力。 2. 通过"认识我们的校园"，培养孩子探索与实践能力。	1. 能找出事物简单的排列数和组合数，形成发现生活中的数学的意识和全面地思考问题的意识，初步形成观察、分析及推理的能力。 2. 认识复式统计表；能根据统计图表中的数据提出并回答问题，并能够进行数据分析。	1. 通过制作年历活动，经历解决问题的全过程，体会数学在日常生活中的作用，形成综合运用数学知识解决问题的能力。 2. 通过"数学中的小魔术"活动，体会学习的乐趣，建立学好数学的信心。
四年级	1. 通过"笔算小能手"比赛，加强对三位数乘两位数的乘法、除数是两位数的除法的笔算能力，会乘、除法估算和验算。 2. 通过"报数游戏"训练两位数乘一位数和几百几十乘一位数、整十数除整十数、整十数除几百几十数的口算能力。 3. 会运用运算定律进行一些简便运算，进一步提高计算能力。	1. 通过"复杂多变的角"进一步探究角的复杂性和多变性，培养孩子的动手操作和实践能力。 2. 掌握确定物体位置的方法，能根据方向和距离确定物体的位置，能描述简单的路线图。	1. 了解不同形式的条形统计图，学会简单的数据分析，进一步体会统计在现实生活中的作用。 2. 通过小组合作，调查感兴趣的问题，认识折线统计图，了解折线统计图的特点，初步学会根据统计图和数据进行数据变化趋势的分析，进一步体会统计在现实生活中的作用。	1. 借助"测量校园"的实践活动，经历问题解决的全过程，体会数学在日常生活中的作用，形成综合运用数学知识解决问题的能力。 2. 初步了解运筹思想，培养问题意识，初步形成观察、分析及推理的能力。

续　表

内容 类型 年级	数 与 代 数	图形与几何	统计与概率	综合与实践
五年级	1. 比较熟练地进行小数乘法和除法的运算。 2. 会用字母表示数，会解简单的方程，用方程解决简单情境中的数学问题。 3. 理解分数加、减法的意义，熟练地计算简单的分数加、减法，会解决有关分数加、减法的简单实际问题。 4. 了解什么是"定义新运算"；理解新运算所表示的意义，能按照新运算规定的运算法则计算、解答这类新运算问题；会自己定义新运算。	1. 探索并掌握平行四边形、三角形、梯形的面积的计算方法。 2. 通过观察和测量不同的快递纸箱，掌握长方体和正方体的体积和表面积的计算方法，探索物体体积的测量方法。 3. 能画出一个图形的轴对称图形；灵活运用平移、对称和旋转在方格纸上设计图案。	1. 能对简单事件发生的可能性作出预测，进一步体会概率在现实生活中的作用。 2. 通过对"学校一星期午餐人数变化情况"的统计、作图、分析，掌握折线统计图的相关知识，学会正确分析数据。	通过"设计地板图案"的数学活动，经历从实际生活中发现问题、提出问题、解决问题的过程，体会数学在日常生活中的作用，形成综合运用数学知识解决问题的能力。
六年级	1. 能熟练掌握分数乘、除法的计算方法，熟练地计算分数四则混合运算。 2. 理解比的意义和性质，会解决有关比的简单实际问题。	1. 掌握圆的特征，会用圆规画圆；探索并掌握圆的周长和面积公式，能够正确计算圆的周长和面积。 2. 知道圆是轴对称图形，进一	1. 认识扇形统计图，能根据需要选择合适的统计图表示数据。 2. 能从统计图表中准确提取统计信息，正确解释统计结果，在"零花钱	1. 经历从实际生活中发现问题、提出问题、解决问题的过程，体会数学在日常生活中的作用，初步形成综合运用数学知识解决问题的能力。

内容类型 年级	数 与 代 数	图形与几何	统计与概率	综合与实践
六年级	3. 理解百分数的意义,进行百分数的计算,解决有关百分数的实际问题。 4. 理解比例的意义和基本性质,会用比例知识解决实际问题;能根据正比例关系的数据在有坐标系的方格纸上画图,并能根据其中一个量的值估计另一个量的值。	步认识轴对称图形,能运用平移、轴对称和旋转设计简单的图案。 3. 认识圆柱、圆锥的特征;会计算圆柱的表面积和圆柱、圆锥的体积;掌握并理解圆柱圆锥的巧算方法。	怎么花"的生活实际问题中体会解决问题策略的多样性,能作出正确的判断或简单的预测;初步体会数据可能产生误导。	2. 借助"巧配浓度"活动让孩子通过小组开展探究活动,学会运用所学知识解决问题。

第三部分　学科课程框架

一、学科课程结构

我校数学课程是依据小学数学学科的课程标准、孩子的年龄特点以及我校育人目标而自主开发,课程内容包括数与代数、图形与几何、统计与概率、综合与实践等方面。课程结构如下图(见图 2 - 1 - 1)。

具体描述如下:

(一)"通透"运算

开设的课程有"有趣的阿拉伯数字""排队问题""报数游戏""巧添运算符号"

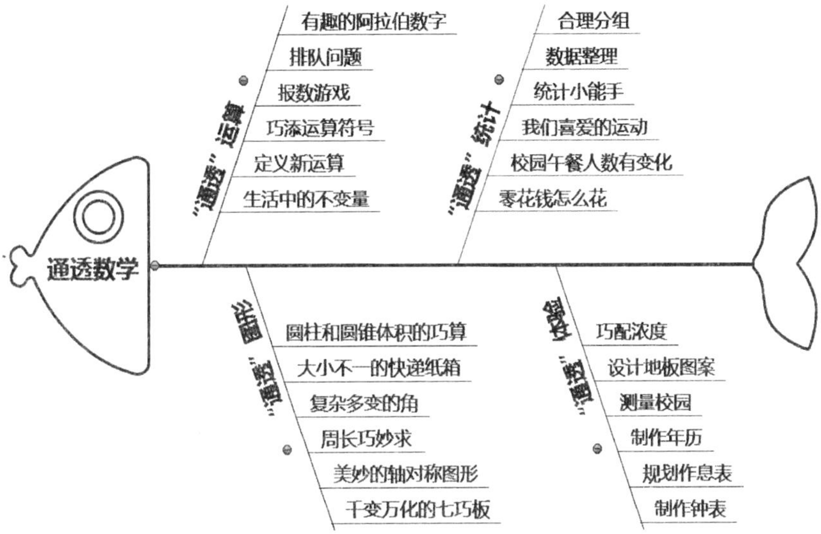

图 2-1-1　"通透数学"课程结构图

"定义新运算""生活中的不变量"等。开发设计与"数与代数"相关联的拓展课程内容,建立孩子的数感,提升运算能力。有助于孩子理解运算的算理,寻求合理简洁的运算途径解决问题。

(二)"通透"图形

　　开设的课程有"千变万化的七巧板""美妙的轴对称图形""周长巧妙求""复杂多变的角""大小不一的快递纸箱""圆柱和圆锥体积的巧算"等。开设与"图形与几何"相关联的拓展课程内容,注重发展孩子的空间观念,经历拼搭图形的过程,体会图形之间的联系与变化,在活动中提高动手操作能力,发展初步的创新意识,感受图形之美。

(三)"通透"统计

　　内容为数据的分类、收集、整理、分析,感受简单随机事件及其结果发生的可能性有大有小。开设的课程有"合理分组""数据整理""统计小能手(复式统计表)""我们喜爱的运动(条形统计图)""校园午餐人数变化(折线统计图)""零花钱怎么花(扇形统计图)"等,开设与"统计与概率"相关联的拓展课程内容,注重发展孩子的数据分析观念,经历在实际问题中收集和处理数据、利用数据分析问题,获取信息的过程,掌握数据收集、整理和分析的方法。[①]

(四)"通透"体验

开设的课程有"制作钟表""规划作息表""制作年历""测量校园""设计地板图案""巧配浓度"等。"综合与实践"是小学数学基础课程的重要领域,开设与"综合与实践"相关联的拓展课程内容,有利于培养孩子的问题意识、应用意识和创新意识,积累孩子的活动经验,提高孩子解决现实问题的能力。[②]

二、学科课程设置

为了激发孩子学习数学的兴趣,培养孩子主动思考的习惯,拓展孩子在数学学科方面的视野,除教材外,我校还开展了如下通透数学课程(见表2-1-2)。

表2-1-2 "通透"数学课程设置表

	"通透"运算	"通透"图形	"通透"统计	"通透"体验
一年级	有趣的阿拉伯数字	千变万化的七巧板	合理分组	制作钟表
二年级	排队问题	美妙的轴对称图形	数据整理	规划作息表
三年级	报数游戏	周长巧妙求	统计小能手	制作年历
四年级	巧添运算符号	复杂多变的角	我们喜爱的运动	测量校园
五年级	定义新运算	大小不一的快递纸箱	校园午餐人数有变化	设计地板图案
六年级	生活中的不变量	圆柱和圆锥体积的巧算	零花钱怎么花	巧配浓度

① 李莉,王琦.在解决实际问题中培养数据分析观念——"数据的收集和整理(一)"教学实录与评析[J].小学数学教育,2017(z1):110-112.
② 王志军.小学数学综合与实践活动例谈[J].教育实践与研究(A),2016(2):52-55.

第四部分　学科课程实施与评价

　　数学学习是一个学生主动参与,积极思考,动手实践,富有个性的过程,这就要求数学课程的实施要符合学生的年龄特点和认知规律,贴近孩子的实际,这样才有利于孩子的体验与理解、思考与探索。课程内容的组织要重视过程,要重视直观,要重视直接经验。动手实践、自主探索与合作交流是学习数学的重要方式,所以在课程实施中要为孩子创造足够的时间和空间去经历观察、实验、猜测、计算、推理、验证等活动过程。①

　　为此,根据"通透数学"的课程理念、学科性质、课程目标等方面的要求,我们从通透课堂、通透数学阅读、通透社团活动等几个方面进行课程实施。

一、构建"通透课堂"体系,寻找孩子的"生长点"

　　"通透课堂"渗透着我校用"快乐"心态"享受"生命精彩的"乐享教育"的教育哲学,是在长期的课堂教学实践中生成的一种课堂教学形态。"通透数学"的课程理念面向全体孩子,适应孩子个性发展的需要,在课程实施过程中,以思促智,因材施教,因学而教,顺学而导,帮助孩子找到适合自己的学习方法,不断建构属于自己的知识体系,逐步提升自己的数学素养,在学习数学的过程中收获乐趣,学得通透。人人都能获得良好的数学教育,不同的人在数学上得到不同的发展。

(一)"通透课堂"实施要素

　　1. 创设情境,激发兴趣。"通透数学"立足孩子已有的生活经验,充分考虑孩子的兴趣,根据学习内容,挖掘各种教学资源,如文本资源,音像、视频资源等。从导入到练习,为孩子创造一个生动、直观、富有感染力的良好教学情境,调动孩子的学习热情,发挥孩子的学习潜能,激发孩子的思维创造能力,让孩子在丰富多彩的数学实践过程中寻求解决问题的不同策略,建立模型,得出结论,并且能在日常生

————————
① 田志锋,段启山. 为孩子的自主探究创造空间[J]. 小学教学参考,2005(10): 22 - 23.

活中合理运用与拓展所学知识,达到融会贯通。

2. 互动对话,积极质疑。孩子在教师的组织和引导下讨论和交流,根据教师创设的情境,结合新知,同桌、小组同伴交流互动,在相互的对话中,互相质疑,共享集体思维成果,体验交流之趣,获得对所学内容的正确理解,达成新学知识的建构。如在"周长巧求解"的课堂上,我们先借助孩子生活中常见常用的实物帮助孩子理清"周长"的概念,并从正反方面加深周长的认识,再提问设疑。让孩子思考探究如何才能得到这些图形的周长,促使孩子动手动脑,并回归生活。为不同图形找出合适的计算方法,促进孩子思维发展,最后总结归纳出各种类型图形得到周长的最优方法。孩子在问题的解决过程中获得积极体验。

3. 展示研讨,智慧分享。在交流互动之后,孩子将已习得的知识在全班进行展示分享,体验智慧共享之趣。在展示分享中,教师对孩子表现的情感、态度、策略进行及时的评价,鼓励孩子自我纠正,自我提高。

4. 拓展延伸,共同成长。这是对师生学习成效的延展,也是对教学目标的监测与评价,更是对学习内容的扩展与应用,它真正体现了师生的教学相长,共同成长。以孩子的生成作为"蓝本",在独立建构的基上,思维相互碰撞,逐步对知识进行完善。通过交流展示,在师生的思辨中逐渐明晰、建构知识网络。

(二)"通透课堂"评价标准

为了使教师更深入地理解"通透数学"的理念,完善课堂的构成要素,实现教学相长,制订了"通透课堂"评价标准如下(见表2-1-3)。

表2-1-3　"通透课堂"评价表

课　题		执教人	评课人	班　级	
维　度		A	B	C	D
		85—100	75—84	60—74	少量达到或未达到
因材施教	趣味性30分	1. 目标明确。学习目标的制定明晰、正确,书写规范,目标具体可测评。 2. 以学定教。立足孩子已有的经验基础,充分考虑孩子的兴趣,根据学习内容,挖掘各种教学资源创设孩子感兴趣的情境,调动孩子的学习热情。 3. 因材施教。在课堂教学的各个环节关注孩子差异性,兼顾各个层面的孩子。			

续　表

因材施教	主体性 20分	1. 活动自主。体现让孩子自主"发现问题,提出问题,分析问题,解决问题"的原则。 2. 赏识激励。关注学习过程,课堂评价及时、准确、丰富,以激励、欣赏为主。 3. 寓教于乐。教态亲切,语言亲和,方法灵活。
学有所获	参与度 20分	1. 互帮互学。有效进行小组合作学习。 2. 乐思善述。孩子的思维有广度和深度,乐于发表自己的观点,乐于听取别人的意见。 3. 积极参与。在学习过程中孩子积极、投入,气氛活跃。
	发展性 20分	1. 知行合一。重知识与能力的综合、过程与技能的转化、体验与品质的过渡。 2. 目标达成。体现"教一学一评"的一致性。学习目标达成度高。 3. 智趣共生。体现"智从趣生、趣由智始、智趣共生"的科学理念。
创新性 10分		恰当运用电子白板等多媒体,理念先进,教师创教、孩子创学,课堂中有创新点。
分　　数		

二、开展"通透数学阅读"活动,拓展孩子的"认知点"

新课标指出,"数学为其他科学提供了语言、思想和方法"。数学阅读是读者通过数学语言符号获得意义的一种心理过程,因而专家强调:"数学教学就是数学语言的教学",所以,切实加强数学自主学习的思维训练,最为重要的一个基点就是强化数学阅读。枯燥的数字、符号是没有生命力的,只有将这些内容浸润到数学故事中,才会赋予它们生命,使他们变得生动而有趣,从而被孩子们所接纳。学校根据低、中、高三个学段推荐相应的数学读物,围绕读物进行阅读分享,要求进行阅读打卡,开展阶段性读书交流会,体验数学的乐趣,同时教师根据孩子交流的情况用学习币进行奖励如下(见表2-1-4)。

表2-1-4　"通透数学阅读"书目和评价表

学　段	书　　目	活　动	学习币等级
低段	《李毓佩数学故事集》	数学阅读手抄小报	
中段	《趣味数学》	数学阅读日记	
高段	《数学百草园》《趣味数学》	数学阅读PPT	

三、打造"通透数学社团",培养孩子的"兴趣点"

秉承"通透数学"的课程理念,我校创建了三个数学社团,分别针对低段、中段、高段孩子开展社团活动,"通透数学社团"活动如下(见表2-1-5)。

表2-1-5　"通透数学社团"活动表

社团名称	孩　子	负责人	教　师	时　间	地　点
趣味数学社	一、二年级	万柳芳	王强、汪凤娇	每周三下午 3:30—5:00	二(1)班教室
奇妙数学屋	三、四年级	岳　珍	胡丹、周焱燚		四(1)班教室
数学俱乐部	五、六年级	阳　琼	丁春、周明华		六(1)班教室

"通透数学社团"活动激发了孩子学习数学的兴趣,陶冶了情操、磨炼了意志、增进了同学间的友谊,让同学们对数学知识理解得更加透彻。我们的评价方式有记录活动过程中孩子各方面表现的量化评价表,还有对社团的问卷调查,以此了解孩子对社团活动的期望,便于教师把握社团后期发展方向。"通透数学社团"的评价标准如下(见表2-1-6)。

表2-1-6　"通透数学社团"的评价表

评价项目	评　价　标　准	评　价
过程评价	制定可行的管理制度及详细活动计划	
	活动主题、内容、形式有创新	
	活动组织井然有序,学习氛围浓厚	
	社团名册及活动过程记录详实	
	活动照片及孩子作品保存完整	
	教师的指导张弛有度,有针对性	
	每次活动结束后都有相应的总结、反馈、评价	
成果展示	展示形式丰富新颖	
	内容符合社团特点、全面完整	
	活动小组分工合作有序	
	有借鉴价值的经验与反思	

综上所述,"通透数学"优化课程结构,充分利用学校和社会的课程资源,设计满足孩子个性发展和个性需求的数学拓展性课程,体现"嘉言懿行,尚德务实"的办学理念。在建立孩子数学概念的基础上,提升孩子解决问题的能力,逐步渗透数学思想方法,培养孩子良好的数学学习品格。确立孩子的主体地位,聚焦孩子的学习深度,在乐学和善思中使孩子学通学透,全面提升孩子的数学核心素养。

（撰稿人：阳琼　　岳珍　　周焱燚　　胡金凤　　周明华）

➡ 范式 4

智趣数学: 智趣育人实现思维的拔节生长

扬子洲学校数学学科师资队伍年轻、富有朝气,小学部数学教研组共有教师 7 人,其中中小学一级教师 4 人,中小学二级教师 3 人。在深化课程改革的春风下,教研组紧密围绕"扬子洲课程"体系,积极投身课程建设发展的研究和探索中。通过不断的实践,教研组提炼出了"智趣数学"的学科理念,以课堂教学为主阵地,融合数学基础课程,发展孩子必备的数学基础知识和技能;联结多样化拓展课程,实现知识的迁移和提升,培养孩子综合素养。

为了更好地落实《教育部关于全面深化课程改革,落实立德树人根本任务的意见》及《义务教育数学课程标准(2011 年版)》等文件精神,学校进一步推进"智趣数学"学科课程建设。注重在教师的引导下使孩子做到自主学习、趣中取智,培养有逻辑、有结构、有体系的思考习惯,实现思维的拔节生长。

第一部分 学科课程哲学

一、学科性质

《义务教育数学课程标准(2011 年版)》指出:"数学是研究数量关系和空间形式的科学。数学与人类发展和社会进步息息相关。""数学作为对于客观现象抽象概括而逐渐形成的科学语言与工具,不仅是自然科学和技术科学的基础,而且在人文科学与社会科学中发挥着越来越大的作用。""数学是人类文化的重要组成部分,数学素养是现代社会每一个公民应该具备的基本素养。作为促进学生全面发展教育的重要组成部分,数学教育既要使学生掌握现代生活和学习所需要的数学知识与技能,更要发挥数学在培养人的思维能力和创新能力方面的不可替代的作用。①

对数学常识的了解,对数学方法的提炼,对数学思想的感悟,对数学思维的促成,都是"智慧"的表现。数学学习重在提升孩子在学习数学或者学习数学某一个领域时应达到的综合能力,感悟数学思维,开发智力,开启智慧。趣:来自"走",来自"取"。"走"的意思是"跑步"。你急于拿起的东西必然是你迫切需要的东西,或者是你特别青睐的东西。趣的含义包括:乐趣、情趣、志趣等。数学教学既要让孩子获得学习数学的乐趣、情趣、志趣,同时也要让孩子体验到数学内在的奇趣、妙趣、理趣。数学学习,重在深刻理解后的"知之趣"。

我校"智趣数学"课程实施的价值体现在:能使孩子掌握必备的基础知识和基本技能,培养孩子的抽象思维和推理能力;发展孩子的创造想象能力和动手操作能力,培养孩子的创新意识和实践能力;让孩子经历数学发生、发展的过程,感受数学的美学价值和实用价值,促进孩子在情感、态度和价值观方面的可持续发展。通过数学课程的有效实施,使孩子能够以个人特长为内核,顺应天性发展,从而激发孩子的信心和生命潜能。通过以长促长,以长促全的课程,为孩子未来生活、工作和学习奠定重要的基础。

二、学科课程理念

传统教育忽视了"以生为本",忽视了教育应该给孩子带来的快乐、生长、灵动感。教育即成长,正如叶圣陶先生所说,"教育是农业而不是工业",教育传承的,不只是知识技能,更是思想、精神和情怀。因此,"智趣数学"的学科理念在于让每一个孩子感受生命的涌动,亲近数学、发现数学、享受数学,从而实现思维的拔节生长。具体表现在以下几个方面:

(一)"智趣数学":激发孩子学习的兴趣

德国教育学家第斯惠指出:数学的艺术不在于传授本领,而在于激励、唤醒、鼓舞。兴趣是试图探索某事或从事某活动的心理倾向。它使某些事物优先重视,

---

① 中华人民共和国教育部. 义务教育数学课程标准 (2011 年版) [S]. 北京:北京师范大学出版社,2012:1.

积极探索,并予以积极的感情色彩。培养孩子对数学学习的兴趣,对学习活动具有重要意义,智趣数学能够帮助孩子进一步明确数学学习的社会意义,激发更大的学习欲望和更强的学习动力,让孩子有不懈追求和积极探索数学知识的欲望。

(二)"智趣数学":滋养孩子积极的情感

苏联教育家苏霍姆林斯基说过:"情感如同肥沃的土地,知识的种子就播在这个土壤上。"教育传授的不仅是知识技能,还有情感态度。教育没有了情感,就如无水的池塘。有水的池塘才能称之为真正的池塘,有情感的教育才能称为真正的教育,有情感的数学教育才能真正奏响和谐华彩之章。智趣数学是在孩子对于基础知识有一定认知的基础上,发挥想象力,探索数学规律,在民主和谐的教育氛围中探求科学的过程。智趣数学可以培养孩子积极的情感,是滋养孩子生命的养分。

(三)"智趣数学":促进孩子数学地思考

日本著名数学教育家米山国藏指出:"数学知识出校门不到两年可能就忘了,唯有数学的精神和数学的思想、研究方法、着眼点等深深铭记在头脑中,这些随时随地发生作用,使孩子终身受益。"掌握科学的思维方法,对于提高孩子的思维品质,对数学的后续学习,对其他学科的研究,甚至对孩子的终身发展都具有重要意义。智趣数学不仅使孩子们懂得数学的真谛,理解数学的价值,学会思考和解决问题,还可以把文化的发展和知识的学习、能力和智力的发展有机统一起来。

(四)"智趣数学":促进孩子智慧的增长

英国哲学家怀特海在"教育的目的"一书中说:"尽管知识是智育的一个主要目标,但知识的价值还另有一个更模糊但更伟大、更居支配地位的成分,古人把它称为'智慧'。"数学教育的真谛在于孕育儿童的智慧生长,为孩子的智慧人生奠基。智慧与创新有密切的联系,智慧是创新的内因和力量源泉,而创新是有智慧的表现和结果。智趣数学在"发现问题、提出问题、分析问题、解决问题"的递进过程中始终以问题意识启迪智慧,在质疑提问中碰撞智慧,在综合运用中生成智慧,在问题解决中升华智慧,培养孩子的创新意识和科学态度。

(五)"智趣数学":培育孩子全面地发展

　　教育部《关于深化课程改革,落实立德树人根本任务的意见》中指出:"立德树人是发展中国特色社会主义教育事业的核心所在,是培养德智体美全面发展的社会主义建设者和接班人的本质要求。"小学数学是基础教育的一门重要学科,它理应承载着数学教育的育人功能。智趣数学充分挖掘课程资源中的德育因素,推动社会主义核心价值体系融入教材,重视培养孩子崇高的品德,扎实的科学文化素质,健康的身心素质,良好的审美观,努力使孩子具有较高的文化素质、中国特色社会主义共同理想、国际视野,成为社会主义的合格建设者和可靠接班人。

第二部分　学科课程目标

　　《义务教育数学课程标准(2011年版)》指出:"义务教育阶段数学课程的总目标是:学生能获得适应社会生活和进一步发展所必需的数学的基础知识、基本技能、基本思想、基本活动经验;体会数学知识之间、数学与其他学科之间、数学与生活之间的联系,运用数学的思维方式进行思考,增强发现和提出问题的能力、分析和解决问题的能力;了解数学的价值,提高学习数学的兴趣,增强学好数学的信心,养成良好的学习习惯,具有初步的创新意识和科学态度。"[1]结合我校品质课程内容,为培养孩子的"数感、符号意识、空间观念、几何直观、数据分析观念、运算能力、推理能力、模型思想"等数学核心素养,我校提出了以下数学学科课程目标。

一、学科课程总体目标

　　依据《义务教育数学课程标准(2011年版)》,结合我校课程总目标,培养孩子的"数感、符号意识、空间观念、几何直观、数据分析观念、运算能力、推理能力、模型

---

[1] 中华人民共和国教育部.义务教育数学课程标准(2011年版)[S].北京:北京师范大学出版社,2012:8.

思想"等数学核心素养,我们从知识技能目标、数学思考目标、问题解决目标、情感态度目标四个维度提出了以下数学学科课程目标(见表 2-2-1)。

表 2-2-1 "智趣数学"课程总体目标表

知识技能	1. 经历数与代数的抽象、运算与建模等过程,掌握数与代数的基础知识和基本技能。 2. 经历图形的抽象、分类、性质探讨、运动、位置确定等过程,掌握图形与几何的基础知识和基本技能。 3. 经历在实际问题中收集和处理数据、利用数据分析问题、获取信息的过程,掌握统计与概率的基础知识和基本技能。 4. 培养孩子的自主学习能力,让其参与综合实践活动,把所学的零散概念积累成综合运用数学知识、技能和方法等解决简单问题的数学活动经验,形成有逻辑、有结构、有体系的知识,提高数学核心能力。
数学思考	1. 建立数感、符号意识和空间观念,初步形成几何直观和运算能力,发展形象思维与抽象思维。 2. 体会统计方法的意义,发展数据分析观念,感受随机现象。 3. 在参与观察、实验、猜想、证明、综合实践等数学活动中,发展合情推理和演绎推理能力,清晰地表达自己的想法。 4. 学会独立思考,体会数学的基本思想和思维方式。
问题解决	1. 初步学会从数学的角度发现问题和提出问题,综合运用数学知识解决简单的实际问题,增强应用意识,提高实践能力。 2. 获得分析问题和解决问题的一些基本方法,体验解决问题方法的多样性,发展创新意识。 3. 学会与他人合作交流,学会在乐趣中寻找智慧。 4. 初步形成评价与反思的意识。
情感态度	1. 积极参与数学活动,对数学有好奇心和求知欲。 2. 在数学学习过程中,更多地找寻学习中成功的乐趣,锻炼克服困难的意志,建立自信心。 3. 体会数学的特点,了解数学的价值。 4. 养成认真勤奋、独立思考、合作交流、反思质疑等学习习惯。 5. 形成坚持真理、修正错误、严谨求实的科学态度。

二、学科课程年段目标

依据学校数学课程总目标,我们厘定了一至六年级的年段课程目标(见表 2-2-2)。

表 2-2-2 "智趣数学"课程年段目标表

目标 类别 年级	知 识 技 能	数 学 思 考	问 题 解 决	情 感 态 度
一年级	1. 使孩子能熟练地数出数量在20以内的物体的个数，会区分基数和序数，掌握数的顺序和大小。 2. 会读、写0—20各数及口算加减法。	1. 通过观察、实验、猜想、证明等数学活动，使孩子找到变与不变的规律。 2. 通过一笔画成规律的探究、思考，初步形成几何直观能力和分析推理能力。	1. 认识钟表的时针和分针，学会看整时。 2. 通过图形拼搭，进一步了解长方形、正方形等平面图形，感受数学与生活的密切联系。	利用孩子喜欢的数学小故事，趣中取智，激发学习数学的兴趣。
二年级	1. 知道乘法的含义和乘法算式中各部分的名称，通过引导孩子找规律，帮助孩子熟记全部乘法口诀，能熟练地口算表内乘法。 2. 知道除法的含义，除法算式各部分的名称，乘法和除法的关系；能熟练地用乘法口诀求商。	1. 通过用火柴棒摆出数字图形和巧移火柴棒等活动，培养孩子动手能力，丰富想象能力。 2. 通过动口动手动脑，引导孩子探索余数的规律，并能应用规律解决生活中的一些问题，培养孩子初步的应用意识。	1. 通过制作时间作息表，培养孩子合理规划时间的意识。 2. 通过剪贴窗花，感受数学之美。	通过介绍数学小知识，丰富孩子的知识储备，扩展孩子视野。

目标类别 年级	知 识 技 能	数 学 思 考	问 题 解 决	情 感 态 度
三年级	1. 通过分数的初步认识，在掌握数与代数的基础知识和基本技能的基础上，丰富学习内容。 2. 初步认识小数点，在掌握数与代数基础知识和基本技能的基础上，拓宽知识的内涵和外延。	1. 通过求不规则图形的周长，进一步理解周长的含义；掌握计算周长的方法，能巧妙运用周长公式解决实际问题。 2. 计算 24 点，灵活掌握加减乘除运算，培养孩子思维能力。	1. 综合运用数学知识解决简单的实际问题，增强应用意识，提高实践能力。 2. 通过精制年历等活动，培养孩子的合作意识和动手能力。	通过猜谜语的形式，激发孩子的求知欲。让学习有更多乐趣。
四年级	1. 以长征为背景呈现数字素材，使孩子在情境中深刻感知大数。 2. 灵活运用运算定律进行简便计算。	1. 通过错中求解，使孩子转换原有的思维方式，用倒推、还原的方式解决问题。 2. 通过求平均数，灵活掌握多种策略解决问题。	1. 通过超市购物，学会从数学的角度发现问题、提出问题和解决问题。 2. 测量校园面积，增强孩子运用知识的能力。	以数学趣题的形式，增强孩子学习的信心。
五年级	1. 让孩子探究平行四边形和三角形等图形的面积推导过程。 2. 利用表面积的知识探索多个相同长方体叠加后表面积最小的策略。	1. 间隔趣谈使孩子建立起植树问题的模型，打通知识间的联系。 2. 使孩子能运用割补、转化等方法求出不规则图形的面积。	1. 设计游戏规则，理解可能性在生活中的应用。 2. 能运用排水法等方法求出不规则物体的体积，发展孩子的创新能力。	展示数学文化，使孩子感受古今劳动人民的高超智慧，领悟数学丰富的文化价值。

续　表

目标　类别 年级	知识技能	数学思考	问题解决	情感态度
六年级	1. 理解百分数的意义,熟练地进行有关百分数的计算,能够解决有关百分数的简单实际问题。 2. 利用思维导图等形式让孩子对所学内容进行一次系统的、全面的回顾与整理。	通过做数学小课题,培养孩子科研能力和探究能力。	1. 通过设计旅游路线等活动,体验解决问题方法的多样性;初步形成评价与反思的意识。 2. 制定合适的比例尺,在操作过程中提高孩子的实践能力和小组合作能力。	通过做数学小课题,培养孩子科研能力和探究能力。

　　学校秉承"智趣数学"的理念,围绕以上四个课程目标,分年级逐步落实,发展孩子的学科核心素养,智趣育人,培养具有应用意识和创新意识的孩子,实现孩子思维的拔节生长。

第三部分　学科课程框架

　　我校"智趣数学"课程框架架构的依据是学校"扬子洲课程"的总体框架。数学学科课程是培养孩子终身发展和适应未来社会所需的基础,"智趣数学"满足孩子的个性化学习需求,培养孩子的兴趣爱好,开发孩子潜能,促进学校办学特色的形成。

一、学科课程结构

　　"智趣数学"课程是依据小学数学课程标准开发设计的,分为"智趣数感""智趣图形""智趣统计""智趣实践"四大类别,"智趣数学"课程结构见下图(图2-2-1)。

图 2-2-1 "智趣数学"课程结构图

（一）智趣数感

开设的课程有"数字宝宝""口算能手""除除有余""倍数关系"等。以书本知识为生长点,在教学中有针对性地延伸课堂教学内容,吸引孩子的注意力,激发孩子学习数学的兴趣,提高课堂效率。结合孩子感兴趣的问题和情境,激发孩子对于数学创新原动力的认识,从而提高自身的综合素养和创新意识。

（二）智趣图形

开设的课程有"一笔成画""巧移火柴棒""巧求面积""观察物体"等。小学奥林匹克数学是数学皇冠上的一颗璀璨的明珠,它是较高层次的、开发智力的、生动有趣的教学内容。鉴于我校孩子实际,家长和孩子有强烈的学习需求,我们结合教材内容,根据孩子的接受水平,选择了一些孩子喜闻乐见的、比较典型的思维拓展题,使孩子体验到数学思想的博大精深和数学方法的创造力。

（三）智趣统计

　　开设的课程有"整理房间""搜集数据""绿色出行""中奖的秘密"等。结合孩子的生活，创设合理的情境，依托生动活泼的形式，向下深挖，向上伸展，拓宽原发知识的内涵和外延，通过再认识，再提高，带给孩子全新的视角，扩大孩子的知识面，点燃孩子的思维火花，改变孩子的思维定势，培养孩子敢于质疑、挑战权威的创新精神和科学严谨的学习态度。

（四）智趣实践

　　开设的课程有"制作钟表""剪贴窗花""设计路线""测量校园"等。"综合实践"是小学数学基础课程的重要领域，是以问题为载体、孩子自主参与的学习活动。开设与"智趣实践"相关联的拓展课程，使孩子综合应用有关的知识与方法解决实际问题，积累孩子的活动经验，展现思考过程，交流收获体会，激发创造潜能，提高孩子解决现实问题的能力，培养孩子的问题意识、应用意识和创新意识。

二、学科课程设置

　　"智趣数学"在国家课程实施的基础上，结合学校课程资源，对课程内容进行拓展，做了系统的构建。"智趣数学"课程设置如下（见表2-2-3）。

表2-2-3　"智趣数学"课程设置表

内容　　类型 学期	智趣数感	智趣图形	智趣统计	智趣实践
一年级上学期	数学小故事	变与不变	数字宝宝	制作钟表
一年级下学期	数学小故事	一笔画成	口算能手	快乐拼搭
二年级上学期	数学小知识	巧移火柴棒	乘胜追击	合理规划
二年级下学期	数学小知识	余数妙用	除除有余	剪贴窗花
三年级上学期	数学谜语	巧求周长	分数再认识	快乐节日
三年级下学期	数学谜语	24点游戏	小数再认识	精制年历

内容　　类型 学期	智趣数感	智趣图形	智趣统计	智趣实践
四年级上学期	数学趣题	错中求解	数字长征	测量校园
四年级下学期	数学趣题	移多补少	巧算达人	小小超市
五年级上学期	数学文化	间隔趣谈	我形我秀	中奖的秘密
五年级下学期	数学文化	巧求面积	巧手包装	乌鸦喝水
六年级上学期	数学小课题	妙用单位"1"	百分之百	设计路线
六年级下学期	数学小课题	神探柯南	思维导图	妙笔绘图

第四部分　学科课程实施与评价

　　"智趣数学"课程以基础性、趣味性、实践性、创新性、发展性为设计原则,通过数学基础课程,发展孩子必备的数学基础知识和技能;设计多样化学科课程内容,适应孩子个性发展的需要,培养孩子数学综合素养。课程的实施与评价体现了对课程理念的贯彻与执行,是一个围绕"扬子之长"的行动过程,是通过课程行动将课程的意识形态转化为教与学的互动,从而实现课程内在的意义,展现所能,发挥所长的过程。因此,我校从"智趣课堂""智趣社团""智趣数学节""智趣网端"四个方面入手,多渠道、多维度、多形式地开展活动,为我校品质课程的顺利实施提供有利保障,长效推动数学课程的可持续发展。

一、构建"智趣课堂",共育"扬长少年"

　　"智趣课堂"是结合小学数学学科特点,依据孩子学习认知和心理特点,旨在培养孩子创造力、促进孩子终生数学学力形成、关注生命情怀的课堂。"有趣"和"有用"非但不存在矛盾,而且还可互相促进,相辅相成,和谐共生。

(一)"智趣课堂"的实施

1. 有效导学,自主探究。"有效导学,自主探究"环节采用"尝试学习单",引领孩子开展前置性学习,以此充分展示孩子的思维过程和最近发展区,有针对性地提升孩子的学习智慧。

2. 营造情境,激发兴趣。教学中创设与数学学科知识相关的有趣、实用或与生活密切联系的情境,调动孩子数学学习的兴趣,引导孩子全身心投入数学学习研究之中,顺利进入课堂教学。

3. 互动助学,协同推进。"互动助学,协同推进"环节侧重培养孩子的思维能力与协作意识,设置主问题引导孩子进行自主互助学习,并与其他同学共同分析,交流学习的成果,进行补充完善,提高学习成果的全面性与准确性,同时促进孩子学习能力的发展。

4. 检测促学,反馈提升。"检测促学,反馈提升"环节侧重了解孩子对知识的掌握情况,同时引导孩子结合自己的理解去认识事物之间的联系,将新知识的学习融入已有知识体系之中。

5. 总结梳理,运用实践。"总结梳理,运用实践"环节侧重引导孩子将所获得的数学知识与技能运用于实际问题的解决之中,并在这样的环节中总结方法技巧,提高数学综合运用能力,培养创新思维能力。

(二)"智趣课堂"评价标准

为了更好地落实和检验"智趣课堂"的教学效果,以评价明确前行的方向,促进"智趣课堂"的高效开展,我们制定了相关的评价标准(见表2-2-4)。

表2-2-4 "智趣课堂"评价表

指 标	评 估 标 准	量化评分
教学理念 5分	实现自我教育自觉。(2分)	
	发现并挖掘孩子身上的积极因素和独特优势。通过"期待、激励、训练",使隐藏在孩子身上的潜能随时处于喷发状态,并将在此基础上形成的良好心态逐渐迁移到其他方向,以"扬长"促进孩子全面发展,以"扬长"促进孩子创新。(3分)	

指　标		评　估　标　准	量化评分
教学目标 7 分		符合新课程标准,适应孩子发展需要,发现并挖掘孩子身上的积极因素和独特优势。体现知识与技能,过程与方法,情感、态度、价值观三位一体。(3 分)	
		教学能从孩子认知基础、心理发展水平和思维水平出发,努力唤起孩子自身的经验和知识,以此激活孩子的思维,并将在此基础上形成的良好心态逐渐迁移到其他方向,以"扬长"促进孩子全面发展。以"扬长"促进孩了创新。(4 分)	
教学内容 8 分		正确理解并能创造性地使用教材,关注孩子能力的提升点。(2 分)	
		教学内容与孩子生活以及现代社会和科技发展紧密联系,关注孩子的学习兴趣与经验,能切实提高孩子素质。(2 分)	
		教学内容充实有梯度,让不同水平的孩子能够主动参与知识形成的全过程并有所收获。(4 分)	
教学过程 30 分	知识技能 15 分	知识点清晰、知识量适中,重、难点突破较好。(5 分)	
		教师能根据课堂教学进展情况与课堂生成的问题采取有效措施,调整课堂预设,满足孩子思维发展的需要,训练展示每个孩子的长处,并以"长"促"长",完成课堂教学任务。(5 分)	
		教学情境创设新颖,教学活动设计科学得体,组织形式灵活多样,能激发孩子的学习动机,以问题为中心,引导孩子积极思考,主动探求,各展所长。(5 分)	
	师生互动 4 分	师生人格平等,教师能尊重孩子的人格、自尊心、自信心、自爱心,鼓励孩子在师生、生生平等交往中展示自己的能力。(2 分)	
		能用鼓励性评价对待孩子的课堂反应,用容忍的策略对待出现错误的同学,不用考试分数和等次羞辱、贬抑和批评孩子,让孩子充分认识到自己的长处和短处,树立孩子的学习信心,扬长补短。(2 分)	
	关注差异 4 分	教师用尽可能多的方法满足孩子在认知、生理、智能、情感、个性等方面的差异,注意给每个孩子提供活动、表现和成功的机会。(4 分)	

续　表

指　标		评　估　标　准	量化评分
教学过程 30分	仪表教态 3分	教师语言表达形象生动、逻辑性强、具有启发性和感染力。(1分)	
		教师教态亲切自然,仪表端庄大方,衣着整洁得体,举止稳重文明,富有亲和力。(2分)	
	板书设计 2分	教师课堂板书要简要工整、布局合理、条理清楚。(2分)	
	资源应用 2分	恰当运用现代教育技术,合理利用教学资源进行课堂教学,增强直观性,改善视听效果,能提高孩子学习效率。(2分)	
教学效果 50分	课堂气氛 15分	孩子全员参与活动,课堂气氛和谐、民主、宽松、热烈,知情交融,教与学两方面都不断有激情产生。(15分)	
	孩子表现 15分	孩子乐于动脑、动口、动手,精神饱满,思维活跃,情感愉悦。(7分)	
		孩子做到独立思考学习与合作交流学习相结合,能力得到提高并乐于展示自我。(8分)	
	目标达成 20分	教学目标达成率高,孩子形成明显的实践能力、创新精神、个性品质。(10分)	
		孩子形成积极向上的人生观、世界观和价值观,学习和生活实现自我管理。(10分)	

二、开设"智趣社团",享受数学学习的乐趣

　　为提高孩子当前与未来的生活质量,促进社会的进步和可持续发展,我校将学校的具体特点和传统优势相结合,开设了"智趣社团",内容有"玩转24点""趣味数学""思维导图""思维体操"等,将社团活动的时间安排在课堂教学之外。孩子通过参加社团活动,充实课余生活,陶冶道德情操,提高科学素养,发现和培养自己的潜能与特长,促进身心全面发展。发挥教师优势,培养教师的组织与科研实践能力,提高专业素质。不断探索校园生活和校园文化,充分发掘校内外可利用资源,逐步

形成特色鲜明的社团活动。同时,培养孩子自主管理的意识和领导能力,建立新型的师生关系。

(一)"智趣社团"的实施

1. 社团组建方式。学校依据师资情况和孩子需求组建社团,并安排辅导老师。支持孩子自发组织社团,并聘请专门的辅导老师,经学校批准后可以开展活动。社团名称由孩子和辅导老师共同讨论确定。

2. 社团招募方式。一般来说,社团招聘和人员调整在每个学期开始时进行,控制人数,避免增加管理难度。孩子报名社团要先经家长同意。老师和社团成员一经确定,无特殊情况一学期内不再变更。

3. 活动时间和地点。制定科学合理的活动计划,按计划坚持开展活动并做好记录。活动时间为每周二下午3:50—4:50,地点相对固定。学校努力为社团活动的开展创造条件。各班主任熟知本班参加社团的每个孩子的名单和活动时间,并通过致家长信、短信、家长会等途径将孩子参加的社团名称、辅导老师和活动时间告知家长。

4. 活动过程要求。每次活动时要认真准备,强调文明礼仪与纪律卫生,加强安全教育,避免发生安全事故。

(二)"智趣社团"的评价

为规范社团发展,充分调动各类社团活动的积极性和创造性,加强社团工作的制度化、规范化,使各社团向着高层次、高格调、高品位的方向发展,制定了学校社团评价实施细目量表(见表2-2-5)。

表2-2-5　"智趣社团"评价实施细目量表

指　标	评　估　标　准	评估方式	量化得分	
			自评	督评
安全管理 (20分)	社团活动指导老师及时到位。(5分)	访谈孩子查阅资料		
	活动安全保障有力,无安全事故发生。(10分)			
	每次活动孩子出席率。(5分)			

续　表

指　标	评　估　标　准	评估方式	量化得分	
			自评	督评
材料管理 (30 分)	活动点名及时,社团名册记载详实。(5分)	查阅资料		
	活动前有计划,活动后有记录,活动主题、内容、形式有创新。社团活动计划合理周密,详实可行,每次社团活动有备课,每次备课中内容详实并有逻辑性,每次社团活动有书面总结或反思。(25分)			
活动管理 (30 分)	活动内容丰富,形式活泼,孩子满意度高。对孩子进行调查,确定该社团孩子对社团活动开展的喜爱程度。(5分)	访谈孩子查阅资料		
	能积极配合学校开展的各项活动,认真落实各项工作。(5分)			
	每学期能组织一次展示活动,并向学校考核组开放,活动有条不紊,活动时间安排合理,能成功地完成活动,达到预期效果。活动的气氛热烈,社员热情参与,通力合作。(15分)			
	活动期间的秩序、组织纪律良好,活动过程中没有违规现象。(5分)			
场地管理 (10 分)	内部物品管理有序,无丢失等现象。(5分)	现场查看		
	活动后场地内地面干净、桌椅整齐、墙壁无污迹、教具无破损。(5分)			
特色成效 (20 分)	活动有一定影响,有报道。校级、区级每篇加 5、10分以此类推。(10分)	访谈孩子查阅资料		
	活动有成果展示,参加校内校外展示获奖或展演受好评。校级每人每次 5 分,区级每人每次加 10 分,以此类推。(10分)			

三、设立"智趣数学节",激发数学学习兴趣

"智趣数学节"秉承"人人参与,快乐分享"的理念,以"有趣的数学、智慧的数学、创新的数学"为出发点,为全体孩子提供展示自己的平台。

(一)"智趣数学节"的实施

我们设立丰富多彩的"智趣数学节",如"智趣数学绘本节""智趣数学日记节""智趣数学手抄报节""智趣数学诗歌朗诵节"等,通过形形色色的"智趣数学节",激发孩子的数学学习兴趣,拓宽数学的学习途径,丰富孩子的数学学习经历,发现数学和生活的联系,感受数学学习的魅力,并有力推动校园文化课程的进一步实施,具体安排如下(见表2-2-6)。

表2-2-6　"智趣数学节"活动安排表

年　　级	时　　间	内　　容
低段(一、二年级)	上学期	智趣数学绘本节
	下学期	智趣数学日记节
中段(三、四年级)	上学期	智趣数学手抄报节
	下学期	智趣数学诗歌朗诵节
高段(五、六年级)	上学期	智趣数学分享阅读节
	下学期	智趣数学思维导图节

(二)"智趣数学节"评价标准

为了营造浓厚的数学节气氛,使每个孩子都能积极参与进来,喜欢数学、亲近数学、乐享数学,确保我校数学节的有效开展和实施,并形成我校的特点和亮点,特制定相关评价实施细目量表(见表2-2-7)。

表2-2-7　"智趣数学节"评价表

评价指标	评　价　内　容	评价分值
主　题	1. 主题鲜明、立意新颖、寓意深刻。 2. 主题具有时代性、科学性、针对性、实效性、教育性。 3. 根据孩子身心发展和成长中遇到的普遍问题确定主题。	20分
目　标	1. 目标明确,有明确的导向和时代性。 2. 达到孩子情感态度价值观的转变。 3. 孩子有认识,有感悟,自我教育能力得到增强,能促进孩子身心健康发展。	20分

续　表

评价指标	评　价　内　容	评价分值
内　容	1. 贴近社会现实、贴近孩子实际生活、符合孩子身心发展规律。 2. 紧扣主题,准确定位。 3. 分出层次,突出重点。	20 分
实　施	1. 情景设计合理,操作性强,能体现综合运用知识的能力。 2. 面向全体孩子,关注孩子的个性和差异,注重培养孩子的实践能力。	20 分
方　式	活动设计有特色,有创意,体现课程的实践性、自主性、综合性、创造性和趣味性。	20 分

四、利用"智趣网端",促进教与学方式变革

教育信息化是我国新时代教育改革发展的要求,是教育信息化超预期发展的要求,是抓住教育技术发展重要机遇的要求,也是走中国特色教育信息化道路的要求。学校利用"智趣网端",促进教与学方式变革,推进"智趣数学"课程的深入实施。

(一)"智趣网端"要义

《义务教育数学课程标准(2011 年版)》指出:数学课程的设计与实施应根据实际情况合理地运用现代信息技术,要注意信息技术与课程内容的整合,注重实效。[①] 要充分考虑信息技术对数学学习内容和方式的影响,开发并向孩子提供丰富的学习资源,把现代信息技术作为孩子学习数学和解决问题的有力工具,有效地改进教与学的方式,使孩子快乐并积极地投入到现实的、探索性的数学活动中去。

因此,我们在多媒体网络环境下,运用现代信息技术为孩子提供了能够有效培养综合能力的认知工具和更能展示个性的平台。教师充分利用人机交互技术和参数处理技术的优势,制作交互式较强的课件、微课,构建开放式的学习环境;孩子利用搜索引擎,自己在 Internet 或资料库中搜索素材,运用汉字输入和编辑排版等工具组织有效信息,完成学习任务;甄选优质的学习 App,利用教师终端监控反馈孩

---

① 中华人民共和国教育部. 义务教育数学课程标准(2011 年版)[S]. 北京:北京师范大学出版社,2012:69.

子在课堂中的状态,帮助教师科学分析孩子练习错误的原因,关注到每个孩子的学习状况,因材施教,从而完善对全体孩子的评价和教学建议。这些信息化学习方式,充分体现了以教师为主导,孩子为主体的教学思想,促进教学方法和教学模式的变革,推进"智趣数学"课程的深入实施。

(二)"智趣网端"评价标准

新时代的教育要求教师会使用信息技术和数字化教学资源,组织孩子利用信息化教学手段进行学习和交流。"智趣网端"评价标准如下(见表2-2-8)。

表2-2-8 "智趣网端"信息化课堂评价标准表

评价指标		指标描述	权重	得分
教学准备	设计	教材分析和学情分析准确,教学内容安排合理,教学环节清晰,策略方法设计合理、针对性强;体现信息技术和数字化教学资源运用,关注孩子利用信息化教学环境进行学习和交流的情况。	5	
	目标	教学目标明确、具体,表述科学,可操作(测量),重难点把握准确,符合课程标准和孩子实际情况。	5	
教学过程	教师活动	内容充实,容量适当,联系孩子的生活实际和认知水平,重点突出,知识拓展合理;教学思路清晰,教学结构合理,层次清楚,环节紧凑分明,过渡自然;教学方法运用灵活,与教学内容、课堂组织匹配协调,反馈及时得当,评价方式合理、有效;重视孩子有效学习的指导和自主学习能力培养,课堂气氛民主,互动充分;信息技术与教学活动的切合点选择恰当,体现出学科的基本特征和学习方法,有效解决教学中的生成性问题。	20	
	孩子活动	孩子积极主动,善于倾听,独立思考,活动参与度高;能与老师和同伴展开合作,协作学习,共享学习经验和成果;有自己的见解,能积极表达自己的观点,提出的问题具有创造性;善于利用信息化技术、数字化教学资源促进学习。	10	
	数字化教学资源应用	在教学活动中合理运用数字化教学资源,资源与本课教学内容联系紧密,内容丰富,组织恰当、科学;数字化教学资源师生共享,能为孩子提供支持有效学习的信息化工具和数字化学习资源;多媒体演示适时、适量,有助于突破重、难点,与教师讲解、板书配合得当。	15	

续　表

评价指标		指标描述	权重	得分
教学过程	信息技术运用	能够合理使用信息化教学设备开展教学;设备使用得当,操作熟练,运行稳定;多媒体课件设计科学、实用,符合学科特点;画面清晰,形象直观,媒体素材多样,链接有效,播放流畅;善于使用新媒体、新技术。	15	
教学效果	教师	完成了既定教学目标,正确发挥教师主导作用,有效促进孩子发展;教学中充分体现信息化教学思想、方法,信息技术、数字化教学资源运用与课堂组织协调统一,使教学过程整体优化。	5	
	孩子	充分体现孩子主体作用,不同层次孩子学业水平、信息素养在原有水平上得到了提高。	5	
教师素质		教学理念先进,专业知识系统科学;教态亲切、自然,语言准确、清晰、生动,书写规范,教学设备操作娴熟;富有教学智慧,善于因势利导,课堂调控能力强,有明显的教学风格和特色。	10	
教学反思		教学得失的阐述真实、明确、具体;信息技术、数字化教学资源的运用合理、有效;问题产生原因的分析清晰、准确、可信,努力方向和措施确切、有效、可行。	10	
合计			100	

　　综上所述,"智趣数学"课程通过"智趣课堂""智趣数学节""智趣社团""智趣网端"等课程实施,践行着学校"扬子之长,顺性生长"这一办学理念。在"智趣数学"课程的不断实践中,老师以培养孩子核心素养为目标,结合多元智能理论,遵循孩子生理和心理发展规律,"扬子之长,以长促长",让孩子在获得学习数学的乐趣、情趣、志趣的同时逐步完善对数学知识的理解、数学方法的提炼、数学思想的感悟、数学思维的提升。

　　　　　　　　（撰稿人：胡华兵　　朱亲钢　　黄宜勇　　胡璐　　熊群）

第三章

从静态到动态

课程是学生全面发展的资源。教师开发出来的数学课程群,把一切有利于孩子成长的人类文明财富拿过来作为学习资源,让课程适应社会变化,适应学科发展,适应孩子成长,变静态课程为动态课程,充满着生长的气息。如此,数学学科课程群把数学课程打开,把孩子的思维方式打开,把封闭的课堂教学打开,把单一的评价方式打开,促使孩子脑洞大开,从静态学习进入深度学习。

➡ 范式 5

乐活数学: 让鲜活的数学思想跃动

南昌市城北学校小学六个年级共有 23 个教学班,数学教师 10 人,(平均年龄 46 岁),教学经验丰富,在数学教育教学领域多次获得省、市、区各类奖项。为了更好地贯彻落实《关于深化课程改革,落实立德树人根本任务的意见》《义务教育数学课程标准(2011 年版)》等文件精神,全体数学教师着力于深化课程改革,发展孩子数学核心素养,在教学实践中提炼出了"乐活数学"的学科理念,深入推进"乐活数学"学科课程建设。

第一部分　学科课程哲学

一、学科性质观

数学一直被认为是科学的皇后,数学与人类发展和社会进步息息相关,随着现代信息技术的飞速发展,数学更加广泛地应用于社会生产和日常生活的各个方面。我们着眼于孩子的发展,始终把孩子放在首位,通过"乐活数学"课程的实施,引导孩子结合生活经验,探寻知识本质,深入理解"静止"的文本知识;激发孩子的实践动力,拨动孩子深层次思维之弦;促进孩子深度学习,将抽象深奥的数学知识形象化、趣味化。"乐活数学"激发孩子对数学的热情,培养优秀的数学品格,提升核心素养,奠定孩子未来生活、学习和工作的基础。

二、学科课程理念

从静止的文本知识到孩子自我悦纳的数学思想,从静美的课堂学习到乐动的实践拓展,教师尊重孩子的主体性,重视理解性教学、研究性学习,使教师乐教、孩子乐学,师生教学相长。通过深化实践性教学,把教学方式由以知识为中心转变为以孩子发展为中心,让不同层次的孩子在深度学习中得到全面发展。"乐活数学"学科课程理念的提出,旨在克服教学过程中"表面学习、表层学习、表演学习"的局限性,引导孩子"深度学习、深刻学习、深入学习",促进数学学科课程"面向全体学生,适应学生个性发展的需要,使得:人人都能获得良好的数学教育,不同的人在数学上得到不同的发展"。追求"乐于学习数学,享受数学学习和探究的过程,收获成功的快乐;让数学学习来源于生活,回归于生活;学以致用,活学活用"的境界,使孩子在深度学习的过程中发展数学核心素养,让孩子在数学学习中快乐地体会"自己就是问题的发现者、研究者、探寻者"。

　　我校数学课程秉持"乐活数学"的学科理念,在课程实施过程中,注意从静态文本到动态思维,启发孩子学会数学思考;从静态课堂到动态实践,引导孩子会学数学、会用数学。促进孩子深度学习,使每位孩子都能在数学上得到不同层次的甚至是个性化的发展。

(一) 乐活数学: 让静止的文本化为灵趣的悦纳

　　"教人未见意趣,必不乐学。"①乐活数学课程,通过创设情境、组建学习活动小组等方式,激发孩子自主学习、合作交流的欲望,调动学生积极性,引发学生的数学思考,鼓励学生的创造性思维。乐活数学课程内容的安排着眼于让孩子因为快乐所以学习,更因为学习所以快乐。

(二) 乐活数学: 让静美的课堂充盈灵动的思维

　　在小学数学教材中,正与负、加与减、乘与除、因数与倍数等等,都有着既相互对立又相互依存的辩证关系。乐活数学敢于打破教材既定的章节顺序,盘活"教"与"学",将这些辩证的丰富的素材,有效地融入到课程实施中,有目的、有意识地引导孩子"思"与"辩",让静态课堂中充盈着孩子们灵动的思维与思想。

---

① (北宋) 程颢,程颐.中华哲思十大奇书第八部——二程遗书[M].北京:中国戏剧出版社,1999: 10.

(三) 乐活数学: 让静丽的知识融合跃动的实践

　　乐活数学助推孩子面对新的数学知识时,能通过已有的生活经验,主动地寻找其实际背景;鼓励孩子大胆动脑、通过动手实践来理解或验证所学的知识,发现其应用于解决生活中问题的价值(即,从生活中来)。同时,乐活数学的有效实施,让孩子们认识到生活中蕴涵着丰富的数学知识,使孩子遇到生活、工作、学习中的实际问题时,能够主动尝试以数学的眼光,从数学的角度,应用数学思维探索解决问题的方法(即,到生活中去)。

(四) 乐活数学: 让静雅的个体大胆地张扬个性

　　《义务教育数学课程标准(2011 年版)》中指出: 孩子的学习应当是一个生动活泼的、主动并富有个性的过程。乐活数学通过教师的科学引领,鼓励赏识,师生互动、生生互助,让每个孩子都能"动"起来。通过巧妙设计开放性问题,为孩子提供个性发展的机会;以说促思,鼓励孩子畅所欲言、思维求异,张扬孩子个性,发展孩子的创造性。

第二部分　学科课程目标

　　乐活数学,强化"以生为本",以孩子的发展为中心,以孩子的主观能动参与为途径,让不同层次的孩子在乐活数学学习中达到数学深度学习,提升核心素养,最终得到全面发展。我校提出如下数学学科课程目标。

一、学科课程总体目标

(一) 深度学习,提升数学核心素养

　　"深度教学",让每一位孩子获得适应社会生活和进一步发展所必需的数学基础知识、基本技能、基本思想、基本活动经验。

　　"深度学习",促进每一位孩子增强发现和提出问题的能力、分析和解决问题的能力。

（二）建立认知，静态文本到动态思维的形成

　　数学思维方法，是数学知识体系的核心与灵魂。将数学知识与方法从静止的文本中抽象出来，让学生经历数与代数的抽象、运算与建模等过程，掌握数与代数的基础知识和基本技能；经历图形的抽象、分类、性质探讨、运动、位置确定等过程，掌握图形与几何的基础知识和技能；经历在实际问题中收集和处理数据、利用数据分析问题、获取信息的过程，掌握统计与概率的基础知识和基本技能。[①]

（三）以说促思，"听"与"说"点亮数学思想航灯

　　少年儿童正处于形象思维为主、形象思维向抽象思维过渡的阶段。在乐活数学课程中，通过使用规范的数学语言创设有效的数学语言环境、提供充分的数学语言机会，让孩子从被动的"接听"到善于"静听"最终达到主动地"说"，大胆地"问"，让孩子从有想法，到愿意说，再到能说好。激发孩子深入思考、深度学习的热情，促进数学抽象思想、推理思想、建模思想的有效渗透。

（四）学以致用，静止知识与动态实践相融合

　　培养孩子勇于探究、勤于实践的学习品格，培养孩子正确选择数学知识和方法解决简单的实际问题的能力，提升数学知识技能的应用意识；激发孩子从静止的文本知识的学习中主动探究、发现、提炼出分析问题、解决问题的一些基本方法的兴趣和信心；促进孩子运用数学视角和数学思维去解决问题，既有独立思考又善于与他人合作交流。

（五）自主生动，乐学善思学习品格得到优化

　　《义务教育数学课程标准（2011年版）》中指出，认真听讲、积极思考、动手实践、自主探索、合作交流等，都是学习数学的重要方式。乐活数学优化孩子的数学学习品格，培养孩子善于观察、乐于思考、严谨求实的科学精神。用教师的人格魅力调动对孩子的感召力，培养孩子对数学积极悦纳的情感。充分发挥有效课堂"主

———————————

[①] 中华人民共和国教育部. 义务教育数学课程标准（2011年版）[S]. 北京：北京师范大学出版社，2012：8.

动性、生动性、生成性"的特征,培养孩子乐于学习、善于思考的学习品格。

二、学科课程年段目标

我校秉承"乐活数学"的理念,围绕课程目标,让孩子积极参与数学活动,激发孩子对"乐活数学王国"的好奇心和求知欲。引导孩子在数学深度学习过程中,锻炼自主能动、克服困难的意志,体验自主探究获得成功的快乐,建立会学、学会的自信。最终,提升孩子的数学核心素养。设置的学科课程年段目标如下(见表3-1-1)。

表3-1-1 "乐活数学"课程年级目标表

目标 类别 年级	数 与 代 数	图形与几何	统计与概率	综 合 实 践
一年级	1. 能熟练地口算20以内的加法和20以内的不退位减法。 2. 能熟练地口算100以内的加减法。	1. 通过搭一搭,进一步体会各种几何图形的特征,发展空间观念,发挥创造力和空间想象力。 2. 利用七巧板拼搭出多种图案,在动手拼搭的过程中感悟数学学习的乐趣。	学会整理自己的书包、文具等,在整理过程中养成良好的习惯。	1. 通过寻找家中的数学信息,综合运用已学数学知识解决实际问题,感受数学无处不在。 2. 会按照不同的分类标准进行分组,提高发现事物共性特点的能力以及整理数据的能力,感受数学在日常生活中的运用。
二年级	1. 孩子能熟记乘法口诀,熟练掌握本学期的乘除计算、口算方法,并能结合实际进行估算。 2. 理解除法并能	1. 认识常见的各种角,利用角的不同大小进行拼搭。 2. 能准确判断出轴对称图形并能找出对称轴,观察生活	孩子初步认识简单的统计过程,能根据统计表中的数据提出问题、回答问题,同时能够进行简单的分析。	1. 孩子利用本学期学习的长度单位知识,参加实践活动,加深对"厘米"和"米"的认识,培养孩子的动手能力。

续　表

目标　类别 年级	数 与 代 数	图形与几何	统计与概率	综合实践
二年级	熟练地用乘法口诀求商，能根据乘法口诀熟练计算有余数的除法，知道小括号的作用，会在解决问题中使用小括号。	中的轴对称现象。 3. 培养善思考、勤动手的好习惯，培养孩子的抽象思维和空间想象能力。		2. 通过观察、猜测等活动，让孩子经历简单的推理过程，培养其初步的观察、分析、推理和有条理进行数学表达的能力，让孩子有序、全面地思考问题。
三年级	1. 能熟练地口算一位数乘两位数；探索并掌握两、三位数除以一位数的方法，能正确列竖式计算两、三位数除以一位数的除法，并能进行验算。 2. 会计算两位数乘两位数的乘法。能结合具体情境进行估算，并解释估算的过程。 3. 会计算同分母分数(分母小于10)的加减运算。	通过观察思考和动手操作，培养孩子探索与实践能力以及空间想象力。	通过统计精彩足球赛中的进球数和得分，学会统计数据的方法，并对数据加以简单分析。	1. 利用年、月、日的知识制作年历，在制作过程中感受数学的创造美。 2. 通过欣赏轴对称图案、建筑、剪纸作品等，感受古今劳动人民的高超智慧，感受数学丰富的文化价值。

续　表

目标　类别　年级	数 与 代 数	图形与几何	统计与概率	综 合 实 践
四年级	1. 能正确计算三位数乘、除两位数,会应用运算定律进行简便运算。 2. 根据小数的意义能正确地进行单位换算;能正确地计算小数加减法、小数乘法、小数混合运算及应用运算律进行小数简便运算。	在"旅游路线图、探秘内角和"的实践活动中发展孩子的空间观念。	1. 在活动中学会对数据调查、收集、整理和分析,并解决生活问题。 2. 把栽种蒜苗的过程记录绘制成折线统计图,能根据数据变化情况进行简单的预测。	在实践活动中体验探索的方法,培养孩子科学的思维品质,从数学的角度来寻找、发现、思索和解决生活中的问题。
五年级	1. 比较熟练地进行小数乘、除法的笔算,正确选择方法进行简算。 2. 会用字母表示数、常见数量关系和生活中的一些简单现象,理解方程的含义,会解简易方程。 3. 掌握因数和倍数的相关知识,会解决实际问题。 4. 能够比较熟练地进行约分和通分。比较熟练地运用分数加减法计算,解决相关的简单实际问题。	1. 能辨认从不同方位看到的物体的形状和相对位置。 2. 能运用轴对称、平移、旋转设计图案。 3. 感受有关面积、体积和容积单位的实际意义。 4. 结合具体情境,探索并掌握长方体和正方体的体积和表面积的计算方法,探索某些实物体积的测量方法。	1. 能根据需要选择合适的统计图表示数据,学会正确分析数据。 2. 能对简单事件发生的可能性作出预测,进一步体会概率在现实生活中的作用。	1. 培养孩子的环保意识,争做环保小卫士,向周边的居民宣传相关禁毒知识,做禁毒宣传的小能手。 2. 初步形成综合运用数学知识解决问题的能力,形成发现生活中的数学的意识,初步形成观察、分析及推理的能力。 3. 经历问题解决的全过程,体会解决问题策略的多样性,能用优化的数学思想方法解决实际问题,感受数学的魅力。

续　表

类别 目标 年级	数 与 代 数	图形与几何	统计与概率	综 合 实 践
六年级	1. 能熟练掌握分数乘、除法及分数的混合运算和简便运算。 2. 在计算中能快速地寻求百分数、分数和小数的最优互化(变的)方案,利于简便运算。	1. 系统整理学过的图形,沟通图形之间的联系,体会线与面、面与体之间的关系。 2. 巩固识图、画图等技能,用各种制图工具画出美丽的图案。 3. 进一步理解周长、面积和体积的意义。 4. 体会平面图形面积计算公式之间、立体图形体积计算公式之间的联系,掌握转化、类比、数形结合等数学思想。	1. 会根据实际问题设计简单的调查表,会辨认条形、扇形、折线统计图。 2. 能较熟练地选择合适的统计图直观、有效地表示数据。 3. 发展数据分析观念,形成尊重事实、用数据说话的态度。	1. 让孩子通过小组合作开展探究活动,开展"垃圾分类"现实背景下的综合实践活动,学会运用所学知识解决问题。 2. 激发孩子深度学习的潜能,学会用数学眼光、数学思想思考和解决实际问题。进一步提高孩子综合运用所学知识分析、解决问题的能力和实践能力。

第三部分　学科课程框架

依据学校"满天星课程"体系的总体框架设计了"乐活数学"学科课程框架。

一、学科课程结构

依据小学数学学科课程标准,我校"乐活数学"课程分为"乐活运算岛""乐活创意殿""乐活统计群""乐活体验宫"四大版块。课程结构图见下图(图3-1-1):

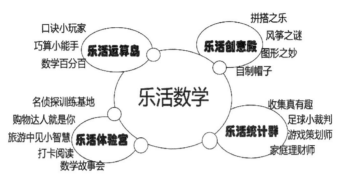

图 3 - 1 - 1　"乐活数学"课程结构示意图

具体描述如下:

(一) 乐活运算岛

　　内容为数的运算,与运算相关联的趣味游戏等。开设的课程有"口算小能手""口诀小玩家""计算小行家""巧算小能手""小数小专家""数学百分百"等。旨在激发孩子学习数学的兴趣,提高学习的主观能动性,逐步建立孩子的数感,发展运算能力,寻求合理简洁的解决问题的方法和途径。

(二) 乐活创意殿

　　内容为拼搭图形、创造图形、设计创造空间模型等。开设的课程有"拼搭之乐""对称之美""风筝之谜""壁纸之美""图形之妙""自制帽子"等。旨在培养孩子的空间观念,经历拼搭图形的过程,体会图形之间的联系与变化,在活动中提高动手操作的能力,发展初步的创新意识。

(三) 乐活统计群

　　内容为数据的收集、分类、整理、分析。开设的课程有"整理我能行""收集真有趣""足球小裁判""小小统计师""游戏策划师""家庭理财师"等。旨在使孩子掌握实际问题中数据收集、整理和分析的方法,逐步发展孩子的大数据观,培养孩子分析数据的能力。

(四) 乐活体验宫

　　内容为创设生活情境,解决生活中真实存在的问题。开设的课程有"猜猜后面都有啥""名侦探训练基地""制作年历真有趣""购物达人就是你""植树问题巧运用""旅游中见小智慧""打卡阅读""数学故事会""数学小画报"等。旨在培养孩子在学习数学知识的过程中善于反思、总结,在提升孩子运用数学的知识、思想、方法去解决生活中的一些实际问题能力的过程中,培养孩子的分析归纳意识、问题意识、应用意识、创新意识,提高孩子的自信。

二、"乐活数学"拓展课程设置

　　"乐活数学"以课程目标的达成和孩子核心素养的落实为出发点,设置了基础课程之外的拓展课程,具体内容如下(见表 3-1-2)。

表 3-1-2　"乐活数学"学科课程拓展课程设置表

实施年级	乐活运算	乐活创意	乐活统计	乐 活 体 验	
一年级	口算小能手	拼搭之乐	整理我能行	猜猜后面都有啥	打卡阅读 1
二年级	口诀小玩家	对称之美	收集真有趣	名侦探训练基地	打卡阅读 2
三年级	计算小行家	风筝之谜	足球小裁判	制作年历真有趣	数学故事会 1
四年级	巧算小能手	壁纸之美	小小统计师	购物达人就是你	数学故事会 2
五年级	小数小专家	图形之妙	游戏策划师	植树问题巧运用	数学小画报 1
六年级	数学百分百	自制帽子	家庭理财师	旅游中见小智慧	数学小画报 2

第四部分　学科课程实施与评价

　　数学学习是静美的文本与生动活泼的思想的碰撞,是静逸地接收知识到主动探究的富有个性的过程。在"乐活数学"课程实施中引领孩子拓展学习、深度学习,为孩子搭建平台、创设条件,构建乐学活用的"乐活数学王国"。

　　为此,根据"乐活数学"的课程理念、学科性质、课程目标等方面的要求,我们从乐活课堂、乐活数学群、乐活研学、乐活阅读四个方面进行课程实施。

一、构建"乐活课堂"，促师生乐教善学

我校小学数学课程建设基于学校多元丰富的"满天星课程"，强调用主动的意识和快乐的心态学习生活中的数学，享受"学以致用""收获成功"的快乐；坚持"趣味性、主体性、参与性、发展性、创新性"为一体，让孩子在快乐中主动学习，在课程里深度学习。

（一）"乐活课堂"基本要求

1. 情境交汇，促进孩子主动悦纳。乐活数学课堂重视用心创境、以境激趣。教师通过创设实地行、小游戏、情境图、背景乐、小故事、小影片等丰富的学习情境，进一步激发孩子的学习兴趣。如：学习抽象的几何知识时，教师和孩子大手牵小手去步量操场，课间和孩子头挨着头拼七巧板、搭积木，课后陪孩子去捡树叶、观察校园建筑……在课堂上师生有数不尽的共同话题，知识难点在孩子跃动的学习兴趣中得以攻克。

2. 师生同读，促进师生教学相长。良好的数学阅读习惯，能够拓宽孩子数学视野，引领孩子进行数学深度学习，全面提升孩子数学核心素养。乐活数学借助数学课外读物好书推荐、师生共读一本书、班级师生分享解惑等活动层层推进。教师巧设巧创，为孩子们精心搭建数学乐活阅读成果的展示平台，通过一个个"精致书签""阅读积分卡"，一张张"数学阅读思维导图"，一份份"数学手抄报"，一篇篇"数学小日记"充分展示孩子通过阅读获得的思维发展与提升的成果，同时让孩子们在快乐的思维碰撞中同学习、共成长。

3. 以说促思，引领孩子交流分享。课堂上，教师引导孩子大胆地说、主动地说、有效地说，充分发挥孩子的主观能动性和对同龄人语言的悦纳共融性，促进孩子对所学内容更全面、正确的理解。校本教研中，师生同参与、共分享。不同年级教师进行经验交流分享；师生之间进行阅读感悟分享；生生之间进行阅读心得分享。在相互对话中学习、解惑，似春雨润物般，让孩子们在快乐有效的数学学习过程中建构起较完善的数学知识体系。

4. 成果展示,享受学习成功的快乐。学校通过"乐活数学"专栏,以手抄报、活动实景图片、美丽拼图、数学日记、调查报告等不同形式,展出孩子数学活动中的优秀作品;每学期根据年级特点分段开展"数学星娃"表彰。各班让孩子踊跃上台当小老师,共享集体思维成果。表彰、展示、分享过程让孩子体验在"乐活数学王国"中"交流分享""当家作主"的乐趣,收获学习成功的快乐,更激发了孩子对数学深度学习的自主能动意识和学好数学的自信心。

(二)"乐活课堂"评价要求

夯实过程性评价,教师记录的数据和家长日常反馈相结合;孩子课堂表现和课外任务完成情况相结合;孩子自主参与度和团队合作能力相结合;孩子自主性成果和教师多形式测试相结合。

1. 评价目标:孩子在乐活数学课程中,学会深度学习,获得"四基"、提高"四能";建立有效认知,从静态文本学习过程中发展动态思维;从被动的听到主动的说,至大胆质疑、共享解惑,以说促思维;学会用数学的眼光观察生活,会灵活选择正确的数学方法解决生活中的一些简单问题,数学学习兴趣得到激发,数学学习潜能得到进一步开发;培养孩子不怕苦、不畏难、勇于探索、团结协作、积极主动、乐于创新、勇于进取的精神。

2. 评价方式:"乐活课堂"采用"学生的自主评价、分组互评"与"家长携手评价、教师综合评价"相结合的方式。(1)自评:孩子围绕教师设定的评价项目、评价方法,根据自主学习过程进行真实有效的自我评价。(2)家长评价:家长观察记录孩子日常在家学习过程(含:学习习惯、学习能力、学习品格等)并参与评价多种形式的"乐活数学"学习任务、作品完成情况。(3)生生互评:在教师的引领下,根据评价量表中的"评价指标"要求,结合日常学习过程中孩子的实际表现,合理分组进行孩子之间的互评。(4)师价:教师对每位孩子日常学习的全过程进行详实的观察记录,结合孩子对多种形式的学习任务、作品完成情况及测试结果等对每位孩子进行评价。(5)综合评价:① 整体评价获"5星",评为"乐活数学星娃"一等奖;整体评价获"4星",评为"乐活数学星娃"二等奖;整体评价获"3星",评为"乐活数学星娃"三等奖。② 单项获"5星",分别评为"乐活预知星""乐活课堂星""乐活实践星""乐活巧思巧手星"。具体评价标准如下(见表3-1-3)。

表3-1-3 "乐活课堂"评价标准表

班级: 姓名: 评价时间: 年 月 日

项目	评 价 指 标	星级	自评	家长评价	互评	师评	综合
课前预习	能自主预习新知,提出自己的思考或大胆提出对教材、教师的质疑。	5星					
	能自主预习新知,发现问题后尝试模仿例题独立解决问题。	4星					
	预习新知,通过查找资料或求助他人解决问题。	3星					
	预习新知,通读教材,标注出自己不会的问题。	2星					
	通读教材,预习新知。	1星					
课堂学习	满怀热情,积极主动思考,大胆主动发言,乐于展示自己的学习成果,善于听取他人的意见建议。	5星					
	满怀热情,积极思考,认真倾听,主动发言。	4星					
	对数学课程学习有兴趣,对老师、同学提出的问题认真思考,主动发言。	3星					
	认真听讲,经常举手发言。	2星					
	认真听讲,举手发言。	1星					
实践活动	集体活动中,能有效组织活动,积极动脑,主动出谋划策,活动中起到骨干带头作用,并组织每位组员参与其中,取得良好活动效果。个体性活动中,有创意,作品成绩佳。	5星					
	集体活动中,能有效配合开展活动,大胆提出合理化建议,能根据分工有效合作,取得良好效果。个体性活动中,有创意。	4星					
	集体活动中,能有效配合开展活动,能分工合作,活动效果较好。个体性活动中,作品成绩较好。	3星					
	集体活动中,能认真参与活动,完成基本任务。个体性活动中,认真按时上交作品。	2星					
	集体活动中,能完成基本任务。个体性活动中,按时上交作品。	1星					

续　表

项目	评价指标	星级	自评	家长评价	互评	师评	综合
成效展示	踊跃参加活动,成果(作品)获校级一等奖或推选参加上级活动获奖。	5星					
	踊跃参加活动,成果(作品)获校级二等奖或推选参加上级活动。	4星					
	踊跃参加活动,成果(作品)获校级三等奖。	3星					
	踊跃参加活动,按时上交作品。	2星					
	参加活动,上交作品。	1星					
整体评价	每项综合评星在4星及以上。	5星					
	至少有一项综合评星4星以上,且每项评星在3星及以上。	4星					
	每项综合评星在3星及以上。	3星					
	平均综合评星不低于3星。	2星					
	参加本学期"乐活数学"学习活动。	1星					

二、开启"乐活研学",生活中"玩转"数学

(一)"乐活研学"实施

　　游玩是孩子们的乐趣,和班上的小伙伴们一块儿出游,更是孩子们的最爱。我校紧扣每学期在春秋两季组织的户外社会实践,开展乐活数学研学体验活动。

　　教师引导孩子根据每次不同的主题内容,巧用数学思想去设计方案,会用数学眼光去观察活动过程,活用数学知识去解决问题。根据孩子年龄特点和班级实际,通过绘图、照片、视频、文本等多种形式汇报活动所想,展示自己个性化的活动成效。

　　乐活数学充分尊重孩子在实践活动中的主体地位,有效发挥教师的引领作用,积极调动每位孩子的主观能动性,结合每次的活动主题,根据本班孩子实际进行有效引领。教师鼓励孩子自主分工合作,并作为组员参与进去,以组员的身份,在和孩子平等交流中巧妙引领。

(二)"乐活研学"评价

对研学体验活动成效实行多元化评价,以教师、家长、孩子自评互评相结合的形式,评价孩子对活动开展的前期预测、准备的能力,自主能动、分工合作的能力、探究发现的能力和以集体利益为重、互帮互助、友爱分享的品格。具体评价内容如下(见表3-1-4)。

表3-1-4 "乐活研学"评价标准表

班级: 姓名: 评价填报时间: 年 月 日

项目	评 价 指 标	星级	自评	家长评价	互评	师评	综合
问题预设	预设问题切合实际、有创意,并提出解决方案。	5星					
	预设问题切合实际,并能提出简单的解决方案。	4星					
	能主动预设问题。	3星					
	主动参与预设问题。	2星					
	根据教师引导、同学帮助,参与预设问题。	1星					
活动方案	能自主制定重安全、有创意、好操作、较完善的活动方案,并得到全组成员认可。	5星					
	能组织成员讨论制定重安全、有实效、较完善的活动方案,并得到三分之二以上组员认可。	4星					
	主动参与本小组活动方案的制定,并提出自己的合理化建议。	3星					
	参与本小组活动方案的制定,并提出自己的想法。	2星					
	参与本小组活动方案的制定。	1星					
活动参与	活动中,起到骨干带头作用,正确解决临时性问题,并组织每位组员参与其中,取得良好活动效果。	5星					
	活动中,起到骨干带头作用,大胆提出合理化建议,能根据分工有效合作,取得良好效果。	4星					
	活动中,能有效配合开展活动,能分工合作,活动效果较好。	3星					
	活动中,能积极参与活动,完成基本任务。	2星					
	能参与活动,完成基本任务。	1星					

续　表

项目	评　价　指　标	星级	自评	家长评价	互评	师评	综合
成果展示	踊跃参加活动,鼓励带动组员参加各项拓展竞赛活动;撰写"研学感悟"被学校评为优秀作品;获评研学活动优秀营员。	5星					
	踊跃参加活动,大胆主动参加各项拓展竞赛活动,撰写"研学感悟"被学校评为优秀作品。	4星					
	踊跃参加活动,并能代表个人参加拓展竞赛活动;撰写"研学感悟"在班级交流。	3星					
	踊跃参加活动,为本组拓展竞赛加油;撰写"研学感悟"。	2星					
	踊跃参加研学活动,服从组织纪律。	1星					

三、开展"乐活阅读",悦读中提升素养

(一)"乐活阅读"实施

阅读是有效提升孩子数学素养的途径之一,激发阅读兴趣,让孩子悦读;培养阅读方法,让孩子会读;拓宽学习视野,让孩子思维深刻。在阅读、悦读、乐思、善思的过程中将深度学习有效地融入数学学科课程中。

1. 低段(一、二年级):推荐书目《李毓佩数学故事》。教师与家长携手围绕目录内容引导阅读,设计"阅读存折"让孩子打卡阅读。从培养孩子的阅读习惯,激发孩子的阅读兴趣,提升孩子的阅读能力、理解能力以及阅读技巧等方面进行评价。

2. 中段(三、四年级):推荐书目《趣味数学》。引导孩子在阅读书籍后,围绕"数学故事"开展班级读书交流会,交流故事中的数学思想。教师在交流中了解孩子对数学知识点的学习和掌握,将孩子参与交流的表现纳入过程性评价。

3. 高段(五、六年级):推荐书目《数学百草园》《趣味数学》。孩子通过阅读,了解数学发展史,增强数学兴趣,分层开展读书心得分享,在此过程中思维碰撞,交流方法。教师组织开展"乐活阅读"成果展示活动,在班级内做数学小画报,在乐活数学专栏中进行优秀作品展示。

（二）"乐活阅读"评价

为促进孩子积极参与数学阅读活动,实现读有所思、思有所获,获有所表的目标,制订了"乐活阅读"评价标准(见表3-1-5)。

表3-1-5 "乐活阅读"评价表

班级:　　　　姓名:　　　　评价填报时间:　　年　月　日

项目	评 价 指 标	星级	自评	家长评价	互评	师评	综合
快乐阅读	主动阅读推荐书目,根据自身具体情况,主动选择拓展书目进行阅读。在阅读过程中,积极地用数学的眼光发现问题,用数学思想自主解决问题。	5星					
	主动、有兴趣地阅读推荐书目。在阅读过程中,能用数学的眼光发现问题,用数学思想自主解决问题。	4星					
	自主阅读推荐书目,在阅读过程中,想办法解决问题。	3星					
	自主阅读推荐书目。	2星					
	能在老师、家长的引导下阅读推荐书目。	1星					
分享收获	积极主动地与家长、老师、同学分享自己的数学阅读感受,分享自己成功解决问题的经验和快乐。	5星					
	主动与家长、老师、同学分享自己的数学阅读感受,分享自己成功解决问题的经验。	4星					
	愿意与家长、老师、同学分享自己的数学阅读感受,求助解决问题的方法。	3星					
	愿意与家长、老师分享自己的数学阅读感受。	2星					
	能按老师、家长的指导进行数学阅读。	1星					
成果展示	踊跃参加乐活数学阅读成果展示活动,并能起到模范带头作用。提交作品获校级一等奖或推选参加上级活动获奖。	5星					
	踊跃参加乐活数学阅读成果展示活动。提交作品获校级二等奖或推选参加上级活动。	4星					
	踊跃参加乐活数学阅读成果展示活动。提交作品获校级三等奖。	3星					
	踊跃参加活动。按时上交作品。	2星					
	参加活动,上交作品。	1星					

综上所述,"乐活数学"课程秉承乐教乐学,教学相长,活学活用,动静交融,让每个孩子都成为"乐活数学"小主人的理念,通过"乐活课堂""乐活研学""乐活阅读"等有效途径,让师生灵智在静美的数学课堂中跃动;让静丽的文本知识在灵动的实践活动中延展;让孩子的数学核心素养在深度学习中提升;更让教师教育教学经验在"乐活数学"课程实施中不断积累和升华。

（撰稿人：刘红　　江东廷）

➡ 范式 6

动感数学：拓展数学的智趣空间

南昌市豫章小学教育集团爱国路校区数学学科教研组共 7 人,均为中小学 级教师,教学经验丰富,数年来,在省、市、区各级各类教学、论文等比赛中均获得优秀成绩。

学校以"微笑教育"为教育哲学,以"关爱、自信、健康、快乐"为"微笑教育"的核心价值理念,以培养"品正善思、乐学创新、体健阳光、审美雅趣"的微笑学子为育人目标。为了更好地落实《教育部关于深化课程改革,落实立德树人根本任务的意见》及《义务教育数学课程标准(2011 年版)》等文件精神,学校深入推进"动感数学"学科课程建设,旨在推动课堂教学改革,让孩子在学习中更加积极、主动,了解数学的重要价值,培养终身学习意识,提高数学核心素养。

第一部分　学科课程哲学

一、学科性质

数学是研究数量关系和空间形式的科学。数学与人类发展和社会进步息息相关,随着现代信息技术的飞速发展,数学更加广泛应用于社会生产和日常生活的各个方面。数学作为对于客观现象抽象概括而逐渐形成的科学语言与工具,不仅是自然科学和技术科学的基础,而且在人文科学与社会科学中发挥着越来越大的作用。① 随着新课程的实施,广大教师都在关注教学方式和学习方式的变革,呼唤着深度学习的发生,关注着孩子数学素养的提升。综观课堂教学,不难发现,数学教

---

① 中华人民共和国教育部.义务教育数学课程标准(2011 年版)[S].北京:北京师范大学出版社,2012:1.

学活动往往浅尝辄止,缺乏一定的思维深度,因为,推动数学深度学习是当前数学改革的一个重要方向。促进孩子的深度学习,教学中教师要围绕数学学科本质,积累数学活动经验和数学思想方法,把先进的教学理念转化为自己的教育教学行为,并落实到课堂上,聚焦孩子的思维过程,形成数学素养,发展孩子的数学思维,激发孩子学习的内驱力,让孩子做到口动、手动、脑动,使孩子的大脑真正动起来。

二、学科理念

"动感数学"是通过生活化、游戏化、实践化的手段,拓展数学的智趣空间,将静态知识与动态探究相结合的学习课程。根据数学教材内容,采用音乐渲染、绘画再现、幻灯片、实物演示、语言描绘等方式创设生活化情景,使孩子认识到数学和生活的联系,提高其数学知识运用意识与能力。它并不是一种固定的教学模式和方法,其教学形式、方法和途径是多元的。

我校数学课程秉持"动感教学"的课程理念,尊重个体的独立发展,让孩子在轻松、愉快的气氛中乐学、乐创、乐说、乐动。在课堂中善于通过丰富多彩的游戏拓展活动,让孩子感受成功的喜悦,在充满爱的情感体验中快乐成长。教师给数学课堂插上快乐的翅膀,让孩子在玩中学,在游戏中学、在生活中学,玩得快乐,学得扎实。

(一) 动感数学倡"乐学"

"知之者,不如好之者,好之者,不如乐之者。"(《论语·雍也》)通过各种激趣拓展活动,激活孩子的思维,让孩子经历分析、判断、推理等数学学习历程,引导孩子学会提出问题、解决问题,在思辨中发展并提升思维能力,激发孩子学习的兴趣点,让孩子处于"乐学"状态。

(二) 动感数学重"乐动"

孩子的学习过程应该富有的趣味性、能动性和创造性。创设情境给孩子提供更多动手操作的机会,激发孩子的动手热情与潜能,把握时机训练孩子的语言,鼓励孩子在独立思考的基础上与同伴交流。教师发现并读懂每个孩子的个性特征和学习风格,抓住孩子心理,引导孩子变换角度思考问题,促使孩子的思维由浅入深。

改变传统枯燥的教学方法,使孩子学得轻松,快乐。

(三) 动感数学促"乐说"

数学语言科学、简洁、通用,逻辑性强。语言是思维的外壳,数学课不仅要让孩子学会知识与方法,还要让他们能够表达出自己的观点与想法。因此在数学教学中,教师要做好示范引领,重视对孩子数学语言的规范训练,提高孩子的数学语言表达能力,使孩子们善想乐说;营造轻松平等的课堂氛围,学习伙伴间不同的表达方式,进行知识的碰撞;培养孩子养成有条理思考的习惯,提高思维的能动性,促进孩子的智慧发展。

(四) 动感数学达"乐创"

数学的创造性思维培养途径,来源于在教学时教师巧设疑障,引导孩子转化思考角度,促进思维的灵活性,开阔孩子的思路,让孩子以问题为驱动,多角度看问题,用新颖的方法解决问题,引导孩子在探究问题的过程中乐于进行创造性的活动,成为知识的发现者;尊重孩子不同寻常的提问、想法,培养他们敢于质疑、敢于表达并坚持自己观点的精神。

第二部分　学科课程目标

《义务教育数学课程标准(2011 年版)》指出:数学课程能使孩子获得适应社会生活和进一步发展所必需的数学的基础知识、基本技能、基本思想、基本活动经验;体会数学知识之间、数学与其他学科之间、数学与生活之间的联系,运用数学的思维方式进行思考,增强发现和提出问题的能力、分析和解决问题的能力;了解数学的价值,提高学习数学的兴趣,增强学好数学的信心,养成良好的学习习惯,具有初步的创新意识和科学态度。[①] 即获得"四基",增强能力,培养科学态度。基于数学

---

① 中华人民共和国教育部. 义务教育数学课程标准(2011 年版)[S]. 北京: 北京师范大学出版社, 2012: 8.

学科核心素养的内涵,根据"动感数学"课程理念,设置学校数学学科课程目标。

一、学科课程总体目标

依据数学课程标准的总目标要求,为培养学生的"数感、符号意识、空间观念、几何直观、数据分析观念、运算能力、推理能力、模型思想、应用意识和创新意识"[1]十大数学核心素养,我校提出如下数学学科课程总体目标。

(一) 知识技能

经历数与代数的抽象、运算与建模等过程,掌握"数与代数"的基础知识和基本技能。认识万以上的数;理解万以内的数、分数、小数、百分数的意义,了解负数的意义;掌握必要的运算技能,能正确运算;理解估算的意义;能用方程表示简单的数量关系,能理解简单的方程。

经历图形的抽象、分类、性质探讨、运动、位置确定等过程,掌握"图形与几何"的基础知识和基本技能。认识空间和平面基本图形,了解其基本特征;感受平移、旋转、轴对称现象;认识物体的相对位置,了解确定物体位置的基本方法;掌握测量、识图和画图的基本方法。

经历在实际问题中收集和处理数据、利用数据分析问题、获取信息的过程,掌握"统计与概率"的基础知识和基本技能。掌握简单的抽样、整理调查数据、绘制统计图表等数据处理方法和技能;体验随机事件和事件发生的等可能性。

(二) 问题解决

初步学会从数学的角度发现问题和提出问题,综合运用数学知识、技能和方法解决简单的实际问题,增强应用意识,提高实践能力;获得分析问题和解决问题的一些基本方法,体验解决问题方法的多样性,发展创新意识;学会运用数学的基本思想和思维方式独立思考;学会与他人合作交流;初步形成评价与反思的意识。

---

[1] 中华人民共和国教育部. 义务教育数学课程标准(2011年版)[S]. 北京:北京师范大学出版社,2012:5.

（三）数学思考

思考方法的具体培养目标为：建立数感、符号意识和空间观念，初步形成几何直观和运算能力，发展形象思维与抽象思维；体会统计方法的意义，发展数据分析观念，感受随机现象，在参与观察、实验、猜想、证明、综合实践等数学活动中，发展合情推理和演绎推理能力，清晰地表达自己的想法；学会独立思考，体会数学的基本思想和思维方式。①

（四）数学品格

数学知识方法渗透并应用于社会科学和自然科学的许多领域，有其独特的学科文化品格。培养数学品格主要表现为树立强烈的数学意识，能从数学的角度进行观察思考，用数学方式解决问题，形成数学化思维习惯。培养孩子的良好习惯，能独立思考、合作交流、反思质疑，迎难而上。激发孩子的学习乐趣，乐于参与数学活动，对数学有探索欲和求知欲；在数学学习过程中，体验数学思维的快乐。

二、学科课程年级目标

依据数学课程总目标，根据学校实际，我们进一步细化课程年级目标，具体如下（见表3-2-1）：

表3-2-1 "动感数学"课程年段目标表

目标 类别 年级	数 与 代 数	图形与几何	统计与概率	综合与实践
一年级	1. 经历数数，数100以内的数，认识计数单位"一"和"十"，掌握100以内数的组成、顺序，会	1. 直观认识长方体、正方体、圆柱、球、长方形、正方形、三角形和圆。 2. 会用上、下、前、后、左、右描述	1. 初步体验数据的收集、整理、描述、分析的过程，会用简单的方法收集数据简单整理房间、整理数	1. 经历从生活中发现并提出问题、解决问题的过程，体验数学与日常生活的密切联系，感受数学

① 中华人民共和国教育部.义务教育数学课程标准(2011年版)[S].北京：北京师范大学出版社,2012：8-9.

续　表

目标类别 年级	数 与 代 数	图形与几何	统计与概率	综合与实践
一年级	比大小。会用100以内的数表示日常生活中的事物，并能进行简单的估计和交流。 2. 熟练地计算20以内加、减法，会计算100以内两位数加、减法，经历与他人交流各自算法的过程，会用加、减法计算知识解决一些简单的实际问题。 3. 初步认识钟表，认识整时和半时。认识人民币单位元、角、分。 4. 进行口算大比拼。	物体的相对位置。 3. 能用自己的语言描述长方形、正方形边的特征，初步感知所学图形之间的关系。	据。 2. 初步认识条形统计图和统计表，能根据统计图表中的数据提出并回答简单的问题。	在日常生活中的作用。 2. 体会学习数学的乐趣，建立学好数学的信心。养成认真作业、书写整洁的良好习惯。
二年级	1. 掌握100以内笔算加、减法的计算方法，能够正确地进行计算。 2. 认识计数单位"百"和"千"，知道相邻两个计数单位之间的十进关系；理解并认识万以内的近似数。	1. 初步认识长度单位厘米和米，初步建立1米、1厘米的长度概念，初步形成估计物体长度的意识。 2. 初步认识线段，会量整厘米线段的长度；初步认识角和直角，知	1. 初步了解统计的意义，体验数据的收集、整理、描述和分析的过程，会简单地收集和整理数据，并解决问题。 2. 通过观察、猜测、实验等活动，找出事物的排列数和组合数。	1. 初步形成观察、分析及推理的能力。 2. 体会学习数学的乐趣，提高学习数学的兴趣，建立学好数学的信心。 3. 通过实践活动，经历自主探索、合作交流的过程，体验数学与日常

目标　类别　年级	数 与 代 数	图形与几何	统计与概率	综合与实践
二年级	3. 初步掌握含有两级运算的两步式题的运算顺序;能够熟练地用乘法口诀求商。 4. 认识质量单位克和千克,初步建立1克和1千克的质量观念,知道1千克＝1000克。	道角的各部分名称。 3. 能辨认从不同位置观察到的简单物体的形状,初步认识轴对称现象,初步感知平移、旋转现象。		生活的密切联系。
三年级	1. 会笔算三位数的加、减法,进行相应的估算和验算。 2. 会笔算一位数除多位数的除法、两位数乘两位数的乘法,会进行相应的乘、除法估算和验算。 3. 初步认识简单的分数(分母小于10),初步知道小数的含义,会读、写小数,初步认识小数的大小,会计算一位小数的加减法。 4. 认识质量单位吨,初步建立1吨的质量观念。 5. 认识时间单位秒,初步建立分、秒的时间观;认识时间单位年、月、日。	1. 初步认识平行四边形,掌握长方形和正方形的特征,知道周长的含义,会计算长方形、正方形的周长。 2. 认识长度单位千米,初步建立1千米的长度观念,知道1千米＝1000米。 3. 认识东、南、西、北、东北、西北、东南和西南八个方向。 4. 认识面积含义,能用自选单位估计和测量图形的面积;掌握长方形、正方形的面积公式,会用公式计算长方形、正方形的面积,并能估计给定的长方形、正方形的面积。	1. 能找出事物简单的排列数和组合数,形成发现生活中的数学的意识和全面思考问题的意识。 2. 认识简单的复式统计表;能根据统计表中的数据提出并解决简单的问题,并能进行简单的分析。	1. 经历从实际生活中发现问题、提出问题、解决问题的过程,体会数学在日常生活中的作用,初步形成综合运用数学知识解决问题的能力。 2. 体会学习数学的乐趣,提高学习数学的兴趣,建立学好数学的信心。 3. 养成认真作业、书写整洁的良好习惯。

续　表

目标 \ 类别 \ 年级	数 与 代 数	图形与几何	统计与概率	综合与实践
四年级	1. 认识计数单位，认识自然数，掌握十进制计数法，会根据数级读、写亿以内和亿以上的数，会根据要求用"四舍五入"法求一个数的近似数。体会和感受大数在日常生活中的应用，进一步培养数感。 2. 会笔算三位数乘两位数的乘法、除数是两位数的除法，会进行相应的乘、除法估算和验算。 3. 会口算两位数乘一位数和几百几十乘一位数，整十数除整十数、整十数除几百几十数。 4. 理解小数的意义和性质，体会小数在日常生活中的应用，掌握小数的加法和减法。 5. 掌握四则混合运算的运算顺序，会进行简单的整数四则混合运算；探索和理解加法和乘法的运算定律，会应用它们进行一些简便运算。	1. 认识直线，射线和线段。知道它们的区别，认识常见的几种角。会比较角的大小，会用量角器量出角的度数，能按指定度数画角。 2. 认识垂线、平行线，会用直尺三角板画垂线和平行线，掌握平行四边形和梯形的特征。 3. 结合生活情境和探索活动，学习图形的有关知识；发展空间观念。 4. 认识三角形的特性，会根据三角形的边、角特点给三角形分类，知道三角形任意两边之和大于第三边以及三角形的内角和是180°。 5. 初步掌握确定物体位置的方法，能根据方向和距离确定物体的位置，能描述简单的路线图。	1. 了解不同形式的条形统计图，学会简单的数据分析，进一步体会统计在现实生活中的作用。 2. 认识折线统计图，了解折线统计图的特点，初步学会根据统计图和数据进行数据变化趋势的分析，进一步体会统计在现实生活中的作用。 3. 玩转七巧板。	1. 经历问题解决的全过程，体会数学在日常生活中的作用，形成综合运用数学知识解决问题的能力。 2. 初步了解运筹的思想，培养发现数学问题的意识，初步形成观察、分析及推理的能力。 3. 了解解决植树问题的方法，培养从生活中发现数学问题的意识，初步培养探索解决问题有效方法的能力，初步形成观察、分析及推理的能力。

续　表

目标　　类别　　年级	数 与 代 数	图形与几何	统计与概率	综合与实践
五年级	1. 比较熟练地进行小数乘法和除法的笔算。 2. 在具体情境中会用字母表示数,理解等式的性质,会用等式的性质解简单的方程,用方程表示简单情境中的等量关系并解决问题。 3. 理解分数的意义和基本性质,会比较分数的大小,会把假分数化成带分数或整数,会进行整数、小数的互化,能够比较熟练地进行约分和通分。 4. 掌握因数和倍数、质数和合数、奇数和偶数等概念,以及 2、3、5 的倍数的特征;会求 100 以内的两个数的最大公因数和最小公倍数。 5. 理解分数加、减法的意义及计算方法,比较熟练地计算简单的分数加、减法,会解决有关分数加、减法的简单实际问题。	1. 探索并掌握平行四边形、三角形、梯形的面积公式。 2. 能辨认从不同方位看到的物体的形状和相对位置。理解中位数的意义,会求数据的中位数。 3. 知道体积和容积的意义及度量单位,会进行单位之间的换算,感受有关体积和容积单位的实际意义。 4. 探索并掌握长方体和正方体的体积和表面积的计算方法,探索某些实物体积的测量方法。 5. 能在方格纸上画出一个图形的轴对称图形,以及将简单图形旋转 90°。	1. 体验事件发生的可能性以及游戏规则的公平性,会求一些事件发生的可能性,能对简单事件发生的可能性作出预测。 2. 认识复式折线统计图,能根据需要选择合适的统计图表示数据。	1. 经历解决问题的全过程,体会数学在日常生活中的作用,初步形成综合运用数学知识解决问题的能力。 2. 初步了解数字编码的思想方法,培养发现生活中的数学的意识。 3. 体会解决问题策略的多样性及运用优化思想方法解决问题的有效性,感受数学的魅力。

续 表

目标\类别 年级	数 与 代 数	图形与几何	统计与概率	综合与实践
六年级	1. 理解分数乘、除法的意义，掌握分数乘、除法的计算方法，比较熟练地计算简单的分数乘、除法，会进行简单的分数四则混合运算。 2. 理解倒数的意义，掌握求倒数的方法。 3. 理解比的意义和性质，会求比值和化简比，会解决有关比的简单实际问题。理解百分数的意义，比较熟练地进行有关百分数的计算，能够解决有关百分数的简单实际问题。 4. 了解负数的意义，会用负数表示一些日常生活中的问题。 5. 理解比例的意义和基本性质，会解比例，理解正比例和反比例的意义，能够判断两种量是否成正比例或反比例。 6. 会看比例尺，能利用方格纸等形式按一定的比例将简单图形放大或缩小。	1. 掌握圆的特征，会用圆规画圆；探索并掌握圆的周长和面积公式，能够正确计算圆的周长和面积。 2. 知道圆是轴对称图形，进一步认识轴对称图形；能运用平移、轴对称和旋转设计简单的图案。 3. 能在方格纸上用数对表示位置，初步体会坐标的思想。 4. 认识圆柱、圆锥的特征，会计算圆柱的表面积和圆柱、圆锥的体积。	1. 认识扇形统计图，能根据需要选择合适的统计图表示数据。 2. 能从统计图表中准确提取统计信息，正确解释统计结果，并能作出正确的判断或简单的预测；初步体会数据可能产生误导。 3. 经历对"抽屉原理"的探究过程，初步了解"抽屉原理"，会用"抽屉原理"解决简单的实际问题，发展分析、推理的能力。	1. 经历从实际生活中发现问题、提出问题、解决问题的过程，体会数学在日常生活中的作用，初步形成综合运用数学知识解决问题的能力。 2. 体会解决问题策略的多样性及运用假设的数学思想方法解决问题的有效性，感受数学的魅力。形成发现生活中的数学的意识。

第三部分　学科课程框架

依照《义务教育数学课程标准(2011年版)》的理念,聚焦学科目标和学科素养,拓展丰富的学习资源,让每一个孩子动起来,促进每一个孩子在数学上得到全面的发展,为此,我们设置如下课程框架。

一、学科课程结构

根据国家教育方针政策,我校在全面落实国家基础课程的基础上,围绕课程标准的要求,自主开发各年级拓展课程,分为"数之美""形之奇""统之巧""践之乐"四大类别,课程结构图如下(见图3-2-1)。

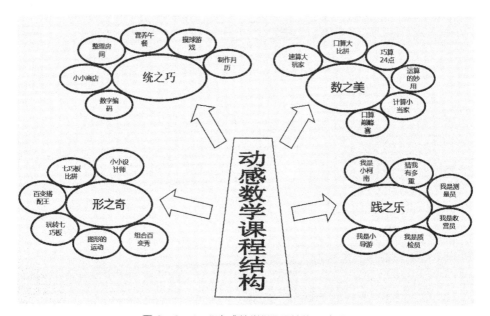

图3-2-1 "动感数学"课程结构示意图

(一) 数之美

"数之美"属于"数与代数"领域的内容,课程设置旨在建立孩子的数感,帮助孩子学会合理、快速的运算方法,理解算理,寻求合理简洁的运算途径解决问题。开设的课程有"口算大比拼""速算大玩家""计算小当家""巧算24点""运算的妙用""口算巅峰赛"等。

(二) 形之奇

"形之奇"属于"图形与几何"领域的内容。让孩子通过操作、感知,发现实际生活中的物体特征,抽象出几何图形,经历动手拼搭图形的过程,体会图形之间的联系与变化,感受图形之美,图形之奇。开设的课程有"七巧板比拼""小小设计师""百变搭配王""玩转七巧板""图形的运动""组合百变秀"等。

(三) 统之巧

"统之巧"属于"统计与概率"领域的内容。让孩子在实际问题中经历收集和处理数据的过程,通过分析做出判断,选择适合的解决方法,逐步建立统计意识。开设的课程有"小小商店""整理房间""数字编码""营养午餐""制作月历""摸球游戏"等。

(四) 践之乐

"践之乐"属于"综合与实践"领域的内容。通过一系列的数学活动,激发孩子自主解决数学问题的能力。以问题为载体,在活动中让孩子经历找到最优方案的过程,体会数学的乐趣,感受数学与生活的联系,发现数学就在生活当中。开设的课程有"猜我有多重""我是小柯南""我是测量员""我是收营员""我是质检员""我是小导游"等。

二、学科课程设置

"动感数学"以课程目标的达成和核心素养的落实为出发点,基于数学的四大领域开发相应的课程,具体课程设置如下(见表3-2-2)。

表 3-2-2　"动感数学"课程设置表

实施年级	数 之 美	形 之 奇	统 之 巧	践 之 乐
一年级	口算大比拼	七巧板比拼	小小商店	猜我有多重
二年级	速算大玩家	小小设计师	整理房间	我是小柯南
三年级	计算小当家	百变搭配王	数字编码	我是测量员
四年级	巧算 24 点	玩转七巧板	营养午餐	我是收营员
五年级	运算的妙用	图形的运动	制作月历	我是质检员
六年级	口算巅峰赛	组合百变秀	摸球游戏	我是小导游

第四部分　学科课程实施与评价

数学是促进孩子全面发展的核心课程。"动感数学"课程从培养孩子数学素养和各种实践能力出发,让课程内容与孩子们的生活密切相联,使孩子在充满无限想象、思考、实践的过程中,用心体会数学的张力与魅力。从孩子的学习需求出发,设计符合孩子心理特点和认知规律的教学活动,建构"动感课堂"、开发"动感课程"来推进数学课程的深度实施,拓展课程内容的广度与深度。

一、建构"动感课堂",推进课程实施

"动感课堂"是体现自主、合作、创新理念的数学课堂,通过生活化、游戏化、实践化的手段,拓展数学的智趣空间。通过"动感课堂"的教学方法,不仅可以调动孩子外在的学习状态,也可以激发孩子内在的学习热情,使孩子在"动感课堂"中,不仅"手动""口动""脑动",也促进其"心动""情动"。

(一)"动感课堂"的实践操作

1. 兴趣助力,激发动力。利用多种手段,从孩子的年龄心理特征出发,创设形

式多样、活泼有趣的教学情境,比如通过播放多媒体、展示教学图片、讲故事、做游戏等教学手段,激发孩子的学习潜能,调动孩子主动学习的热情,从而使课堂教学的品质得到提升。

2. 合作交流,质疑解答。在教师的引导之下,能与同伴合作交流、探讨问题,并在此过程中敢于提出自己的想法,在与同伴交流中碰撞思维,共享成果,从而找到解决问题的方法,促进孩子利用旧知来构建新知。

3. 拓展延伸,激活思维。教学中应该给孩子留有思考的余地、时间和空间,根据教学内容及教学需求,适量适度进行拓展,设置具有难度差异的学习内容。借助拓展变式引导的方法使孩子发散思维,提升思维空间,激发思维潜能。

4. 自主学习,提升素养。以生为本,培养孩子的学习兴趣和学习能力,通过合作、讨论、探究等自主学习方式,适当借助网络,让孩子学会自主学习,打破原有的认知,让孩子主动探索,掌握新知;优化课堂结构,改变教学手段,让孩子经历再创造的过程,从而提升孩子的数学素养。

(二)"动感课堂"的评价标准

为了让孩子收获学习成功的快乐,更好地促进孩子的深度学习,我们制定了"动感课堂"课程实施评价要求(见表3-2-3)。

表3-2-3 "动感课堂"评价表

评价维度	评　价　要　素	评价等级		
		A	B	C
课程资源动感丰富	课程资源的选择与使用注重孩子的学习兴趣,以孩子生活体验为中心,进行多维整合,充分满足孩子的学习需要。			
教材解读独特到位	准确把握教材,有深入或独特的理解。能找到教材的延伸点深挖教材。			
媒体运用赋予灵动	有效运用多媒体等手段沟通教材与生活的联系,感受数学美。			
课堂氛围充满趣味	孩子全体参与,兴趣浓厚,学习投入。师生共同探讨,配合默契,氛围融洽。			

续　表

评价维度	评　价　要　素	评价等级		
		A	B	C
学习效果彰显品位	善于思考、合作探究,见解独到,学会学习,灵活运用,学习过程愉悦,知识目标达成度好。			
总体评价				
总体建议				

二、开发"动感课程",丰富学习内涵

"动感课程"基于课程标准,基于孩子实际,基于时代发展。通过学科课程体系的梳理与整合,优化已有的设置,构建数学品质课程群,促进孩子数学素养的全面提升。

(一)"动感课程"的实施

1. 立足目标,整合教材。"用教材教"是一种根据孩子学习的实际情况灵活调整、重组教材,且合乎现代发展、符合孩子认知的教学模式。为了实现"用教材教"的目标,我们以孩子的学习兴趣为前提,以孩子的生活体验为依据,以孩子的学习思维为核心,进行多维整合,一举打破"教教材"的教学模式,使数学课程彰显出应有的活力。

2. 课外延伸,设置活动。在满足孩子全面发展的基础上,实现个性化发展。结合孩子已有的生活经验和认知水平,以孩子实际发展情况为依据,注重课外延伸,渗透数学文化,精心设置数学活动,增强学习兴趣和数学应用意识,提升发现、分析及解决问题的能力。利用社团活动、课外活动等活动模式实施深度学习,体现"教、学、做"的统一。

3. 合作学习,能力整合。根据孩子的学习需要,依靠活动促进孩子合作探究的欲望,发挥孩子的学习主动性,实现全面而又个性化的发展。突破单一学科素养的培养,按照课程统整的思路,连接不同学科内容,培养跨学科学习的能力。

(二)"动感课程"的评价要求

依据课程标准,"动感课程"拓展学习内容,激发孩子学习数学的兴趣、爱好与潜能。各年级动感课程评价要求如下(见表3-2-4):

表3-2-4 "动感课程"评价表

评 价 项 目	等级	评 价 等 级					
		自 评			学校评		
		优	良	一般	优	良	一般
充分激发孩子兴趣,让孩子经历体验、探索、发现的过程,获得学习成功。	20						
通过课程内容实施,培养合作探究的团队意识。	20						
通过课程实施,在学习活动中建立自信,学习能力得到提升。	20						
孩子参与度、动手能力得到提高,潜能得到开发,个性得到张扬。	20						
遵循孩子的认知规律,关注孩子的学习差异,孩子善于提出问题、解决问题,具有创新意识。	20						

三、建设"动感社团",充实数学生活

学校本着培养提升孩子数学情趣、开发思维、提升数学核心素养的原则,针对各学段不同特点,开展全方位、立体化的社团课程体系。"动感社团"以促进孩子多元成长,发展个性为目标,是数学学习实践的重要组成部分,是孩子交流数学的空间、展示自我的平台。通过"动感社团"活动,让孩子实现对数学的认知、体验、感悟、内化。

(一)"动感社团"的实施

通过孩子自主申报,成立各年级活动社团。每周一下午两节课后开展活动,为孩子体验生活、增长知识、拓展思维、提升能力提供机会,进而丰富孩子的课余生活。"动感社团"活动安排表如下(见表3-2-5)。

表 3-2-5　"动感社团"活动安排表

时　间	地　点	年　级	社团名称
周一下午	一(2)班教室	1年级	动感绘本馆
周一下午	二(2)班教室	2年级	动感巧算馆
周一下午	三(2)班教室	3年级	动感七巧馆
周一下午	四(2)班教室	4年级	动感生活馆
周一下午	五(2)班教室	5年级	动感体验馆
周一下午	六(2)班教室	6年级	动感挑战馆

(二)"动感社团"活动评价

　　"动感社团"活动引导孩子用数学的眼睛去观察生活,感受数学跟生活的密切关系,注重孩子的综合能力、探究精神与合作态度。让孩子在手脑并用中,体验数学学习的乐趣。"动感"社团的评价标准如下(见表3-2-6)。

表 3-2-6　"动感社团"的评价表

量规	A级	B级	C级	个人评价	同学评价	教师评价
积极参与	积极参与、认真思考。	能参与、能思考。	极少参与、缺乏思考。			
提出问题	大胆提问,敢于表达不同见解。	能提问,有想法。	不敢提问,不敢表达。			
解决问题	善于发现问题,综合运用数学知识主动探究问题。	会发现问题,能运用数学知识探究问题。	不会发现问题,缺乏运用数学知识探究问题的意识。			
善于合作	善于与人合作,听取他人意见。	能与人合作,能接受他人意见。	缺乏与人合作的精神,难以接受他人意见。			
自我评价						
同伴评价						

四、创设"动感节",体验学习乐趣

为了让孩子分享数学学习的快乐,感受数学之美,结合孩子年龄及学段特点,设计融实践性、趣味性、活动性于一体的"动感节"活动。活动时间:每年 11 月中旬。

(一)"动感节"具体实施过程

1. 一年级开展"速算王"活动。以班为单位,在一定时间内进行速算,每班选出 10 名选手参加年级比赛。每位同学参与其中,感受数学的快乐,达到提高计算能力的目的。

2. 二年级开展"小小设计师"活动。"小小设计师"是在孩子学习"轴对称图形"以后开展的拓展活动,让孩子亲身体验当一名设计师的快乐,从而爱上数学课程。"小小测量家"是在孩子认识了"长度单位"以后,开展的一次自主活动,测量不同物体的长度,感受测量的神奇,深化对数学知识的巩固与理解。

3. 三年级开展"创意年历大比拼"活动。让孩子采取个人制作和小组合作等方式绘制有创意、有特色的年历卡。由孩子评选出最佳合作组、最佳创意卡。通过活动提高孩子们的动手能力,增强孩子们参与数学活动的兴趣。

4. 四年级开展"玩转 24"的活动。通过玩转 24,寓教于乐。在玩的同时培养孩子的运算能力、动手能力及深度思考的好习惯,让孩子在游戏中感受数学的魅力,体会学习数学的快乐。

5. 五年级开展"数学手抄报"活动。教师引导孩子们把已学知识用手抄报的形式表达出来,在班级学习栏展示交流,优秀作品在年级中巡展,提高孩子们的参与热情。"数学手抄报"可以锻炼孩子收集、整理、重组、审美和合作的多项能力,在活动中体验成功的喜悦,实现数学深度学习。

6. 六年级开展"读书交流"的活动。根据孩子年龄特点,教师推荐阅读书目,孩子们用不同的方式呈现阅读思考后的成果,如参与"读书分享会"、讲"数学故事"、写"读后感"等,通过交流,同学们更深入地理解数学文化。

(二)"动感节"的评价量表

"动感节"是"动感数学"课程实施的途径之一,也是展示孩子学习成果、增加学习交流的有效平台。具体评价标准如下(见表3-2-7)。

表3-2-7　"动感节"的评价量表

评价项目	评　价　标　准	评 价 等 级		
		A	B	C
活动方案	基于孩子数学素养的提升,立足课堂,面向生活。具有开放性、趣味性,符合年级要求。			
活动过程	孩子参与度高、兴趣浓厚。组织有序,动手能力强,有真实的活动体验。			
活动形式	形式多样,能激发孩子的参与热情,促使孩子将活动体验转化为学习能力。			

　　综上所述,在日常教学的实施过程中,"动感数学"课程让孩子从传统的课堂中剥离出来,进入一种全新的课堂模式。教学中教师不仅关注孩子的认知起点,同时也关注孩子的认知过程,努力让孩子的学习自然而然地发生,让孩子的数学学习达到深度状态,让孩子体会不一样的学习过程,使其成为课堂学习的一种拓展,促进孩子们在熟练掌握知识的基础上发现问题,在开放、轻松的教学氛围中敢于主动提出问题,并应用知识解决问题,逐步培养数学思维,真正把知识学通、学透。

　　"动感数学"的实施,让孩子们学习兴趣更浓,参与热情更高,使教学不再是传统的知识灌输,而是孩子强烈的自我要求。教学有法,但教无定法,"动感数学"课程体现了课堂的静动转换、静动结合,孩子们的视野拓宽了,数学思维提升了,孩子的数学核心素养得到了进一步的发展。

（撰稿人：刘敏　　李莉　　李鸿雁）

第四章

从单调到丰富

孩子学习不再只是单纯地接受教师所教授的知识,而是能够以批判性的思维去深入思考所学的新知识、新思想,并将其吸收、纳入自身认知结构中,形成自己的知识体系。在与各种真实情境的持续互动中,孩子的学习不再是简单理解单一知识点,而是在不断解决问题中,深入理解特征相似的知识群。借助深度学习理念,促使孩子的学习从单调到丰富,形成有助于未来可持续发展的核心素养。

➡ 范式 7

绽放数学: 让数学绽放别样价值

南昌市光明学校数学学科组共有 9 人,其中中小学高级教师 2 名,中小学一级教师 4 名,教师之间互相学习,不断探索教学新方法,取长补短,团结合作。为了更好地落实《教育部关于全面深化课程改革,落实立德树人根本任务的意见》《义务教育数学课程标准(2011 年版)》等文件精神,学校深入推进"绽放数学"学科课程建设,促进孩子深度学习,培养孩子的逻辑思维能力和创新能力。

第一部分　学科课程哲学

一、学科性质观

《义务教育数学课程标准(2011 年版)》指出：数学是研究数量关系和空间形式的科学。数学是人类文化的重要组成部分,它为孩子未来生活、工作和学习奠定重要的基础。数学课程应致力于实现义务教育阶段的培养目标,要面向全体孩子,适应孩子个性发展的需要,使得：人人都能获得良好的数学教育,不同的人在数学上得到不同的发展。义务教育阶段的数学课程是培养公民素质的基础课程,具有基础性、普及性和发展性。[1]

基于这种认识,我们认为数学核心素养可以理解为孩子学习数学应当达成的有特定意义的综合性能力。数学核心素养的培育需要孩子的深度学习,只有将孩子引向深度学习,才能更好地使核心素养的培养从理念走向行动。通过"绽放数

---

[1] 中华人民共和国教育部.义务教育数学课程标准(2011 版)[S].北京：北京师范大学出版社,2012：1-2.

学"课程的实施,促进孩子深度学习,进一步培养孩子的逻辑思维能力和创新能力。

二、学科课程理念

光明数学人在不断的教学实践中,明确提出了"绽放数学"的课程理念:每一个生命都是灿烂的,都是一朵等待绽放的花朵。"绽放数学"就是要给孩子提供合适的土壤、阳光、养料和环境,让孩子自然地、不断地生长,让孩子尽情去绽放,去闪耀属于他们独有的美和光芒。

我校数学课程提出"绽放数学"的课程理念,秉承"让数学绽放别样价值"的核心理念,开设基础课程和拓展性课程。通过构建"绽放课堂"、倡导"绽放学习"、设立"绽放数学节"、成立"绽放数学社团"和利用"网络学习"等途径,依靠自评、师评、互评、家长评四个方面对孩子进行评价。带动孩子积极学数学、爱数学、用数学,感受数学学科的魅力。同时鼓励孩子勇于表达和创造,培养孩子良好的数学学习习惯,积累掌握正确的数学学习方法。具体而言,基本要义有四点:

(一)绽放有兴趣的数学

俗话说:"兴趣是最好的老师。"只有让孩子对所学的内容产生了兴趣,才能让他们主动地走入课堂,体会到主动学习的乐趣。如何把要孩子学数学变成孩子自己要学数学,把枯燥乏味的数学变得有趣,是教师急需思考的问题。教师所创设的学习氛围,提供的学习材料、探究工具,采用的课堂学习方式,直接影响到孩子对于学习的兴趣和欲望,也直接影响到深度学习的展开。而其间的好奇心、探究欲、数学式的交流和表达,正是孩子提高数学素养不可或缺的要素,这使数学课堂不仅仅是单一的知识传授,而是多门学科及课内知识的有效整合,我们要丰富教学内容,让孩子对数学产生兴趣,感受学习数学的重要性,用兴趣点燃他们学习的数学热情。

(二)绽放有思维的数学

数学教学的价值在于思维教学,思维教学的关键在于创造思维必然的场景,不仅要关注孩子应该学到什么,还要关注他们怎样学。所以在教学中,教师要围绕教学目标,培养孩子的数学思维能力,从孩子的思维角度出发,引导孩子学会思考数学问题和解决数学问题,寻找新旧知识的内在联系,并使之有机整合,建立合理有序的知识结构,使孩子在深度学习中思维得以发展,进而提升数学核心素养。

(三) 绽放有学力的数学

学力是学习能力、动手能力和知识水平的简称,它指一个人的知识水平以及在接受知识、理解知识和运用知识方面的能力。[①] 基于这样的认识,教师作为主导者,要给孩子创造客观条件,激发孩子学习的内在因素,促使他们能在学习过程中清晰地找到自己认知的停靠点、思维的展开点。同时,借助师生互动,激发、唤醒自身对深度学习的积极性,由此展开以数学思维为核心的理解性学习。只有这样,才能使孩子的学习从浅入深,绽放学力。

(四) 绽放有品格的数学

“绽放数学”不光指数学知识的内部绽放,也指孩子数学思维的绽放,更指孩子的思维品质、生命品格和精神价值的绽放和提升。这要求教师深入地解读教材,从单一的知识传授转向各个学科知识的建构,把各个数学知识点整合起来,放入整个知识体系中去解读,而不是孤立地看待;同时也要引导孩子学会连点成线、织线成网,形成数学知识的整体结构。此外,还要帮助孩子树立大课程观,沟通数学与科学、综合实践等学科的关系,从而扩大视角,切实为孩子的深度学习夯实基础,用数学独特的文化品格涵养学生的精神。

第二部分　　学科课程目标

《义务教育数学课程标准(2011 年版)》指出：数学课程能使学生获得适应社会

[①] 中国社会科学院语言研究所词典编辑室.现代汉语词典[M].北京：商务印书馆,1978：288.

生活和进一步发展所必需的数学的基础知识、基本技能、基本思想、基本活动经验；体会数学知识之间、数学与其他学科之间、数学与生活之间的联系，运用数学的思维方式进行思考，增强发现和提出问题的能力、分析和解决问题的能力；了解数学的价值，提高学习数学的兴趣，增强学好数学的信心，养成良好的学习习惯，具有初步的创新意识和实事求是的科学态度。① 基于数学学科核心素养的内涵，根据"绽放数学"提倡的"让数学绽放别样价值"的课程理念，我校提出如下数学学科课程目标。

一、学科课程总体目标

依据《义务教育数学课程标准(2011年版)》，"绽放数学"学科课程总目标如下(见表4-1-1)。

表4-1-1 "绽放数学"学科课程总体目标表

知识技能：经历数与代数的抽象、运算与建模等过程，掌握数与代数的基础知识和基本技能。经历图形的抽象、分类、性质探讨、运动、位置确定等过程，掌握图形与几何的基础知识和基本技能。经历在实际问题中收集和处理数据，利用数据分析问题、获取信息的过程，掌握统计与概率的基础知识和基本技能。参与综合实践活动，积累综合运用数学知识、技能和方法解决简单数学问题的活动经验。
数学思考：初步形成数感和空间观念，建立几何直观；能对调查过程中获得的数据进行统计推断，对数据进行有效分析；能通过思考，合情合理地得出数学结论，提高推理能力；能自我思考，掌握数学蕴含的思想和基本技能，发展有创新意识的思维方式。
问题解决：从日常生活中发现并提出数学问题，能探索分析和解决问题的有效方法；经历与他人合作交流解决问题的过程；在交流中感受思考和解决问题的角度和方法的多样性；问题解决后养成及时有效自查的习惯，掌握自查的基本方法，初步形成评价与反思的意识。
情感态度：有参加数学活动的主观欲望和乐观积极的心态；不怕犯错和失败，有从失败中找原因的阳光心态；能长期思考一个问题，养成不轻易放弃的习惯，在来之不易的成功中养成数学自信；能倾听别人的意见，养成乐于思考、勇于质疑、言必有据的品质。

总之，我校将秉承"绽放数学"的理念，围绕以上四个课程目标，促进孩子深度

---

① 中华人民共和国教育部. 义务教育数学课程标准(2011版)[S]. 北京：北京师范大学出版社，2012；8.

学习,进一步培养孩子的逻辑思维能力和创新能力。

二、学科课程年段目标

依据"绽放数学"学科课程总体目标,我们制定了学科课程年段目标(见表 4-1-2)。

表 4-1-2 "绽放数学"课程年段目标表

年级	年　段　目　标			
	知 识 技 能	数 学 思 考	问 题 解 决	情 感 态 度
一年级上学期	1. 能熟练地数出数量在 20 以内物体的个数。 2. 知道加减法各部分的名称,初步体会加减法之间的互逆关系,能熟练地口算 10 以内的加减法和 20 以内进位加法。 3. 能辨认长方体、正方体、圆柱、球等立体图形,能辨认长方形、三角形、正方形、圆等平面图形,会用这些图形进行拼图。 4. 初步认识钟表,会认整时。	1. 结合现实素材抽象出 0—20 各数,感受 0—20 各数的意义,能用符号和词语来描述 20 以内数的大小,初步建立数感。 2. 通过拼、摆、画、想各种图形,感受和描述各种图形的特征,通过对几何形体的分类,初步建立空间观念。 3. 通过数学活动,初步发展孩子对应、统计等数学思想方法。 4. 初步学习用数学的眼光去观察和认识周围的事物,发展数学意识。	1. 能用 0—20 各数表示日常生活中的一些事物。 2. 初步学会根据加减法的含义和 10 以内的加减、20 以内的进位加法,解决生活中的一些简单问题。 3. 能比较出生活中事物数量的多少、长短和高矮,能给生活中的一些事物分类。 4. 结合自已的生活经验,初步体验 1 时、几时、半时的长短。 5. 用不同的方法解决问题,发展孩子思维的灵活性、实践能力和创新意识。	1. 初步养成良好的学习能力和学习习惯。 2. 在合作交流过程中,积极主动地参与数学活动,积极思考,主动发言,尊重别人,认真倾听他人发言,有获得成功的体验,增强自信心。 3. 养成遵守时间、珍惜时间的良好品德。 4. 爱护学具、文具、数学书、作业本、书包,养成勤学习、有条理、讲究美的好习惯。 5. 初步体验学习数学的价值,感受运用数学的乐趣及与同伴交流的乐趣。

续　表

年　段　目　标			
年级	知 识 技 能	数 学 思 考	问 题 解 决	情 感 态 度

年级	知 识 技 能	数 学 思 考	问 题 解 决	情 感 态 度
一年级下学期	1. 能正确、熟练地计算 20 以内的退位减法。 2. 认识计数单位，初步理解个位、十位上的数表示的意义。 3. 会计算 100 以内两位数加、减一位数和整十数，会用加、减法计算知识解决一些简单的实际问题。 4. 认识人民币单位元、角、分。	1. 在探索 100 以内加、减法的口算和笔算方法的过程中，进一步体会有条理、有根据地进行思考的重要性；通过相应的口算和笔算的练习，提高加、减运算的能力。 2. 在摆图形、围图形、折图形、画图形以及拼图形等活动中，培养初步的空间观念。	1. 经历从生活中发现并提出问题、解决问题的过程，体验数学与日常生活的密切联系，感受数学在日常生活中的作用。 2. 了解同一问题可以有不同的解决办法。 3. 有与同学合作解决问题的经验。 4. 初步学会表达解决问题的大致过程和结果。	1. 经历观察、操作、归纳等学习数学的过程，感受数学思考的过程。 2. 在他人的指导下，能够发现数学活动中的错误，并及时改正。 3. 体会学习数学的乐趣，提高学习数学的兴趣，建立学好数学的信心。 4. 养成认真作业、书写整洁的良好习惯。
二年级上学期	1. 掌握 100 以内笔算加、减法的计算方法。 2. 知道乘法的含义和各部分的名称，熟记乘法口诀。 3. 初步认识长度单位厘米和米。 4. 会用简单的方法收集和整理数据。	1. 初步了解统计的意义，会用简单的方法收集和整理数据。 2. 通过观察、猜测、实践等活动，培养孩子初步观察、分析及推理的能力，初步形成有顺序、全面地思考问题的意识。	1. 感受数学在日常生活中的作用。 2. 了解同一问题可以有不同的解决办法。 3. 有与同学合作解决问题的经验。 4. 初步学会表达解决问题的大致过程和结果。	1. 经历观察、操作、归纳等学习数学的过程。 2. 在他人的指导下，能够发现数学活动中的错误，并及时改正。 3. 体会学习数学的乐趣，提高学习数学的兴趣，建立学好数学的信心。

年　段　目　标				
年级	知 识 技 能	数 学 思 考	问 题 解 决	情 感 态 度
二年级下学期	1. 认识计数单位"百"和"千"。 2. 会口算百以内的两位数加、减两位数，会口算整百、整千数加、减法。 3. 知道除法的含义和各部分名称。 4. 会辨认锐角、钝角；初步感知平移、旋转现象。 5. 认识质量单位克和千克。	1. 加深对数的意义、数的表示方法以及数的大小的理解。 2. 进一步加深对四则运算意义的理解。 3. 进一步积累开展统计活动的方法和经验，增强数据意识，发展初步的统计观念。	1. 发展初步的应用意识和实践能力。 2. 在运用乘法和加减法解决两步计算的实际问题的过程中，初步学会根据已知条件推出所求问题。 3. 使孩子初步学会表达解决问题的大致过程和结果。	1. 进一步感受数学思考的严谨性和数学结论的确定性，获得一些成功的体验。 2. 进一步形成认真、细心的学习态度，培养发现错误及时改正的良好习惯。 3. 进一步感受数学的价值，感受数学与生活的密切联系。
三年级上学期	1. 会笔算三位数的加、减法，口算一位数乘整十、整百数；会笔算一位数乘二、三位数，并会进行估算。 2. 初步认识简单的分数。 3. 知道周长的含义，会计算长方形、正方形的周长。 4. 认识长度单位千米，认识质量单位吨，认识时间单位秒。	1. 能运用生活经验，对有关数学信息作出解释，并初步学会用具体的数据描绘现实世界中的简单现象。 2. 能在对简单物体和图形的形状、大小、位置关系、运动的探索过程中，发展空间观念。 3. 在教师的帮助下，初步学会选择有用的信息进行简单的归纳和类比。	1. 经历从生活中发现并提出问题、解决问题的过程，体验数学与日常生活的密切联系，感受数学在日常生活中的作用。 2. 了解同一问题可以有不同的解决办法。 3. 有与同学合作解决问题的经验。 4. 初步学会表达解决问题的大致过程和结果。	1. 经历观察、操作、归纳等学习数学的过程，感受数学思考过程的合理性。 2. 体会学习数学的乐趣，提高学习数学的兴趣，建立学好数学的信心。 3. 养成认真作业、书写整洁的良好习惯。 4. 体验数学与日常生活的密切联系，初步形成综合运用数学知识解决问题的能力。

续　表

年 段 目 标			
年级	知 识 技 能	数 学 思 考	问 题 解 决	情 感 态 度
三年级下学期	1. 探索并理解两位数乘两位数的计算方法,初步理解四则混合运算的顺序。 2. 初步了解分数和小数的含义。 3. 初步理解面积的含义,认识面积单位,知道面积单位间的进率。 4. 探索并掌握长、正方形的面积公式。	1. 发展数感,发展抽象概括与推理能力。 2. 发展抽象思维,发展初步的空间观念。 3. 发展合情推理和初步演绎推理能力。 4. 发展统计观念,初步具有清晰地表达自己思考过程的能力。	1. 能应用在本册教科书里学到的运算知识,解决生活中遇到的实际问题。 2. 发展应用意识,能估算、判断解决问题结果的合理性。 3. 学会在表达前整理、在倾听后思考,进一步感受反思性学习环节的意义和价值。	1. 增强学好数学的信心,初步发展创新意识和实践能力。 2. 体会数学与人类历史的发展是息息相关的。 3. 能够实事求是地评价自己、评价他人。
四年级上学期	1. 结合情境,能认、读、写万以上的数。 2. 会进行整百数乘除整十数的口算;会笔算三位数乘除两位数,会计算带有中括号或小括号的三级四则运算混合题。 3. 知道周角、平角、钝角、直角、锐角的大小关系;会用量角器测量角的度数,会画指定度数的角。	1. 经历探索两三位数乘除两位数的计算过程,结合具体情境进行估算。 2. 进一步发展空间观念,初步形成几何直观能力,发展形象思维与抽象思维。 3. 在具体情境中,经历统计的过程,不断提高孩子整理数据,分析数据的意识和能力。	1. 在具体情境中发现并提出用四则混合运算解决的问题,进一步培养孩子发现问题,提出问题、分析问题、解决问题的能力。 2. 能探索分析和解决问题的有效方法,了解解决问题方法的多样性。 3. 在解决问题的过程中,经历与他人合作交流的过程,学会表达自己思考的大致过程和结果,积累活动经验。	1. 了解社会生活中与数学相关的信息,主动参与数学学习的过程,能用数学知识来描述和解决生活现象,感受数学与生活的联系,体会数学学习的价值。 2. 经历、体验克服困难、解决问题的过程,获得成功的体验,增强学好数学的信心。 3. 初步养成乐于思考、勇于质疑、言必有据的良好数学品质。

续　表

	年 段 目 标			
年级	知 识 技 能	数 学 思 考	问 题 解 决	情 感 态 度
四年级下学期	1. 掌握有关的计算方法和运算顺序,发现并初步理解一些简单的运算规律。 2. 初步认识自然数的一些特征;初步理解用字母表示数的意义和基本方法。 3. 使孩子经历探索一些常见平面图形的特征以及简单变换的过程。 4. 认识三角形、平行四边形和梯形及其特征。	1. 在探索计算方法、发现运算规律的过程中,开展类比、猜想、归纳、验证等活动,发展合情推理能力。 2. 在探索自然数的一些特征、学习用字母表示数的过程中,进行观察、比较、分析、综合,进一步发展抽象思维,增强符号感。 3. 在探索平面图形的特征、对图形进行简单变换以及设计图案的过程中,进一步发展形象思维和空间观念。	1. 能从现实情境中发现并提出一些简单的数学问题,并能运用所学的数学知识和方法解决问题,进一步发展应用意识。 2. 能在解决问题的过程中,合理使用计算器进行计算,初步学会用画图的策略整理和表达信息,探索解决问题的有效方法。 3. 在解决问题的过程中,进一步积累解决问题的策略,体会解决问题策略的多样性,逐步增强对解决问题过程的反思意识。	1. 在探索和发现数学知识、规律的过程中,进一步获得成功的体验,产生对数学事实和数学内在联系的好奇心,树立学好数学的自信心。 2. 在理解数学内容以及运用数学知识、方法解决简单实际问题的过程中,进一步体验数学与生活的密切联系,感受数学的价值与作用。 3. 能努力克服数学学习中遇到的困难;热心参与数学问题的讨论;发现错误能主动改正。
五年级上学期	1. 掌握小数四则运算及混合运算的方法。 2. 理解方程的意义、等式的性质。 3. 理解奇数、偶数、质数、合数的含义;会分解质因数。 4. 掌握平行四边	1. 感受转化的数学思想方法。 2. 发展孩子的抽象、概括等能力,建立初步的代数思想。 3. 经历观察、类比、猜测和归纳等数学活动,感受数学思考过程的条理性,发	1. 在具体的情境中发现、提出并解决用小数计算、解答的问题,培养估算和解决实际问题的能力,发展应用意识。 2. 能在具体的情境中发现并提出用方程解决	1. 感受数学语言表达的简洁性,感受数学的应用价值。 2. 形成实事求是的态度以及进行质疑和独立思考的习惯。 3. 在解决实际问题的过程中,培养热爱大自然、

续　表

年　段　目　标			
年级	知识技能	数学思考	问题解决	情感态度
五年级上学期	形、三角形和梯形面积计算公式。 5. 确定轴对称图形的对称轴。能在方格纸上将简单图形平移或旋转90°。 6. 认识折线统计图，知道折线统计图的作用。	展初步的推理能力。 4. 在选择条形统计图、折线统计图表示数据的过程中，进一步提高分析和判断能力，发展数据分析观念。	的问题，发展问题意识。 3. 在探索、交流多边形面积计算方法的过程中，体会解决问题策略的多样化。 4. 能结合应用多边形面积的相关知识解决一些简单的实际问题，发展初步的创新意识和动手能力。	热爱家乡、热爱祖国的感情，激发孩子学习数学的兴趣和欲望。
五年级下学期	1. 经历将实际问题抽象成异分母加减法、分数乘法、分数除法的计算方法的过程。 2. 认识长方体和正方体的特征以及探索和掌握长方体和正方体的面积、体积的公式。 3. 经历用折线统计图表示相关数据的过程，能进行简单的分析和交流；能按要求完成相关的折线统计图。	1. 在认识分数加减、乘除等过程中，发展抽象思维，增强符号感。 2. 在认识公倍数、公因数等过程中，培养良好的思维品质。 3. 在学习图形运动、认识正方体、长方体等过程中，锻炼形象思维，发展空间观念。 4. 在学习统计的过程中，进一步增强统计观念，培养统计能力。	1. 能从现实情境中发现并提出一些数学问题，并能用所学的分数加减、乘除等数学知识和方法解决问题。 2. 在使用分数加减乘除解决实际问题的过程中，初步掌握其基本思路和方法，体会其特点和价值。 3. 在学习图形运动等活动中，提高合作交流的能力。 4. 能运用合适的策略解决简单的实际问题。	1. 在探索数学知识、发现数学规律的过程中，进一步感受数学思考的条理性、严谨性，不断增强自主探索的意识。 3. 在运用数学知识和方法解决简单实际问题的过程中，进一步感受数学的价值，感受数学与生活的密切联系。 4. 通过操作、归纳、类比、推断等数学活动，体验数学问题的探索性和挑战性。

续　表

年 段 目 标			
年级	知 识 技 能	数 学 思 考	问 题 解 决	情 感 态 度
六年级上学期	1. 体会方程的思想和方法,增强列方程解决问题的意识和能力。 2. 进一步完善对乘除法运算意义的认识和理解。 3. 认识长方体、正方体的展开图;理解并掌握长方体、正方体的特征及表面积的计算方法。 4. 让孩子理解分数的意义。	1. 进一步感受方程的思想方法和价值,发展抽象思维,增强符号感。 2. 能够主动联系已有的知识经验进行观察和操作,比较和分析,猜想和验证,归纳和推理等活动,进一步发展合情合理与初步的演绎推理能力。	1. 能运用在本册数学书中学到的知识,解决生活中的实际问题,发展应用能力。 2. 能在理解体积含义及长方体、正方体体积计算方法的基础上,主动解决一些有关的问题。 3. 进一步体会与他人交流的重要性,提高合作交流的能力。	1. 在现实的情境中理解数学内容,利用学到的数学知识解决身边的实际问题,获得成功的体验。 2. 增强学好数学的信心,增强创新意识,锻炼实践能力。
六年级下学期	1. 认识圆柱和圆锥的特征,理解、掌握圆柱的表面积、圆柱和圆锥体积的计算方法。 2. 孩子结合实例认识扇形统计图。 3. 初步掌握用方向和距离确定物体位置的方法。 4. 理解比例的意义和基本性质。 5. 孩子通过系统的复习,巩固和加深理解小学阶段所学的数学知识,提高综合运用所学数学知识解决简单的实际问题的能力。	1. 本学期教学内容要紧密联系孩子生活环境,从孩子的经验和已有知识出发,创设有助于孩子自主学习、合作交流的学习氛围,使孩子通过观察、操作、归纳、交流、反思等活动,获得基本的数学知识、技能,进一步发展思维能力。 2. 让孩子在情境体验中,理解数学。 3. 增强空间观念,发展形象思维。 4. 重视孩子应用数学的意识和能力。	1. 能应用"转换"的策略解决一些简单的实际问题,进一步增强解决问题的策略意识和反思意识,体会解决问题策略的多样性。 2. 培养根据实际问题的特点选择相应策略的能力。	1. 在探索和理解百分数的计算方法,比例的基本性质,圆柱和圆锥的体积公式等活动中,进一步感受数学思考的严谨性和数学结论的确定性,获得一些成功的体验,锻炼克服困难的意志。 2. 进一步了解数学知识的相关背景,体会数学对人类历史发展的作用,培养民族自豪感,增强创新意识,锻炼实践能力。

续　表

年　段　目　标			
年级	知识技能	数学思考	问题解决	情感态度
七年级上学期	1. 体验从具体情境中抽象出数学符号的过程。 2. 能根据具体问题中的数量关系列出方程,体会方程是刻画现实世界数量关系的有效模型。 3. 通过实物和具体模型,了解从物体抽象出来的几何体、平面、直线和点等。	1. 通过用代数式、方程表述数量关系的过程,体会模型的思想,建立符号意识。 2. 在研究图形性质和运动、确定物体位置等过程中,进一步发展空间观念;经历借助图形思考问题的过程,初步建立几何直观。	初步学会在具体的情境中从数学的角度发现问题和提出问题,并综合运用数学知识和方法解决简单的实际问题,增强应用意识,提高实践能力。	1. 积极参与数学活动,对数学有好奇心和求知欲。 2. 在运用数学表述和解决问题的过程中,认识数学具有抽象、严谨和应用广泛的特点,体会数学的价值。
七年级下学期	1. 了解平方根、算术平方根、立方根的概念,会用根号表示数的平方根、算术平方根、立方根。 2. 掌握代入消元法和加减消元法,能解二元一次方程组。能解简单的三元一次方程组。 3. 结合具体问题,了解不等式的意义,探索不等式的基本性质。 4. 经历收集、整理、描述和分析数据的活动,了解数据处理的过程。	1. 体会通过合情推理探索数学结论、运用演绎推理加以证明的过程,在多种形式的数学活动中,发展合情推理与演绎推理的能力。 2. 能独立思考,体会数学的基本思想和思维方式。	1. 经历从不同角度寻求分析问题和解决问题的方法的过程,体验解决问题方法的多样性,掌握分析问题和解决问题的一些基本方法。 2. 在与他人的合作和交流中,能较好地理解他人的思考方法和结论。	1. 在运用数学表述和解决问题的过程中,认识数学具有抽象、严谨和应用广泛的特点,体会数学的价值。 2. 敢于发表自己的见解,勇于质疑,养成认真勤奋、独立思考、合作交流等学习习惯,形成实事求是的科学态度。

续　表

年　段　目　标				
年级	知 识 技 能	数 学 思 考	问 题 解 决	情 感 态 度
八年级上学期	1. 探索简单实例中的数量关系和变化规律,了解常量、变量的意义。 2. 理解三角形及其内角、外角、中线、高线、角平分线等概念,会按照边长的关系和角的大小对三角形进行分类,了解三角形的稳定性。 3. 理解平均数的意义,能计算中位数、众数、加权平均数,了解它们是数据集中趋势的描述。	1. 了解利用数据可以进行统计推断,发展建立数据分析的观念;感受随机现象的特点。 2. 体会通过合情推理探索数学结论、运用演绎推理加以证明的过程,在多种形式的数学活动中,发展合情推理与演绎推理的能力。	1. 学会在具体情境中从数学的角度发现问题和提出问题,并综合运用数学知识和方法解决简单的实际问题,增强应用意识,提高实践能力。 2. 经历从不同角度寻求分析问题和解决问题的方法的过程,体验解决问题方法的多样性,掌握分析问题和解决问题的一些基本方法。	1. 积极参与数学活动,对数学有好奇心和求知欲。 2. 感受成功的快乐,体验独自克服困难、解决数学问题的过程,有克服困难的勇气,具备学好数学的信心。 3. 在运用数学表述和解决问题的过程中,认识数学具有抽象、严谨和应用广泛的特点,体会数学的价值。
八年级下学期	1. 结合具体情境体会一次函数的意义,能根据已知条件确定一次函数的表达式。 2. 了解多边形的定义,多边形的顶点、边、内角、外角、对角线等概念;探索并掌握多边形内角和与外角和公式。 3. 通过实例了解频数和频数分布的意义,能画频数直方图,能利用频数直方图解释数据中蕴涵的信息。	1. 通过经历用代数式、方程、不等式、函数等表述数量关系的过程,体会模型的思想,建立符号意识;在研究图形性质和运动、确定物体位置等过程中,进一步发展空间观念;经历借助图形思考问题的过程,初步建立几何直观。 2. 了解利用数据可以进行统计推断,发展建立数据分析的观念;感受随机现象的特点。	1. 初步学会在具体的情境中从数学的角度发现问题和提出问题,并综合运用数学知识和方法等解决简单的实际问题,增强应用意识,提高实践能力。 2. 经历从不同角度寻求分析问题和解决问题的方法的过程,体验解决问题方法的多样性,掌握分析问题和解决问题的一些基本方法。	1. 积极参与数学活动,对数学有好奇心和求知欲。 2. 感受成功的快乐,体验独自克服困难、解决数学问题的过程,有克服困难的勇气,具备学好数学的信心。 3. 在运用数学表述和解决问题的过程中,认识数学具有抽象、严谨和应用广泛的特点,体会数学的价值。

续　表

年 段 目 标				
年级	知 识 技 能	数 学 思 考	问 题 解 决	情 感 态 度
九年级上学期	1. 体会二次函数的意义。 2. 理解圆、弧、弦、圆心角、圆周角的概念，探索并了解点与圆的位置关系。 3. 能通过列表、画树状图等方法列出简单随机事件所有可能的结果，以及指定事件发生的所有可能结果，了解事件的概率。	1. 体会通过合情推理探索数学结论、运用演绎推理加以证明的过程，在多种形式的数学活动中，发展合情推理与演绎推理的能力。 2. 能独立思考，体会数学的基本思想和思维方式。	1. 初步学会在具体的情境中从数学的角度发现问题和提出问题，并综合运用数学知识和方法等解决简单的实际问题，增强应用意识，提高实践能力。 2. 经历从不同角度寻求分析问题和解决问题的方法的过程，体验解决问题方法的多样性，掌握分析问题和解决问题的一些基本方法。	1. 在运用数学表述和解决问题的过程中，认识数学具有抽象、严谨和应用广泛的特点，体会数学的价值。 2. 敢于发表自己的想法，勇于质疑，养成认真勤奋、独立思考、合作交流等学习习惯，形成实事求是的科学态度。
九年级下学期	1. 结合具体情境体会反比例函数的意义，能根据已知条件确定反比例函数的表达式。 2. 了解比例的基本性质、线段的比、成比例的线段；通过建筑、艺术上的实例了解黄金分割。	1. 体会模型的思想，建立符号意识；初步建立几何直观。 2. 了解利用数据可以进行统计推断。 3. 体会通过合情推理探索数学结论。 4. 能独立思考，体会数学的基本思想和思维方式。	1. 经历从不同角度寻求分析问题和解决问题的方法的过程。 2. 在与他人合作和交流的过程中，能较好地理解他人的思考方法和结论。 3. 能针对他人所提的问题进行反思，初步形成评价与反思的意识。	1. 在运用数学表述和解决问题的过程中，认识数学具有抽象、严谨和应用广泛的特点，体会数学的价值。 2. 敢于发表自己的想法，勇于质疑，养成认真勤奋、独立思考、合作交流等学习习惯，形成实事求是的科学态度。

第三部分　学科课程框架

一、学科课程结构

　　我校数学课程是依据数学学科的课程标准、孩子的年龄特点以及我校的育人目标而自主开发的,分为"绽放速算""绽放想象""绽放统计""绽放制作"四大类,课程结构图如下(见图4-1-1)。

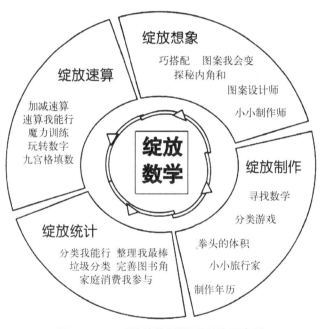

图4-1-1　"绽放数学"课程结构示意图

(一) 绽放速算

　　绽放速算属于"数与代数"领域,内容为数的运算及和运算相关联的趣味游戏。开设的课程有"口算精灵""巧算""混合巧算""立方的速算""魔力训练"等。开设与"数与代数"相关联的拓展课程,旨在让孩子通过动手操作,明白计算的算理,建立孩子的数感,发展运算能力,激发学习数学的兴趣。

(二)绽放想象

　　绽放想象属于"图形与几何"领域,内容为拼搭图形、创造图形,以及设计创造空间模型。开设的课程有"趣味搭配""图案我会变""电脑动漫"和"天才九宫格"等。开设与"图形与几何"相关联的拓展课程,注重发展孩子的空间观念,经历拼搭图形的过程,体会图形之间的联系与变化,在活动中提高动手操作的能力,发展初步的创新意识,感受图形之美。

(三)绽放统计

　　绽放统计属于"统计与概率"领域,内容为数据的分类、收集、整理、分析,感受简单的随机事件及其结果发生的可能性有大有小。开设的课程有"抽奖中的学问""数学应用家""奇妙的函数原理""做时间的主人"等。开设"统计与概率"相关联的拓展课程,注重发展孩子的数据分析观念,让孩子知道怎样搜集、描述、分析数据,逐步培养孩子在看到某一个或者某一组数据时,能够去洞察这些数据背后的东西,从而去感受统计的必要性,发展他们的统计意识,能对数据进行归类,体验数据中蕴涵的信息。

(四)绽放制作

　　绽放制作属于"综合与实践"领域,内容为创设生活情境,解决生活中真实存在的问题,开设的课程有"电脑动漫""拳头的体积""玩转数学""'空'想大师"和"制作年历"等。开设与"综合与实践"相关联的拓展课程,旨在让孩子体验数学知识间及数学与现实生活间的密切联系,引发孩子持续探究的动力。

二、学科课程设置

　　在夯实国家基础课程以外,我校还拓展了教材内容,依据数学课标,"绽放数学"课程设置如下(见表4-1-3)。

表 4-1-3　"绽放数学"课程设置表

实施年级	绽放速算	绽放想象	绽放统计	绽放制作
一年级上学期	加减速算	巧搭配(一)	分类我能行	寻找数学
一年级下学期	口算精灵	巧搭配(二)	整理我最棒	分类游戏
二年级上学期	速算我能行	图案我会变(一)	垃圾分类(一)	购物秀
二年级下学期	有趣的除法	图案我会变(二)	完善图书角	旅游攻略
三年级上学期	计算能手(一)	重复问题	垃圾分类(二)	制作年历
三年级下学期	计算能手(二)	排列问题	精彩比赛	对称美
四年级上学期	巧算(1)	挑战大脑	生日 party	节约用水
四年级下学期	巧算(2)	探秘内角和	抽奖中的学问	试验田
五年级上学期	混合巧算	图案设计师	巧玩游戏	我是导游
五年级下学期	魔力训练	天才九宫格	环保监测员	拳头的体积
六年级上学期	思维大爆炸	生活中的"圆"	家庭消费我参与	小小旅行家
六年级下学期	玩转数字	小小制作师	做时间的主人	妙笔绘图
七年级上学期	九宫格填数	正方体纸盒的制作	我是统计小能手	购物小能手
七年级下学期	立方的速算	漂亮的图形变换	生活中的调查	能干的小导游
八年级上学期	折线中的平方数	黄金分割的美	演讲我最棒	生活节约小能手
八年级下学期	我喜爱的勾股数	美丽的树叶	方差的妙用	最短路径
九年级上学期	圈地的精彩	漂亮的圆弧	扑克牌的魔术	$45°$的小题大做
九年级下学期	抛物线的最值	视力表中的相似	小小预言家	巧算塔高

第四部分　学科课程实施与评价

　　数学学科课程,应创设彰显数学特色的育人环境,要符合孩子的认知规律,贴近孩子的实际,本着知识性、实践性、趣味性、地方性的原则,开展有声有色的数学实践活动,拓展孩子数学学习的新时空,从而培养孩子的数学能力,提高孩子的数

学素养,激发孩子学习数学的热情。为此,"绽放数学"学科课程的实施主要有以下几个方面:

一、构建"绽放课堂",让教与学共同生长

"绽放课堂"力图体现"尊重、温暖、快乐、成长"的课堂文化核心,坚守"智从趣生、趣由智始、智趣共生"的学科理念,以孩子为中心,在课堂教学中,老师充分考虑孩子的个性特征,使每个孩子都能发展他们的特长,让每个孩子都觉得学习是快乐的,是幸福的。建设符合我校数学学科实际的"绽放课堂",主要从"绽放课堂"要素和评价提升两个方面入手。

(一)"绽放课堂"要素

1. 兴趣引入,自主探究。教师在备课时立足孩子已有的经验基础,充分考虑孩子的兴趣,根据学习内容,挖掘各种教学资源,从导入到练习,创设孩子感兴趣的情境,调动孩子的学习热情。

2. 互动对话,积极质疑。孩子在教师的组织和引导下讨论和交流,根据教师创设的情境,与同伴交流新知。在交互的对话下,交流学习成果,互相分析与质疑。教师引领孩子大胆说、主动说、有效说,促进孩子对所学内容更全面深刻地理解和认识。

3. 展示研讨,智慧分享。在交流互动之后,孩子将已习得的知识在全班进行展示分享,体验到智慧共享之趣。同时引导孩子结合自己的理解去认识事物之间的联系,将新知识融入已有的知识体系之中。

(二)"绽放课堂"评价标准

我们从趣味性、全体性、参与度、拓展性、创新性等方面对"绽放课堂"进行评价,具体标准如下(见表4-1-4)。

二、开拓"绽放空间",丰富数学实践活动

提高数学素养,不仅要依靠课堂学习,更要从生活中挖掘资源。正所谓"方方

面面皆　　　　　　　　表 4-1-4　"绽放课堂"评价表

授课教师		时　间		班　级		评课教师	
学　科		课　题					
类　别	指　标	优	良	合格	不合格		
		100—88分	87—75分	74—60分	60分以下		

因材施教	趣趣味性 30分	1. 目标明确。学习目标的制定明晰、正确,叙写规范,目标具体可测评。 2. 以学定教。立足孩子已有的经验基础,充分考虑孩子的兴趣,根据学习内容,挖掘各种教学资源,创设孩子感兴趣的情境,调动孩子的学习热情。 3. 因材施教。在课堂教学的各个环节关注孩子差异性,兼顾各个层面的孩子。
	全体性 20分	1. 活动自主。体现让孩子自主"发现问题、提出问题、分析问题、解决问题"的原则。 2. 赏识激励。关注学习过程,课堂评价及时、准确、丰富,以激励、欣赏为主。 3. 寓教于乐。教态亲切,语言亲和,方法灵活。
学有所获	参与度 20分	1. 互帮互学。有效进行小组合作学习。 2. 乐思善诉。孩子的思维有广度和深度,勇于发表自己的观点,乐于听取别人的意见。 3. 积极参与。在学习过程中孩子积极、投入,气氛活跃。
	拓展性 20分	1. 知行合一。重知识与能力的综合、过程与技能的转化、体验与品质的过渡。 2. 目标达成。体现"教—学—评"的一致性,学习目标达成度高。
创新性 10分		恰当运用电子白板等多媒体,理念先进,教师创新、孩子创学,课堂中有创新点。
综合评价		

本课精彩之处:	存在问题及建议:

有数学",我们要努力开拓"绽放空间",为孩子们创设更多学数学、用数学的机会,在实践中促进孩子数学水平的发展。

(一)"绽放空间"的实施

数学实践活动是数学教学的有效补充,它能培养孩子的实践能力,让数学走进日常生活,真正落实到运用中。"绽放空间"的开发,包括如下活动:初中部:制定读书计划、数学小报制作、光影中的数字等;小学部：了解身边的数学文化、数学步道、故事会等。针对数学教材中不同单元的侧重点,补充开展"绽放空间"实践活动,这不仅是教材的延伸,也能实现孩子与教材的进一步融合,达到事半功倍的教学效果。

(二)"绽放空间"的评价

"绽放空间"是数学教学的延续和补充,因此它的开发不是脱离教材,而是针对教材要求进行拓展。由于学校地处城乡结合部,条件有限,空间活动的开发要视孩子和学校情况而定,"绽放空间"评价标准如下(见表4-1-5)。

表4-1-5 "绽放空间"评价表

评价项目	评 价 标 准	分值	得分
活动管理 (20分)	1. 活动内容丰富,形式生动,孩子满意度高。	5分	
	2. 活动有条不紊,活动时间安排合理,能成功地完成活动,达到预期效果。	5分	
	3. 活动期间的秩序、组织纪律良好,活动过程中没有违规现象。	5分	
	4. 安排专人检查孩子实践活动开展情况,并做好检查记录,作为考核评价的依据。	5分	
活动开展 (40分)	1. 制定可行的管理制度及详细活动计划。	5分	
	2. 活动主题、内容、形式有创新。	6分	
	3. 活动组织井然有序,学习氛围浓厚。	6分	
	4. 活动过程记录详实。	6分	
	5. 活动照片及孩子作品保存完整。	6分	
	6. 教师的指导张弛有度,有针对性。	6分	
	7. 每次活动结束后都有相应的总结、反馈、评价。	5分	
活动效果 (30分)	1. 展示形式丰富新颖。	7分	
	2. 内容符合数学特点、全面完整。	8分	
	3. 活动小组分工合作有序。	7分	
	4. 有借鉴价值的经验与反思。	8分	
特色亮点 (10分)	实践活动特色鲜明,成效显著。根据特色亮点酌情加分,上限10分。	10分	

三、设立"绽放数学节",激发数学学习兴趣

(一)"绽放数学节"的开展

　　为了发扬我校丰厚的文化底蕴,营造浓厚的数学文化氛围,激发孩子的数学学习兴趣,让孩子发现数学和生活的联系,感受数学学习的魅力,我校每年三月份开展一次"绽放数学节"。"绽放数学节"课程表如下(见表4-1-6)。

表4-1-6　"绽放数学节"课程表

时　间	年　级	课　程
3月14日	一年级	珠心算加减练
3月14日	二年级	珠心算综合练
3月14日	三年级	说说我心中的数学
3月14日	四年级	我是神算手
3月14日	五年级	探索图形的奥秘
3月14日	六年级	探索分数的奥秘
3月14日	七年级	探索方程的奥秘
3月14日	八年级	探索函数的奥秘
3月14日	九年级	数学名著节

(二)"绽放数学节"评价要求

　　为了让每个孩子都能参与其中,丰富校园生活,激发孩子数学学习的兴趣、爱好与潜能,确保我校数学节的有效开展和实施,并形成我校的特点和亮点,特制定相关评价表(见表4-1-7)。

表4-1-7　"绽放数学节"评价表

小组人员		评价教师	
课　题		班　级	
项　目	评　价　标　准		评　价
活动内容 30分	难易适中,符合孩子的年龄特征		
	有趣味性,提高孩子的兴趣		

续　表

项　目	评　价　标　准	评　价
活动内容 30分	有神秘性,激发孩子的好奇心	
	贴合生活实际,提高孩子解决问题的实践能力	
活动形式 20分	形式要生动活泼,把孩子引入求知的活动中	
	班班结合,数学知识与社交能力共同增长	
	家校结合,多方面开发资源	
	参与到社会生活活动中,提升多方面能力	
活动过程 30分	孩子参与积极,主体作用发挥好	
	各种能力循序渐进增长	
	教师管理有方,孩子活动有序	
活动效果 20分	孩子兴趣得到培养,个性特长得到发展	
	拓展了孩子的思维空间,培养了孩子的创新意识	
综合评价		
精彩之处:	问题及建议:	

四、建设"绽放社团",享受数学学习的快乐

(一)"绽放社团"的开展

　　结合我校实际,开设了"绽放社团"活动,在各班进行宣传,孩子自主选课报名,以尊重孩子为前提,最后确定社团的任课教师以及孩子名单,为孩子们提供多样化、个性化的自由展示空间,张扬个性,享受数学学习带来的快乐。"绽放社团"课程表如下(见表4-1-8)。

表4-1-8 "绽放社团"课程表

时　间	地　点	年　级	社团名称
周二下午	一(1)班教室	一年级	巧手拨珠
周二下午	二(1)班教室	二年级	数学乐园

续　表

时　　间	地　　点	年　　级	社 团 名 称
周三下午	三(1)班教室	三年级	数学频道
周三下午	四(2)班教室	四年级	数学风暴
周四下午	五(2)班教室	五年级	数学俱乐部
周四下午	六(1)班教室	六年级	华罗庚社团
周四下午	七(1)班教室	七年级	数学思维导图
周四下午	八(1)班教室	八年级	数学思维开发
周四下午	九(1)班教室	九年级	解决问题的逻辑思维能力

(二)"绽放社团"评价内容

根据社团开展活动的次数、时间、内容、参加人员等制定评价表,做到每次活动必有记录。活动内容要认真、详细填写,同时要注重孩子反馈,针对孩子的意见及时调整社团活动内容,做到活动有成效、接地气、有创新。"绽放数学社团"评价表如下(见表4-1-9)。

表4-1-9　"绽放社团"评价表

评价项目	评 价 标 准	评　价
过程评价	制定可行的管理制度及详细活动计划	
	活动主题、内容、形式有创新	
	活动组织并然有序,学习氛围浓厚	
	社团名册及活动过程记录详实	
	活动照片及孩子作品保存完整	
	教师的指导张弛有度,有针对性	
	每次活动结束后都有相应的总结、反馈、评价	
成果展示	展示形式丰富新颖	
	内容符合社团特点、全面完整	

续　表

评价项目	评　价　标　准	评　价
成果展示	活动小组分工合作有序	
	有借鉴价值的经验与反思	

　　综上所述，"绽放数学"学科课程使孩子在数学学习活动中掌握知识的同时，探索知识背后的意义，获得了数学思维的发展，提升了知识学习的有效性和价值感。智慧和乐趣并存的数学课，使数学回归现实生活土壤，让孩子们感受到"有情感、重明辨、促思想、重实用、乐创造"的数学，让数学绽放出了专属于它的别样价值。

　　　　　　　　　　　　　（撰稿人：苏志梅　　詹滟　　吴珊）

➡ 范式 8

乐探数学：激发探究的思维之花

南昌市青桥学校位于英雄城东湖区青山路立交桥旁,有着 60 年的办学历史,校园占地面积 7 092 平方米,现有教学班 29 个,教师 83 人。其中中小学高级教师 24 人,中小学一级教师 38 人,中小学二级教师 21 人,省级骨干教师 2 人,市级骨干教师 5 人,区学科带头人 9 人,华应龙名师工作室成员 1 人,江西省特级教师汪智星名师工作室成员 1 人,南昌市名师工作室主持及成员 4 人、国家二级心理咨询师 6 人。

为了更好地落实《教育部关于深化课程改革,落实立德树人根本任务的意见》和《义务教育数学课程标准(2011 年版)》等文件精神,学校深入推进数学学科课程建设。青桥学子思维活跃、乐于探究、善于动手、善于表达,青桥教师热爱教学、善于钻研,基于学校的特点和区域教学改革等要求,提出了"乐探数学"的学科课程理念,以提升孩子的数学学科核心素养,达到深度学习目的。

第一部分 学科课程哲学

一、学科性质

数学学习是人们对客观世界定性把握和定量刻画,逐渐抽象概括,形成方法和理论,并进行广泛运用的过程。数学还是研究规律的一门学科,是一门充满艺术美感与创造性的学科。数学也是一种文化现象,是人们在认识世界过程中产生的概念以及概念之间关系的集合。

数学课程必须立足孩子的一般发展,它应当是为了每一个孩子健康成长的课程。《义务教育数学课程标准(2011 年版)》中倡导自主、合作、探究的学习方式,孩子的学习应当是一个生动活泼的、主动、个性化的过程。根据孩子的年龄特点和对周围事物的好奇心,我校决定将孩子的学习方式从被动接受转变为主动探究学习,使学生在数学的知识海洋中获得深度学习的能力。

二、学科课程理念

依据《义务教育数学课程标准(2011年版)》的基本理念,"乐探数学"课程改变以往单调的学习模式,让孩子全身心积极参与、体验成功。激发孩子探究的思维之花,提升孩子的综合能力。

探究在教学中亦称为发现学习,是指孩子在学习情境中通过观察、阅读,发现问题,搜集数据,形成解释,获得答案并进行交流、检验的自主性学习方式。

乐探数学倡导孩子的主动参与,是指从学科领域或现实生活中选择和确立主题,在教学中创设类似于学术研究的情境,使孩子自主发现问题,调查、收集并处理信息,经历实验操作,表达与交流等探究过程,最终解决问题,发展探索精神与创新能力。乐探学习是一种积极的深度学习。

(一)乐探数学善激发

著名数学家M·克莱因曾言:"数学是一种精神,一种理性的精神。正是这种精神,使得人类的思维得以运用到最完善的程度,亦正是这种精神,试图决定性地影响人类的物质、道德和社会生活;试图回答有关人类自身存在提出的问题;努力去理解和控制自然;尽力去探求和确立已经获得知识的最深刻的和最完美的内涵。"[1]乐探数学课堂就要有意地激发孩子对数学知识产生一种"心向往之"的需要,从而催生出一种深层的学习兴趣和源源不断的学习动力。

(二)乐探数学促思想

数学思想作为一种理性认识,是关于数学内容和方法的本质认识,是对数学内容和方法的进一步抽象和概括。数学方法应被看成是在科学地提出问题、研究问题和解

---

[1] M·克莱因.西方文化中的教学[M].张祖贵译,上海:复旦大学出版社,2013:18-19.

决问题的过程中,所采取的各种手段和途径。培养孩子的思维能力是数学教学的核心目标之一。在教学中不断渗透数学思想方法,不仅可以培养孩子的思维能力,还能提高孩子解决问题的能力。教学中渗透数学思想方法也体现了数学核心素养的新内涵,对于提高教师的专业素养和教育教学水平起到举足轻重的作用。"乐探数学"在孩子学习数学知识的过程中适时、科学、有效地渗透数学思想,为孩子的终身学习和发展奠定基础。

(三) 乐探数学重习惯

　　探究学习是一种新的学习方式,有利于转变传统的学习方式,培养孩子的创新精神和实践能力。培养良好的数学学习习惯,关键是要使孩子进入到最佳的学习状态,而最佳学习状态的集中表现是孩子在学习过程中积极主动地学习,自主地思考。想要使孩子获得最佳的学习效果,就要根据孩子探究性学习的特点,充分激发孩子的学习兴趣,使其"乐学、爱学、会学"。"乐探数学"提倡让学生独立进行思考,提升自主探究能力,提高孩子的创新精神与实践能力,为孩子的全面发展打下坚实的基础。

(四) 乐探数学乐创造

　　数学是一门培养学生创新精神和实践能力的科学。孩子创新意识和实践能力的培养,是课堂教学的主要目标。教学注重探究过程,目的是改变传统教学中教师过多讲解,孩子机械模仿的弊端,让孩子通过自主探究实践,体验数学家们发现知识的过程。培养孩子善于提出问题、发现问题和解决问题的能力,使孩子学会科学思考,训练孩子的创新思维,开发孩子的创新能力。乐探数学追求在"发现问题、提出问题、分析问题、解决问题"的递进过程中提升孩子的数学素养,每一次问题的解决都是一次数学思维的成长,也是数学学习的愉快体验,更是数学思维的创新。

第二部分　学科课程目标

一、学科课程总体目标

　　《义务教育数学课程标准(2011 年版)》指出:数学课程能使孩子获得适应社会

生活和进一步发展所必需的数学的基础知识、基本技能、基本思想、基本活动经验。体会数学知识之间、数学与其他学科之间、数学与生活之间的联系,运用数学的思维方式进行思考,增强发现和提出问题的能力、分析和解决问题的能力。了解数学的价值,提升学习数学的兴趣,增强学好数学的信心,养成良好的学习习惯,具有初步的创新意识和科学态度。[①] 为了实现这一总目标要求,着力培养孩子的数学核心素养,我校提出如下"乐探"数学学科课程目标。

(一) 核心知识: 多领域的数学概念

经历数与代数的抽象、运算与建模等过程,掌握"数与代数"的基础知识和基本技能。

认识万以上的数;理解万以内的数、分数、小数、百分数的意义;了解负数的意义;掌握必要的运算技能,能正确运算;理解估算的意义,能用方程表示简单的数量关系,能理解简单的方程。

经历图形的抽象、分类、性质探讨、运动、位置确定等过程,掌握图形与几何的基础知识和基本技能。认识空间和平面基本图形,了解其基本特征;感受平移、旋转、轴对称现象;认识物体的相对位置,了解确定物体位置的基本方法;掌握测量、识图和画图的基本方法,经历在实际问题中收集和处理数据、利用数据分析问题、获取信息的过程,掌握统计与概率的基础知识和基本技能。掌握简单的抽样、整理调查数据、绘制统计图表等数据处理方法和技能;体验随机事件和事件发生的可能性。[②]

(二) 关键能力: 解决数学问题的能力

知识来源于生活,并应用于生活,知识的价值就是能够解决生活中的实际问题。初步让孩子用数学的眼光去发现问题、提出问题,并综合运用数学知识、技能和方法去解决简单的实际问题。在解决问题的过程中提高孩子的自信心和学习兴趣,由此获得成就感。在不断的实践中,形成学习的良性循环。

---

① 中华人民共和国教育部. 义务教育数学课程标准 (2011 年版) [S]. 北京: 北京师范大学出版社, 2012: 8.
② 同上书,第 5 页、第 8—9 页。

(三) 思维方法: 数学学科的科学思维

思维能力是孩子学习数学的一个重要能力,其中占有主要地位的科学思维,是我们小学数学老师需要授予孩子的。现代社会需要的是具有独立思考能力及创新能力的人才,小学数学教师要利用好数学学科优势,训练孩子的科学思维,使其思维更加敏捷。

(四) 学科品格: 数学学科的独特文化

数学除了具有高度的抽象性、严密的逻辑性以外,还广泛应用于我们的生活,数学无处不在。让孩子在他们熟悉的生活环境中学习,积极参与数学活动,对数学有好奇心和求知欲;让孩子多动口、动手、动脑,在数学学习过程中获得成功的乐趣,增强自信心。了解数学课程特点,知道数学课程价值,感受数学课程的独特文化。养成勤奋好学、积极思考、合作探究、反思质疑等学习习惯。

围绕以上四个课程目标,培养具有应用意识和创新能力的孩子。

二、学科课程年级目标

依据以上数学学科课程总体目标以及学校实际情况,设置 1—6 年级的课程目标如下(见表 4-2-1)。

表 4-2-1 "乐探数学"课程年级目标表

目标\年级	乐探运算	乐探创意	乐探统计	乐探体验
一年级	1. 熟练计算20以内的加法和20以内的不退位减法。 2. 熟练地口算100以内的加减法。	通过拼搭进一步体会各种几何图形和平面图形的特征,发展空间观念,发挥创造力和空间想象力。	通过整理自己的书包文具,体会简单的分类与整理,培养孩子动手能力和总结抽象共性的能力。	通过在日常生活中的数学,孩子能更主动地去探索发现日常生活中的数学信息,并运用所学的知识独立解决问题,培养孩子解决问题的能力。

续　表

目标 年级	乐探运算	乐探创意	乐探统计	乐探体验
二年级	通过各种形式的口诀卡片制作,帮助孩子熟记乘法口诀表,并利用口诀求积,求乘数、除数和商。	"量一量",熟悉身体的各个尺寸,用这个尺寸帮助估计周边的事物。	通过生活中的实际问题,培养孩子分析问题、解决问题的能力。	通过剪纸活动,速拼七巧板,让孩子熟记各种图形特点,提高对轴对称图形特点的掌握,用平移、旋转等手段使图案产生"美"的效果。开发孩子想象力,让孩子创造力得到提高。
三年级	1. 能熟练地口算一位数乘多位数。 2. 探索并掌握两、三位数除以一位数的方法,能正确列竖式计算两、三位数除以一位数的除法,并能进行验算。 3. 会计算两位数乘两位数的乘法,能结合具体情境进行估算,会解释估算的过程。	1. 通过"我们的校园"活动,注重指导孩子从图中提炼出信息,帮助孩子明确需要做什么,有什么要求,然后在小组内讨论交流,从而解决问题。 2. 认识时间单位"时、分、秒",会进行一些有关时间的简单计算。	通过"制作活动年历"的活动,让孩子们掌握日历制作的一般方法和注意点,培养孩子动手设计制作的能力。	通过"算24点"活动,让孩子们在游戏、竞赛中练习口算,既可以培养孩子热爱数学的情感和兴趣,也可以提高思维的敏捷性,培养孩子收集、整理、分析信息的能力。

续　表

目标＼年级	乐探运算	乐探创意	乐探统计	乐探体验
四年级	1. 认识计数单位及十进制计数法，会读、写亿以内和亿以上的数，会根据要求求近似数。 2. 会笔算三位数乘两位数的乘法、除数是两位数的除法，会进行相应的乘、除法估算和验算。	1. 认识直线、射线和线段，知道它们的区别。 2. 认识常见的几种角，会比较角的大小，会用量角器量出角的度数，能按指定度数画角。 3. 认识垂线、平行线，会用直尺、三角板画垂线和平行线。 4. 掌握平行四边形和梯形的特征。	通过生活中的具体事例培养孩子数学就在生活中的观念，还可培养孩子收集数据、整理数据、分析数据的统计观念，培养孩子数据的随机观念。	通过解决生活中常见的问题，了解数学与生活的广泛联系，经历"提出问题—分析问题—建立数学模型—求解—解释与应用"的基本过程，获得运用数学解决实际问题的思考方法。
五年级	1. 能熟练计算小数乘除法及混合运算。 2. 体会生活中数字奇偶性。	1. 能够从不同图形中寻找集合图形的规律。 2. 进一步理解正方体的特征，探索规律的归纳方法。	1. 感受生活中的可能性。 2. 体会折线统计图的特性，学会运用数据进行分析。	1. 探索魔方世界，寻找规律建立数字模型。 2. 进一步体验数学与生活的密切联系以及优化思想在生活中的运用。
六年级	使孩子进一步理解分数乘、除法和百分数的意义，了解分数和百分数在生活中的运用，提高利用分数和百分数解决问题的能力。	让孩子运用所学的圆、排列组合、比例等知识解决实际问题。	让孩子亲自参与数据测量、收集、整理，在经历综合运用所学数学知识、技能和思想方法解决问题的过程中，逐步加强数据分析观念的培养。	通过解决生活中常见的问题，经历"提出问题——分析问题，建立数学模型——求解——解释与应用"的基本过程，获得运用数学解决实际问题的思考方法。

第三部分　学科课程框架

"乐探数学"旨在培养孩子终身发展和未来社会发展所需的必备品格和关键能力。使孩子乐于探究、发现问题、分析问题、解决问题,在动手、合作、探究中激发思维之花,通过交流、探讨使问题更加明晰,最终得到解决。

一、学科课程结构

为了实现上述课程目标,我们建构了"乐探数学"课程框架如下(见图4-2-1)。

图4-2-1　"乐探数学"课程框架图

(一)乐探运算

课程与"数与代数"领域对应,与数的认识、数的运算、数量关系等方面的知识有关,培养孩子的数感和运算能力,提高孩子解决问题的能力,发展孩子的思维能力。

(二) 乐探创意

课程与"图形与几何"领域对应,与图形的认识、测量,图形的运动,图形与位置等方面的知识相关,以发展孩子的几何直观、空间观念、推理能力为核心。

(三) 乐探统计

课程与"统计与概率"领域对应,与简单的数据搜集和整理过程等方面知识相关,培养孩子搜集数据、分析数据的能力和意识,建立数据随机性的观念。

(四) 乐探体验

课程与"综合与实践"领域相对应,是以问题为载体、以孩子自主参与为主的学习活动。提供一种孩子自主进行实践性、探索性和研究性学习的课程,让孩子积累数学活动经验,培养孩子的应用意识、创新意识及模型思想。

二、学科课程设置

依据《义务教育数学课程标准(2011 年版)》,学校结合"乐探数学"课程总目标及年级目标设置了如下学科课程(见表 4 - 2 - 2)。

表 4 - 2 - 2 "乐探数学"学科课程设置表

内容 类别 年级	乐 探 运 算	乐 探 创 意	乐 探 统 计	乐 探 体 验
一年级上学期	我会算	图形拼搭	整理我能行	家中数学
一年级下学期	百数小能手	神奇的七巧板	分类小能手	零花钱怎么花
二年级上学期	乘法口诀表速记	量一量	我的购物清单	数学手抄报
二年级下学期	利用口诀求积求商速算	几何图形乐园	六 一 节 的 快 乐 活动	对称图形的剪纸

续 表

内容　类别　年级	乐 探 运 算	乐 探 创 意	乐 探 统 计	乐 探 体 验
三年级上学期	计算小行家	校园中的测量	做时间的主人	数学编码
三年级下学期	易乘易除	我们的校园	制作活动年历	算24点
四年级上学期	快乐的计算家	我的旅游我做主	生日调查	一亿有多大
四年级下学期	超级快手	内角和王国	小豆芽快快长	营养午餐
五年级上学期	小数乘除	多彩图形	掷一掷	魔方世界
五年级下学期	玩转奇偶性	探索图形	探索天气	打电话
六年级上学期	玩转分数	确定起跑线	节约用水	神奇的"三角"
六年级下学期	生活与百分数	小小魔术师	家庭消费我参与	自行车里的数学

第四部分　学科课程实施与评价

　　"乐探数学"课程依据学科课程理念、课程特点、课程目标、课程设置,结合学校现状及师生特点,构建"乐探课堂",举办"乐探游园",打造"乐探社团",开展"乐探之旅"旅行活动。依据学情,由浅入深,由简单到丰富,分年级、分学期实施。

一、构建"乐探课堂",有效实施数学课程

　　乐探数学的课堂旨在追求"勤于思考、乐于探究"的境界,孩子在勤思、乐学、爱学、会学的学习过程中提升数学学科素养,追求数学教育的真义,让孩子在勤于思考中聪慧,在快乐探究中成长。

(一)"乐探课堂"的实践与操作

　　"乐探课堂"的学习目标是多元的,学习内容是鲜活的,学习方式是自主的,学习效果是学用结合、全面发展的。让孩子的学习有深度,由简单到丰富。

1. "乐探课堂"设定多元的课堂目标。课堂目标是教与学的核心与灵魂,是课堂中师生学习活动的方向标。课堂目标一旦确定,整个学习活动就要遵循它的轨道。多元的目标丰富而不杂乱,开放而不宽松,自主又有合作。充分体现了"乐探数学课堂"的理念和时代性。

2. "乐探课堂"设置丰富的学习内容。就数学学科本身的特点而言,如果学习内容过于刻板、枯燥,会降低孩子的学习兴趣和效果。因此为孩子提供大量丰富而有趣的综合性素材,创造更多自主学习的机会,显得尤为重要,这样使不同学习能力的孩子都能在"乐探课堂"上得到应有的发展。前期备课的时候,老师们就会根据整册教材的内容,确定符合孩子年龄特征的拓展类学习内容,并与基础类课程进行融合,穿插在课堂前 5 分钟或最后 5 分钟。

3. "乐探课堂"呈现灵活的教学方法。"乐探课堂"的教学方法,不拘一格,灵活多样。孩子能够更好地走进数学文本,增强教与学的趣味性。我们开展了"我是好老师""小小辩论会""优计划""男女专享""组组大比拼"等多种教学活动。课堂上丰富的教学活动、多样的教学方法、巧妙的教学语言,彰显了教师在教学过程中的智慧与创意,凸显了孩子学习过程中的探索性和自主性。

4. "乐探课堂"体现和谐的课堂环节。在"乐探课堂"上,发散的创新思维使课堂生动活泼,严谨的逻辑思维使孩子的学习过程更缜密。在学习过程中,有意识地培养孩子乐于思考、勇于质疑、思维缜密、言必有据的良好思维习惯,让孩子在数学学习中体验学习的快乐。教学环节需要预设,但不能依赖预设。课堂上,老师和孩子常常相互对话、相互启发;孩子经常扮演教师的角色,把自己精心预习的内容,讲给大家听,其他孩子则在倾听的过程中提出质疑。孩子在思辨、质疑中提升自己,获取新知。

5. "乐探课堂"创设有趣的文化氛围。名师许淑一曾言:"数学阅读从不同视角丰富孩子对数学概念的理解,帮助孩子认识数学价值,形成良好的数学情感。尤其是不同的价值理念浸润文本,必然对孩子的习惯养成、品格形成、价值观塑造带来影响。"把数学文化充盈在课堂之内,渗透于师生之间,就会活跃课堂的氛围,唤起孩子无限的遐想,吸引孩子自觉走进数学的王国。学期初,教师会推荐适合的阅读书籍,课堂上给孩子一两分钟谈读书体会或展示与本节课学习内容相关的数学历史文化等。

在"乐探课堂"中,"乐探"不仅培养了孩子的各种能力,还让孩子在探究问题中获得成功的体验。"乐探"不仅使孩子学会了知识与技能,更重要的是让孩子能把这些知识技能转化为自己内在的能量,并行之有效地运用在实际生活中。

(二)"乐探课堂"的评价标准

多元化的评价途径更符合孩子的成长特点,有利于孩子的主动发展,增强孩子的自信心,调动孩子的热情,让孩子发现自己的进步,同时,使教师更深入地理解"乐探课堂"的理念,提升教师的专业素养,丰富教师的课堂经验,完善课堂的构成要素,实现师生相长。我们设计了"乐探数学"课堂评价量表,以星级数量的方式对课堂进行评价(见表4-2-3)。

表4-2-3 "乐探课堂"评价表

学期_____年级 ____班 孩子姓名:

<table>
<tr><th colspan="2">项　　目</th><th>5颗★</th><th>4颗★</th><th>3颗★</th><th>2颗★</th></tr>
<tr><td rowspan="6">课堂观察</td><td>知识技能掌握情况(数与计算、空间与图形、统计与概率、解决问题)</td><td></td><td></td><td></td><td></td></tr>
<tr><td>是否积极举手发言,是否提出问题并询问、讨论与交流,是否阅读课外读物</td><td></td><td></td><td></td><td></td></tr>
<tr><td>是否自信(提出和别人不同的看法、大胆尝试并表达自己的想法)</td><td></td><td></td><td></td><td></td></tr>
<tr><td>是否善于与人合作(听取别人意见,积极表达自己的想法)</td><td></td><td></td><td></td><td></td></tr>
<tr><td>思维是否条理(能有条有理地表达自己的意见,解决问题的过程清楚,做事有计划)</td><td></td><td></td><td></td><td></td></tr>
<tr><td>思维是否具有创造性(用不同方法解决问题,独立思考)</td><td></td><td></td><td></td><td></td></tr>
<tr><td colspan="2">课堂观察总评</td><td colspan="4">(　　　)颗★</td></tr>
<tr><td colspan="2">学期考试成绩</td><td colspan="4">(　　　)颗★</td></tr>
<tr><td colspan="2">学期总评</td><td colspan="4">(　　　)颗★</td></tr>
</table>

续　表

		平 时 检 测				学　期　评　价			综合评价
						平时成绩	期末考核	学期总评	
知识与技能	基础知识								
	计算能力								
	解决应用题								
	综合实践应用								
	作业情况								
评语：									
							科任教师：		

二、实施"乐探游园",推进数学课程建设

"乐探游园"活动丰富了校园的数学文化,提高了孩子的数学素养,营造出热爱数学、钻研数学的文化氛围。在游园活动这一天,各年级的孩子热情高涨,积极融入到数学的海洋中,最大程度地发挥自己的聪明才智,把严谨的数学知识变成了好玩儿的、有趣的各种活动。

(一)"乐探游园"的要义

在期末阶段,除了书面的测试,还增加了"乐探游园"活动。活动注重对孩子自主发展、合作参与、创新实践能力的培养,关注学科知识技能的实践运用价值,促进孩子认知、思维、表达、合作、创造等各方面能力的发展。面向全体孩子,将学科评价融于实践活动中,调动参与评价的积极性,激发孩子进一步学习的动力。通过参与式、体验式、情境式、交融式等方式,促进孩子知识、技能的巩固、运用和提升。"乐探游园"活动内容如下(见表4-2-4)。

表4-2-4　"乐探游园"活动内容表

年　级	一	二	三	四	五	六
项目名称	快乐测量	速拼七巧板	24点速算	超级快手	魔方世界	小小魔术师

(二)"乐探游园"的评价标准

"乐探游园"的评价形式多样,自评、互评、师评和综合评价相结合。具体评价标准如下(见表4-2-5)。

表4-2-5 "乐探数学"游园评价表

评价指标		分值	评价			
			自评	互评	师评	综合评价
过程性评价 60分	参与的积极性	15				
	参与合作的精神	15				
	动手实践能力	15				
	指定作品完成情况	15				
自主创新作品的情况40分		40				
评定等级						

三、打造"乐探社团",深入数学课程活动

(一)"乐探社团"的实践

我校在各年级成立了乐探学习社团,为孩子们提供多样化、个性化的自由展示空间,让孩子张扬个性,享受数学学习带来的快乐。

"乐探社团"在丰富校园文化,培养孩子兴趣,发挥孩子特长,拓展孩子素质等方面发挥着越来越重要的作用。"乐探社团"以其广阔的活动空间,丰富的活动内容,灵活的活动方式,深受孩子们的喜爱,因此,我校将"乐探社团"建设作为培养孩子综合素质的重要途径。随着各个社团规模不断扩大,社团活动日益丰富,社团作用不断增强,"乐探社团"成为我校发展的一个"新亮点"。

1. 社团有相应计划。每个社团会制定一学年的活动计划。

2. 社团有相应的记录。负责记录出勤、主题、时间、地点等。

3. 针对孩子年龄特征,分低段、中段、高段实施,低段是以阅读数学绘本为主,中段以把数学画出来为主,高段以数学高阶思维训练或数学实验为主。

(二)"乐探社团"的评价

"乐探数学"社团的评价标准如下(见表4-2-6)。

表4-2-6 "乐探数学"社团评价标准表

小组人员		评价教师	
课　题		班　级	
项　目	评　价　标　准		评　价
活动内容 30分	难易适中,符合孩子的年龄特征		
	有趣味性,提高孩子的兴趣		
	有神秘性,激发孩子的好奇心		
	贴合生活实际,提高孩子解决问题的实践能力		
活动形式 20分	形式要生动活泼,把孩子引入求知的活动中		
	班班结合,数学知识与社交能力共同增长		
	家校结合,多方面开发资源		
	参与到社会生活活动中,提升多方面能力		
活动过程 30分	孩子积极参与,主体作用发挥好		

四、开启"乐探之旅",促进课程走向深入

数学源于生活,用于生活,生活处处有数学,数学蕴藏于生活中的每个角落。我们带领孩子走出教室,走进生活,把所学知识运用到生活中去,提升数学应用能力。

(一)"乐探之旅"的要义与操作

"乐探之旅"是源于生活实践,又高于生活实践,并反过来作用于生活实践的一种研学之旅。它是机动多变的,参与的人员广泛,有教师、孩子、家长还有部分社会人群。"乐探之旅"使学生学以致用的不仅仅是数学能力,更多的是生活能力。

1. 引导孩子观察生活,用数学的眼光去发现问题。生活是数学的宝库,生活中随处都可以找到数学的原型。发现问题是开启"乐探之旅"大门的钥匙,引导孩子联系生活学数学,习惯用数学的眼光观察周围事物,处处留心发现数学问题。对

日常生活"为什么"的疑问让孩子对生活充满惊奇,就像一颗颗小石头,投在孩子的心湖,激起孩子的好奇心,激发孩子的求知欲,提高孩子的学习热情。每个孩子都有一本"问题银行",当在某时某刻突然发现身边有趣或不懂的事物时,就及时记录在"问题银行",储存灵感。

2. 引导孩子研究生活,用数学的眼光去思考问题。深入的思考问题是"乐探之旅"通往成功唯一的道路,没有思考,就没有真正的数学学习。借助孩子分享的"问题银行",选择孩子有研究价值的数学问题,分小组引导孩子主动地运用数学观点分析思考,通过观察比较、操作实验和感性化的情境辅助,帮助孩子找到问题的原因,让孩子明白其中的道理,从而体验学习的快乐和数学的魅力。

3. 引导孩子将知识用于生活,用数学去解决实际问题,这也是"乐探之旅"的最终目的。引导孩子把"储备"的知识进行吸收转化,从数学中学到实际的生活能力,达到学以致用的教学目的。"乐探之旅"课程如下(见表4-2-7)。

表4-2-7 "乐探之旅"课程表

时　　间	年　　级	课　　程
9—12 月	一年级	锦里美食
3—6 月	二年级	汶川地震
9—11 月	三年级	成都之美
9—12 月	四年级	数独数学
9—12 月	五年级	魔方数学
3—6 月	六年级	自行车里的数学

(二)"乐探之旅"的评价标准

在数学学习中,孩子只有丰富自己的实践探究活动才能加深对数学知识的理解与应用。"乐探之旅"的评价以激励为主,采用多种方式进行评价,如教师评价与孩子的自评、互评相结合,小组的评价与组内个人的评价相结合;小组之间开展经验交流与成果展示等,激发孩子对数学的学习热情。"乐探之旅"评价标准如下(见表4-2-8)。

表4-2-8　"乐探之旅"评价标准表

评价项目	评　价　标　准	优　秀	良　好	合　格
个人魅力	问题银行的存储量			
	有研究价值的问题的个数			
	被选中进行小组研究的问题的个数			
	研究过程中,是否有建设性的建议			
	能认真倾听和理解别人的想法			
团队精神	分工是否合理			
	每次的活动记录是否详实			
	遇到困难的解决方法			
	研究的结果是否满意			
展示交流	形式多样,引人入胜			
	内容全面,有所启发			
反思与收获	能够提出有一定研究价值的问题			
	梳理收获,提升经验			

综上所述,南昌市育新学校教育集团青桥校区"乐探数学"学科课程的开展,树立了勤于思考、乐于探究的学科理念,因材施教,顺学而导,使孩子学会了寻找适合自己的学习方式,自主构建知识体系;对数学知识产生"心向往之"的需要,达到深度学习的目标;为孩子创造了愉快和谐的课堂学习气氛;促使孩子养成积极参与、积极合作、乐于探究的良好氛围;达成学科课程的目标,持续发展孩子的学科核心素养;让孩子获得了"成长式思维"的自信;使每个孩子获得发展有意义的数学学习过程,在过程中孩子把握了数学的本质和思想方法。借助深度学习理念,促使孩子的学习从单一到丰富,使孩子形成有助于未来可持续发展的核心素养。教师收获了新的教学理念,提高了教学水平。在"探究"过程中孩子和教师乐在其中,体会到成功的喜悦。

（撰稿人：江名龙　　熊娟娟　　王雪莲　　梁勤）

第五章

从认知到情境

荷兰数学家弗赖登塔尔认为：数学学习主要是进行"再创造"或"数学化"的活动。数学核心素养是在数学活动中，通过对数学知识的自主探索和创造，逐步形成并发展起来的。数学学科课程建设将课堂教学内容与社会、生活情境紧密联系，在课堂教学中构建真实、复杂的情境，让孩子利用已有经验、知识和信念，在情境中发现、提出问题，分析、解决问题；在情境中进行知识的建构、问题的解决和反思改进。在现象和本质的统一中反思，掌握学科核心知识，形成数学关键能力，提升学科核心素养。

➡ 范式 9

润智数学: 润育孩子核心素养

南昌市滨江学校数学学科组共有 16 位数学教师,其中 7 位中小学高级教师。滨江水娃思维活跃、勇于探索、善于表达;滨江水之师爱生乐教、勤于研究、敢于创新,师生们优秀的学习品质和工作风格为我们数学课程开发提供了有利的保障,为学校课程改革和内涵发展奠定了文化基础。为了更好地落实《教育部关于全面深化课程改革,落实立德树人根本任务的意见》及《义务教育数学课程标准(2011 年版)》等文件精神,学校深入推进润智数学学科课程建设,培养充满智慧的小水娃,让他们在真实的教学情境中启迪智慧,进行深度学习,最终润育他们的数学素养。

第一部分　学科课程哲学

一、学科性质观

《义务教育数学课程标准(2011 年版)》指出:"数学是研究数量关系和空间形式的科学。数学与人类发展和社会进步息息相关,随着现代信息技术的飞速发展,数学更加广泛应用于社会生产和日常生活的各个方面……义务教育阶段的数学课程是培养公民素质的基础课程,具有基础性、普及性和发展性。数学课程能使学生掌握必备的基础知识和基本技能;培养学生的抽象思维和推理能力;培养学生的创新意识和实践能力;促进学生在情感、态度与价值观等方面的发展。"①

我们认为通过"润智数学"课程的学习,能够引导孩子从认知到情境,然后从情

① 中华人民共和国教育部.义务教育数学课程标准(2011 年版)[S].北京:北京师范大学出版社,2012:1-2.

境中启迪智慧,进行深度学习,从而润育数学核心素养,最终将他们培养成充满智慧的小水娃。

二、学科课程理念

滨江学校数学教师在不断的教学实践中,明确提出润智数学的课堂以追求"启迪数学、升华数学、润泽数学"为宗旨,秉承"润智数学"的课程理念,将使得人人都能获得良好的数学教育,不同的人在数学上得到不同的发展;引导孩子在不同的情境中启迪思维,进行深度学习,在深度学习中润育数学核心素养。

(一)润智数学活动化

《义务教育数学课程标准(2011年版)》在课程实施建议中明确指出"教学活动是师生积极参与、交往互动、共同发展的过程。"润智数学课程倡导教师应紧密联系孩子的生活实际,创设各种真实、复杂的情境,让孩子充分参与到数学活动中去,在活动中进行独立思考、自主探究,在与孩子们的合作交流中进行深度学习,感受数学的魅力,理解和掌握数学知识,感悟数学思想方法,从而提升孩子们的数学核心素养。

(二)润智数学兴趣化

捷克教育学家夸美纽斯曾经说过:"假如一个老师想用知识去启导一个葬身在无知之中的孩子,他便先得激起孩子的注意,使他能用一种贪婪的心理去吸取知识"。而常言道"兴趣是最好的老师",孩子只有对某一事物产生了兴趣,才会有学习的欲望,才会有学习的内驱力。润智数学课程主张教师精心设计教学内容,内容安排着眼于提升孩子的学习兴趣,润泽孩子的情感,培养孩子积极的态度、正确的价值观,从而润育孩子核心素养。

(三)润智数学情境化

《义务教育数学课程标准(2011年版)》指出:"数学教学应根据具体的教学内容,注意使学生在获得间接经验的同时也能够有机会获得直接经验,即从学生实际出发,创设有助于学生自主学习的问题情境,引导学生通过实践、思考、探索、交流等,获得数学的基础知识、基本技能、基本思想、基本活动经验。"①因此,润智数学课程主张教师在平常的教学设计中,应充分将数学知识与生活相结合,通过创设复杂、真实的情境,让孩子主动探索,从而促进孩子深度学习,提升孩子数学核心素养。

(四) 润智数学创新化

　　创新是一个民族的灵魂,润智数学课程提倡在教学中给孩子营造一种民主、宽松的氛围,让孩子敢于发言、敢于质疑,并把它作为滨江数学教师的职责。培养创新意识,不同于成人的科学发明创造,孩子的创新意识主要体现在孩子思维的灵活性、敏捷性、创造性等方面。也就是说,只要有创意,就能朝着创新意识发展。因此,润智数学课程倡导教师应鼓励孩子大胆创新、积极探索,从而促使孩子进行深度学习,提升数学核心素养。

第二部分　学科课程目标

一、学科课程总体目标

　　《义务教育数学课程标准(2011 年版)》指出:"通过义务教育阶段的数学学习,学生获得适应社会生活和进一步发展所必需的数学基础知识、基本技能、基本思想、基本活动经验;体会数学知识之间、数学与其他学科之间、数学与生活之间的联系,运用数学的思维方式进行思考,增强发现和提出问题的能力、分析和解决问题的能力;了解数学的价值,提高学习数学的兴趣,增强学好数学的信心,养成良好的学习习惯,具有初步的创新意识和实事求是的科学态度。"②

　　"数学课程应该致力于现实义务教育阶段的培养目标,要面向全体学生,适应

---

① 中华人民共和国教育部. 义务教育数学课程标准 (2011 年版) [S]. 北京: 北京师范大学出版社, 2012: 42.
② 同上书,第 8 页。

学生个性发展的需要,使得:人人都能获得良好的数学教育,不同的人在数学上得到不同的发展。"①基于数学学科核心素养的内涵,根据"润智数学"的课程理念,我们将"润智数学"课程总体目标分为"知识技能目标、数学思考目标、问题解决目标、情感态度目标"四个维度。具体如下(见表5-1-1)。

表5-1-1　"润智数学"课程总体目标表

知识技能	1. 经历将一些实际问题抽象为数与代数问题的过程,掌握数与代数的基础知识和基本技能,并能解决简单的问题。 2. 经历探究物体与图形的形状、大小、位置关系和变换的过程,掌握空间与图形的基础知识和基本技能,并能解决简单的问题。 3. 经历提出问题、收集和处理数据、作出决策和预测的过程,掌握统计与概率的基础知识和基本技能,并能解决简单的问题的数学活动经验。
数学思考	1. 经历运用数学符号和图形描述现实世界的过程,建立初步的数感和符号感,发展抽象思维。 2. 丰富对现实空间及图形的认识,建立初步的空间观念,发展形象思维。 3. 经历运用数据描述信息、作出推断的过程,发展统计观念。 4. 经历观察、实验、猜想、证明等数学活动过程,发展合情推理能力和初步的演绎推理能力,能有条理地、清晰地阐述自己的观点。
问题解决	1. 初步学会从数学的角度发现问题、提出问题、分析问题,并能综合运用所学的知识和技能解决问题,发展应用意识。 2. 形成解决问题的一些基本策略,体验解决问题策略的多样性,发展实践能力与创新精神。 3. 学会与人合作,并能与他人交流思维的过程和结果。 4. 初步形成评价与反思的意识。
情感态度	1. 能积极参与数学学习活动,对数学有好奇心和求知欲。 2. 在数学学习过程中获得成功的体验,锻炼克服困难的意志,建立自信心。 3. 初步认识数学与人类生活的密切联系及对人类历史发展的作用,体验数学活动充满着探索与创造,感受数学的严谨性及数学结论的确定性。 4. 形成实事求是的态度以及进行质疑和独立思考的习惯。

二、学科课程年段目标

依据学科课程总体目标,我们拟定了九年的课程年段目标如下(见表5-1-2)。

---

① 中华人民共和国教育部. 义务教育数学课程标准(2011年版)[S]. 北京:北京师范大学出版社,2012:2.

表 5-1-2　"润智数学"课程年段目标表

目标 年级	知 识 技 能	数 学 思 考	问 题 解 决	情 感 态 度
一年级	1. 能借助"加减我会算""口算小能手"等活动让孩子熟练计算 10 以内的加减法、20 以内的进位加法和退位减法,培养数感。 2. 通过实物,让孩子直观认识长方体、正方体、圆柱、球、长方形、正方形、平行四边形、三角形和圆,初步感知所学图形之间的关系。	1. 让孩子经历认识钟表的过程,学会合理安排时间,养成珍惜时间的好习惯。 2. 通过"时间达人"这一活动统计孩子们周末时间作息安排表,让孩子感受简单的收集、整理信息的过程,会对简单事物和简单信息进行筛选、比较、分类,渗透简单的统计思想。	1. 通过"趣拼平面图形"活动,让孩子尝试分析问题和解决问题的一般方法,知道同一个问题可有不同的解决方法。 2. 让孩子在"我是小掌柜"活动中体验与他人合作交流解决问题的过程。 3. 尝试回顾解决问题的全过程。	1. 在他人帮助下,感受数学活动中的成功,能尝试克服困难。 2. 了解数学可以描述生活中的一些现象,感受数学与生活有密切联系。 3. 能倾听别人的意见,尝试对别人的想法提出建议,知道应该尊重客观事实。
二年级	1. 能借助"口诀我最棒""除法我最快"等活动,激发孩子兴趣,树立孩子竞争意识,从而熟练掌握表内乘、除法。 2. 经历简单的数据收集和整理过程,了解调查的基本方法,能看懂他人对调查数据及结果的记录,会运用自己的方式呈现整理数据的结果。	1. 通过"追寻校园的角"这一环节,引领孩子们参观校园,让孩子们主动去探索,从而初步认识角,感知角在生活中无处不在。 2. 通过"我是测量员"活动,让孩子进一步掌握测量的方法,形成估计物体长度的意识。	1. 能从"我是测量员"、"我是设计师"等实践活动中发现和提出简单的数学问题并尝试解决。 2. 了解分析问题和解决问题的方法,知道一个问题可以有不同的解决方法。 3. 体验与他人合作交流解决问题的过程,尝试回顾解决问题的过程。	1. 能用正方形、长方形、平行四边形等设计简单的图案,发展审美意识。 2. 通过合作交流,养成聆听他人意见的良好习惯,在表达自己意见的过程中增强自信心和创造力,增强对数据调查的兴趣。

续　表

目标 年级	知 识 技 能	数 学 思 考	问 题 解 决	情 感 态 度
三年级	1. 能借助"乘法叠叠乐"、"除法碰碰乐"活动，激发孩子兴趣，让孩子在竞争环境下熟练掌握多位数乘一位数、两位数乘两位数、除数是一位数的笔算除法。 2. 结合"巧求图形周长"、"巧求图形面积"等学习活动认识周长和面积，理解周长和面积的实际含义，初步建立周长和面积的概念。	1. 通过"制作年历"活动，让孩子在活动中探究新知，从而认识时间单位年、月、日，了解它们之间的关系。 2. 借助"破译密码"这一游戏环节，让孩子能找出事物简单的排列数和组合数，形成发现生活中的数学的意识和全面地思考问题的意识，初步形成观察、分析及推理的能力。	1. 经历"我是裁判员"系列实践活动，体验运用所学的知识、思想和方法解决实际问题，感受数学在生活中的作用。 2. 了解分析问题和解决问题的一些基本方法，知道同一个问题可以有不同的解决方法。 3. 能对数据进行简单分析，了解简单的数据处理方法，解决简单的实际问题。	1. 在"制作年历"等实践操作活动中，激发孩子的兴趣和好奇心，促使孩子进行深度学习。 2. 在整理数据的过程中，初步养成认真、仔细的良好习惯。 3. 在实践操作、讨论交流等活动中积累活动经验，养成独立思考、勇于探索的习惯。
四年级	1. 主动探索三位数乘两位数、除数是两位数除法的算理和算法，会运用加法和乘法的运算定律进行简便运算，提高计算能力。 2. 让孩子经历数据的收集、整理和分析的过程，掌握一些简单的数据处理技能，认识条形和折线统计图，了解它们的特点，进一步体会统计在现实生活中的作用。	1. 通过"探秘三角形内角之和"活动，让孩子在观察、实验、猜想、验证等活动中，发展合情推理能力，能进行有条理的思考，能比较清楚地表达自己的思考过程与结果，从而得出三角形的内角和是180°。 2. 会独立思考，体会一些数学的基本思想。	1. 让孩子体验运用所学的知识、思想和方法解决实际问题的过程，感受数学在生活中的作用。 2. 能探索分析和解决简单问题的有效方法，了解解决问题方法的多样性。 3. 经历与他人合作交流解决问题的过程，初步尝试解释自己的思考过程。判断结果的合理性。	1. 在他人的鼓励和引导下，体验克服困难、解决问题的过程，相信自己能够学好数学。 2. 初步养成乐于思考、勇于质疑、言必有据的良好品质。

续　表

目标 年级	知识技能	数学思考	问题解决	情感态度
五年级	1. 能借助"计算小达人"活动，激发孩子主动去探索算法，从而促使孩子深度学习，掌握小数乘除法的算理，进一步培养孩子的数感。 2. 经历探索数的有关特征的活动，认识2、3、5的倍数特征；认识奇数和偶数、质数和合数、倍数和因数。	1. 通过"我爱算多边形"活动，引发孩子们主动思考，自主探索，合作交流，通过观察、操作、分析，推导出平行四边形、三角形、梯形面积公式。 2. 进一步认识到数据中蕴含着信息，发展数据分析观念；让孩子进一步体验事件发生的可能性以及游戏规则的公平性。体会概率在现实生活中的作用。	1. 经历实际生活调查、数据分析、选择适合自己的消费方式的过程，探索分析和解决简单问题的有效方法，了解解决问题方法的多样性。 2. 经历与他人合作交流解决问题的过程，尝试解释自己的思考过程。	1. 通过"我爱画图形运动"这一活动，培养孩子对数学的兴趣，能够主动参与数学学习，在实践操作、讨论交流等活动中积累活动经验，初步养成独立思考、勇于探索的习惯。 2. 在运用数学知识和方法解决问题的过程中，认识数学的价值。
六年级	1. 结合具体情境，理解百分数的意义；会进行小数、分数和百分数的转化。 2. 能根据知识迁移，将整数、小数乘法运算定律推广到分数中，并能正确运用这些运算定律进行简便计算。 3. 借助"营养膳食"中各成分，引发孩子思考、	1. 借助"包装中的圆柱"这一主题图，让孩子在观察、猜想、综合实践等学习活动中，掌握圆柱的特征。培养孩子有序思考的思维品质，发展合情推理能力，能比较清楚地表达自己的思考过程与结果。 2. 初步形成数感和空间观念，	1. 经历简单的收集、整理和分析数据的过程，能解释统计结果，根据统计结果做出简单的判断和预测。通过绘制学校篮球场平面图等实践活动，了解相关项目及信息，经历分析、对比、合理判断的过程，发展孩子的应用意识。	1. 了解圆的相关信息，感受圆在生活中的广泛应用，逐步形成坚持真理、严谨求实的科学态度。 2. 经历有目的、有设计、有步骤、有合作的实践活动。通过应用和反思，进一步理解所用的知识和方法，了解所学知识之间的联系，获得数学活动经验。

续　表

目标 年级	知 识 技 能	数 学 思 考	问 题 解 决	情 感 态 度
六年级	了解扇形统计图的特点与作用;能根据需要,选择合适的统计图,直观、有效地表示数据。	感受符号和几何直观的作用。 3. 会独立思考,体会一些数学的基本思想。	2. 能探索分析和解决简单问题的有效方法,了解解决问题方法的多样性。 3. 通过应用和反思,回顾解决问题的过程,进一步理解所学的知识和方法,了解知识之间的联系。	
七年级	1. 体验从具体情境中抽象出数学符号的过程,理解有理数、实数、代数式、方程、不等式;掌握必要的运算(包括估算)技能;探索具体问题中的数量关系和变化规律,掌握用代数式、方程、不等式进行表述的方法。 2. 探索并掌握相交线、平行线的证明方法和基本的作图技能;探索并理解平面图形的平移;探索并理解平面直角坐标系,能确定位置。 3. 体验数据收集、处理、分析和推断的过程,理解抽样方法,体验用样本估计总体的过程。	1. 通过用代数式、方程、不等式等表述数量关系的过程,体会模型的思想,建立符号意识;在研究图形性质和运动、确定物体位置等过程中,进一步发展空间观念;经历借助图形思考问题的过程,初步建立几何直观。 2. 了解利用数据可以进行统计推断,建立数据分析观念。	1. 初步学会在具体的情境中从数学的角度发现问题和提出问题,并综合运用数学知识和方法等解决简单的实际问题,增强应用意识,提高实践能力。 2. 经历从不同角度寻求分析问题和解决问题的方法的过程,体验解决问题方法的多样性,掌握分析问题和解决问题的一些基本方法。	1. 积极参与数学活动,对数学有好奇心和求知欲。 2. 感受成功的快乐,体验独自克服困难、解决数学问题的过程,有克服困难的勇气,具备学好数学的信心。

目标 年级	知识技能	数学思考	问题解决	情感态度
八年级	1. 理解实数、代数式、方程、不等式、函数;掌握必要的运算(包括估算)技能;探索具体问题中的数量关系和变化规律,掌握表述函数的方法。 2. 探索三角形、四边形的基本性质与判定方法,掌握基本的证明方法和基本的作图技能;探索并理解平面图形的轴对称;探索并理解平面直角坐标系,能确定位置。 3. 体验数据平均数、中位数和众数的求法,理解方差的含义。	1. 通过用代数式、方程、不等式、函数等表述数量关系的过程,体会模型的思想,建立符号意识;在研究图形性质和运动、确定物体位置等过程中,借助图形思考问题,初步建立几何直观。 2. 体会通过合情推理探索数学结论,运用演绎推理加以证明的过程,在多种形式的数学活动中,发展合情推理与演绎推理的能力。	1. 体验解决问题方法的多样性,掌握分析问题和解决问题的一些基本方法。 2. 与他人合作和交流的过程中,能较好地理解他人的思考方法和结论。	1. 体验独自克服困难、解决数学问题的过程,有克服困难的勇气,具备学好数学的信心。 2. 在运用数学表述和解决问题的过程中,认识数学具有抽象、严谨和应用广泛的特点,体会数学的价值。
九年级	1. 体验从具体情境中抽象出数学符号的过程,理解有理数、实数、代数式、方程、不等式、函数;掌握必要的运算(包括估算)技能;探索具体问题中的数量	1. 通过用函数等表述数量关系的过程,体会模型的思想。 2. 感受随机现象的特点。 3. 体会通过合情推理探索数学结论,运用演绎推理加以证明的过程,在	1. 学会综合运用数学知识和方法等解决简单的实际问题,增强应用意识,提高实践能力。 2. 经历从不同角度寻求分析问题和解决问题的方法的过程,	1. 积极参与数学活动,对数学有好奇心和求知欲。 2. 在运用数学表述和解决问题的过程中,认识数学具有抽象、严谨和应用广泛的特点,体会数学的价值。

续　表

目标 年级	知 识 技 能	数 学 思 考	问 题 解 决	情 感 态 度
九 年 级	关系和变化规律,掌握用代数式、方程、不等式、函数进行表述的方法。 2. 探索并掌握相似形和圆的基本性质与判定,掌握基本的证明方法和基本的作图技能;探索并理解平面图形的旋转;认识投影与视图。 3. 认识随机现象,能计算一些简单事件的概率。	多种形式的数学活动中,发展合情推理与演绎推理的能力。 4. 能独立思考,体会数学的基本思想和思维方式。	体验解决问题方法的多样性,掌握分析问题和解决问题的一些基本方法。 3. 针对他人所提的问题进行反思,初步形成评价与反思的意识。	3. 敢于发表自己的想法、勇于质疑,养成认真勤奋、独立思考、合作交流等学习习惯,形成实事求是的科学态度。

第三部分　学科课程框架

一、学科课程结构

　　"润智数学"课程依据《义务教育数学课程标准(2011年版)》,秉承学科课程哲学,结合孩子年龄发展特点及学科课程目标,将数学课程具体分为"润智运算""润智图形""润智统计""润智体验"四大类。"润智数学"课程结构见下图(图5-1-1)。

(一) 润智运算

　　内容为数的运算及和运算相关联的趣味游戏等。开设有"口算小能手""口诀我最棒""计算小行家""除法我最快""数的再认识""分解再拓展""式的再认识""方

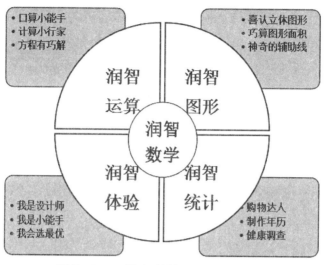

图 5-1-1 "润智数学"课程结构示意图

程有巧解"等课程。"数与代数"是数学基础课程的重要领域,开设与"数与代数"相关联的课程,目的在于提高孩子的计算兴趣、计算能力和解题技巧。

(二) 润智图形

内容为巧认图形、巧算周长和面积,以及设计创造空间模型。开设有"喜认立体图形""遍寻校园的角""巧算图形面积"和"包装中的圆柱""图形平移变换""图形翻折变换""神奇的辅助线""图形旋转变换"等课程。"图形与几何"是数学基础课程的重要领域,开设与"图形与几何"相关联的课程,注重发展孩子的空间观念,经历图形认识的过程,体会图形之间的转化,在活动中提高动手操作的能力,发展初步的创新意识,感受图形之美。

(三) 润智统计

内容为数据的分类、收集、整理、分析,感受简单的随机事件及其结果发生的可能性有大有小。开设的课程有"购物达人""称量能手""制作年历""环保卫士""健康调查""慧眼识珠""中奖了吗"等。"统计与概率"是数学基础课程的重要领域,开设与"统计与概率"相关联的课程,注重培养孩子的数据分析观念,使孩子掌握数据收集、整理和分析的方法,能对数据进行分类,体验数据中蕴含的信息。

(四) 润智体验

内容为创设生活情境,解决生活中真实存在的问题,开设有"我是售货员""我是设计师""我是测绘员""我是小能手""我会找规律""我会选方案""我会识路径""我会选最优"等课程。"综合实践"是数学基础课程的重要领域,开设"综合实践"相关联的课程,旨在让孩子体验数学知识间的内在联系、数学与现实生活的密切联系。

二、学科课程设置

依据《义务教育数学课程标准(2011年版)》,结合"润智数学"课程目标,学校"润智数学"课程设置如下(见表5-1-3)。

表5-1-3　"润智数学"课程设置表

实施年级	润智运算	润智图形	润智统计	润智体验
一年级上学期	加减我会算	喜认立体图形	时间达人	我是售货员
一年级下学期	口算小能手	趣拼平面图形	购物达人	我是小掌柜
二年级上学期	口诀我最棒	遍寻校园的角	快乐拼搭	我是测量员
二年级下学期	除法我最快	乐玩对称设计	称量能手	我是设计师
三年级上学期	乘法叠叠乐	巧求图形周长	破译密码	我是裁判员
三年级下学期	除法碰碰乐	巧算图形面积	制作年历	我是裁判长
四年级上学期	计算小行家	探究平行垂直	班级调查(1)	我是统计师
四年级下学期	简算我能行	探秘内角之和	班级调查(2)	我是分析师
五年级上学期	计算小达人	我爱算多边形	掷币游戏	我是测绘员
五年级下学期	分数大比拼	爱画图形运动	豆芽成长	我是建造师
六年级上学期	比比皆有数	生活中的圆形	环保卫士	我是小能手
六年级下学期	比例我来找	包装中的圆柱	营养膳食	我是应用师

续　表

实施年级	润智运算	润智图形	润智统计	润智体验
七年级上学期	速算加巧算	折折剪剪拼拼	节水卫士	我会找规律
七年级下学期	数的再认识	图形平移变换	健康调查	我会选方案(上)
八年级上学期	分解再拓展	图形翻折变换	电费调查	我会识路径
八年级下学期	式的再认识	神奇的辅助线	慧眼识珠	我会选方案(下)
九年级上学期	方程有巧解	图形旋转变换	中奖了吗	我会选最优
九年级下学期	运算我精准	相似与圆结合	统计综合	我会影断物

第四部分　学科课程实施与评价

　　"润智数学"课程以"启迪数学、升华数学、润泽数学"为宗旨,秉承"润智数学"的课程理念,从情境中启迪孩子智慧,进行深度学习,从而润育数学核心素养。

　　为此,根据"润智数学"的学科性质及课程理念、课程目标等方面的要求,我们通过以下四个方面进行课程实施。

一、建构"润智课堂",激发孩子智慧

　　"润智课堂"是我校"润之韵课程"体系框架的一部分,是充满智慧而有趣的学习过程,"润智课堂"倡导教师在教学过程中努力创设各种真实、复杂的情境,引导孩子在情境中启迪智慧,在与孩子们的合作交流中进行深度学习,从而润育孩子的核心素养。

（一）"润智课堂"要义与操作

　　1. 创设情境,激发兴趣。兴趣能促使孩子对某一知识产生学习欲望,同时激发孩子学习的内驱力。因此,"润智课堂"主张教师在备课时通过立足孩子已有的

经验基础,充分考虑孩子的兴趣,根据学习内容,挖掘各种教学资源,从导入到练习,创设孩子感兴趣的情境,调动孩子的学习热情,让孩子从被动到主动,积极探索新知,从而促使他们深度学习,提升孩子数学素养。如:在教学"圆的认识"一课时,老师通过创设问题情境"车轮为什么要设计成圆形的",激发孩子兴趣,引发孩子思考,促使孩子进行深度学习。在动手实践、合作交流中掌握了圆的性质,提升了他们的数学素养。

2. 交流互动,积极质疑。孩子在教师的组织和引导下讨论和交流,根据教师创设的情境,与同伴交流新知,在交互的对话中,互相质疑,进行思维碰撞。

3. 展示研讨,智慧分享。在交流互动之后,孩子将已习得的知识在全班进行展示分享,体验到智慧共享之趣。

4. 拓展延伸,共同成长。这是对师生学习成效的延展,也是对教学目标的检测与评价,更是学习内容的扩展与应用,它真正体现了师生的教学相长、共同成长。以孩子的成长作为资源,在独立建构的基础上,思维相互碰撞,逐步对知识进行完善。通过交流展示,在师生的思辨中逐渐明晰、建构知识网络。

(二)"润智课堂"评价标准

依据"润智课堂"教学目标,为孩子创设各种真实、复杂的情境,引导孩子在情境中启迪智慧,在与孩子们的合作交流中进行深度学习,培养他们的核心素养。同时,使教师更深入地理解"润智课堂"的理念,提升教师的专业素养,完成课堂的构成要素,实现教学相长。学校逐步建立并完善"润智课堂"评价标准,具体如下(见表5-1-4)。

表5-1-4　"润智课堂"评价标准表

课　题		执教人		评课人		班　级	
教学目的 20分	1. 目的明确,能针对学科特点和孩子实际,确定具体适度的要求。 2. 突出情感、态度、价值观在教学目标中的地位,把方法、习惯等非智力因素纳入教学目标。 3. 教学重心定位于孩子的发展,从而提升孩子核心素养。						

续　表

教材处理 30分		1. 能掌握课程标准,通过认真深入地钻研教材,正确把握重点、难点、教学内容。 2. 增强现代意识,适应时代的需要,注意联系孩子生活实际,对教材进行合理的、具有创造性的改组。 3. 强调深刻理解教材之间的联系,在此基础上以新的视角处理教材,采用灵活且贴近孩子实际的教法,设计出有创意、有新意的教案。
教学 过程 40分	孩子	1. 态度积极:学习积极性高,情绪饱满,求知欲强,有竞争合作意识,各个层次的孩子都能感受到成功的喜悦。 2. 思维活跃:课堂上较多的时间要让孩子独立思考,敢于提出质疑,孩子练习时间充分,能通过当堂作业巩固提高。 3. 气氛和谐:老师注重发挥孩子的主动性,让孩子进行多边多向、互动性强的自主交流。
	教师	1. 教育观念新,在教学过程等设计中能体现当前教育教学中新的理念。 2. 注重形成平等的师生关系,体现教师是孩子学习的组织者、引导者、合作者。 3. 能创设有趣的教学情境,从而促使孩子主动学习,培养孩子的创新意识、创造性思维和实践能力,提升他们的核心素养。
创新性 10分		恰当运用电子白板等多媒体,理念先进,教师创教、孩子创学,课堂中有创新点。
综合评价 总分		

二、开设"润智活动",发展孩子兴趣

　　"润智活动"课程主要是以孩子的直接经验为基础,让孩子在亲身体验中主动发现和获取知识,其目的是让孩子在活动中获得对现实世界的直接经验和真实体验。孩子们在活动课中不但能培养良好的思维品质,同时还能扩大视野、拓宽知识面,对于发展孩子兴趣有着积极的作用。

(一)"润智活动"课程内容

　　"润智活动"课程内容依据"润智数学"课程中第四大块"润智体验"的内容进行设置,具体内容如下(见表5-1-5)。

(二)"润智活动"评价标准

　　"润智活动"评价从两个方面进行具体实施,评价标准如下(见表5-1-6)。

表 5-1-5 "润智活动"课程内容表

年 级	内 容
一年级上学期	我是售货员
一年级下学期	我是小掌柜
二年级上学期	我是测量员
二年级下学期	我是设计师
三年级上学期	我是裁判员
三年级下学期	我是裁判长
四年级上学期	我是统计师
四年级下学期	我是分析师
五年级上学期	我是测绘员
五年级下学期	我是建造师
六年级上学期	我是小能手
六年级下学期	我是应用师
七年级上学期	我会找规律
七年级下学期	我会选方案(上)
八年级上学期	我会识路径
八年级下学期	我会选方案(下)
九年级上学期	我会选最优
九年级下学期	我会影断物

表 5-1-6 "润智活动"评价标准表

评价项目及比分		评 价 标 准	评价得分
活动评价 (50%)	活动性 10 分	以孩子活动为主,突出孩子的主体地位。教师只起到辅助、引导的作用。	
	自主性 10 分	保证孩子充分自主地活动,孩子能进行自我选择、自我设计、自我组织和自我评价。	
	综合性 10 分	以多学科的有机渗透构建一种开放的学习环境,并将知识综合应用于具体的实践中。	

续　表

评价项目及比分		评　价　标　准	评价得分
活动评价 (50%)	全员性 10分	为全体孩子提供参与活动的机会和条件,使每个孩子的各个方面均得到发展。	
	实效性 10分	有目的、有计划地组织活动,完成预期目标,达到预期效果。	
要素评价 (50%)	目的 10分	1. 活动的目的和孩子的实际相符。 2. 活动目标明确、具体、合理和全面。 3. 目标具有多元性。	
	内容 15分	1. 紧扣目标,精心选择社会生活内容。 2. 新颖、主动、符合孩子的身心特点及生活实际。 3. 挖掘育人因素。	
	方法 15分	1. 活动过程周密科学,递进有序,符合孩子的心理发展规律,环节联系畅顺自然。 2. 形式新颖多样,既能因地制宜、因时制宜,又能灵活应变教学方法。 3. 做到孩子全面参与,也照顾个性差异,充分利用激励机制,调动孩子积极性。	
	管理 10分	1. 活动要求明确,组织严密合理,效率高。 2. 让孩子充分地自我管理、自我评价,积极诱发孩子的求异思维。 3. 评价功能全面,不仅有激励、反馈、调节作用,而且有导向、启迪、反思的教育功能。	
综合评价			累计总分
			评议人

三、创设"润智数学节",提升孩子素养

(一) "润智数学节"的实施与操作

　　为了营造学校的数学文化氛围,丰富孩子们的校园文化生活,秉承数学课程理念及目标,我校每年分2个阶段举行"润智数学节"活动。小学主要是讲数学故事

和口算比赛,初中则是进行数学竞赛。其目的是以节日为载体,给孩子提供一个自我展示的平台,通过活动进一步挖掘孩子们的潜能,提升孩子的素养。具体内容如下(见表5-1-7)。

表5-1-7　"润智数学节"活动内容表

阶 段		时 间	参赛对象	地 点	内 容	要 求
小学	第一阶段	4月上旬年级预选赛	1—6年级全体孩子	各班教室	讲数学故事	以故事会的形式让孩子了解数学,时间控制在5分钟之内,故事内容可以是数学家的故事、有趣的数学故事等。
		4月中旬总决赛	各年级前5名	三楼道德讲堂		
	第二阶段	11月上旬年级预选赛	1—6年级全体孩子	各班教室	口算小达人	在规定时间内完成所有口算题,按分数高低进行排名,如分数相同,再按所用时间进行排名。
		11月中旬总决赛	各年级前5名	三楼道德讲堂		
初中	第一阶段	4月上旬年级预选赛	7—8年级全体孩子	各班教室	数学竞赛初赛	取年级前20名进入决赛
	第二阶段	11月中旬总决赛	年级前20名决赛	三楼道德讲堂	数学竞赛决赛	按分数高低取前10名,一等奖1名,二等奖3名,三等奖6名。

(二)"润智数学节"评价标准

为了进一步挖掘孩子们的潜能,提升孩子素养,"润智数学节"主要从四个方面进行评价,具体评价标准如下(见表5-1-8)。

表5-1-8　"润智数学节"评价标准表

小组人员		评价教师	
主 题		班 级	
评价项目	评 价 标 准		评 价
活动内容30分	故事选材符合孩子的年龄特征。		
	有趣味性,提高孩子的兴趣。		
	有挑战性,增强孩子的好胜心。		

续　表

评价项目	评　价　标　准	评　价
活动形式 20分	故事形式要生动活泼,把孩子引入求知的活动中。	
	生生比拼,提高孩子口算能力。	
	竞赛比拼,检测孩子知识掌握程度。	
	参与到社会生活中,提升多方面能力。	
活动过程 30分	孩子参与积极,主体作用发挥好。	
	各种能力增长循序渐进。	
	教师管理有方,孩子活动有序。	
活动效果 20分	孩子兴趣得到培养,个性特长得到发展。	
	孩子口算能力得到提高,培养了孩子的数感。	
	拓展了孩子的思维空间,培养了孩子的创新意识。	

四、开设"润智社团",拓宽孩子思维

(一)"润智社团"的实施与操作

社团活动是课堂教学的延伸,课堂教会孩子基本的知识技能,而社团活动不但能帮助孩子建立自信心,同时还能让孩子在活动中拓宽思维,体会学习的快乐。因此,基于"润智数学"课程理念及目标,我校分小学低段、中段、高段及初中开展形式多样的"润智社团"实践活动,旨在拓宽孩子思维。具体活动内容如下(见表5-1-9)。

表5-1-9　"润智社团"活动内容表

低段 (一、二年级孩子)	1. 加减法知识的实际趣味性问题的应用。 2. 七巧板、火柴棒等的拼与移等趣味实践。 3. 立体图形、实物积木等的分类与搭配活动。 4. 尝试自己设计美丽的图案等。
中段 (三、四年级孩子)	1. 整数知识的实际趣味性问题的应用。 2. 图形的平移、轴对称等变化的趣味探究。 3. 利用三角形、正方形等图形进行图案设计与制作等活动。 4. 搜集中外数学家及数学故事,并交流。

续　表

高段 (五、六年级孩子)	1. 小数、分数知识的实际趣味性问题的应用。 2. 探究规律性趣味数学的内容。 3. 学具、图纸等趣味性的实践。 4. 设计数学手抄报。	
初中 (七至九年级孩子)	1. 生活中的实际趣味性问题。 2. 收集数学文化相关知识并交流探讨。 3. 开展数学写作竞赛。	

(二)"润智社团"评价标准

润智社团从活动管理、活动开展、活动效果、特色亮点等方面进行评价,具体评价标准如下(见表 5 - 1 - 10)。

表 5- 1- 10 "润智数学社团"评价表

评价项目	评　价　标　准	分值	得分
活动管理 (20 分)	1. 活动内容丰富,形式生动,孩子满意度高。	5 分	
	2. 活动有条不紊,活动时间安排合理,能成功地完成活动,达到预期效果。	5 分	
	3. 活动期间的秩序、组织纪律良好,活动过程中没有违规现象。	5 分	
	4. 安排专人检查社团活动开展情况,并做好检查记录,作为考核评价的依据。	5 分	
活动开展 (40 分)	1. 制定可行的管理制度及详细活动计划。	5 分	
	2. 活动主题、内容、形式有创新。	6 分	
	3. 活动组织井然有序,学习氛围浓厚。	6 分	
	4. 社团名册及活动过程记录详实。	6 分	
	5. 活动照片及孩子作品保存完整。	6 分	
	6. 教师的指导张弛有度,有针对性。	6 分	
	7. 每次活动结束后都有相应的总结、反馈、评价。	5 分	

续　表

评价项目	评　价　标　准	分值	得分
活动效果 （30分）	1. 展示形式丰富新颖。	7分	
	2. 内容符合社团特点、全面完整。	8分	
	3. 活动小组分工合作有序。	7分	
	4. 有借鉴价值的经验与反思。	8分	
特色亮点 （10分）	社团活动特色鲜明，成效显著。根据特色亮点酌情加分，上限10分。	10分	

综上所述，"润智数学"课程通过实施"润智课堂""润智活动""润智数学节""润智社团"等课程，践行了"润育孩子核心素养"这一学科理念，将情境与教学内容紧密结合，在课堂教学中建构真实、复杂的情境，引导孩子从认知到情境，然后从情境中启迪智慧，进行深度学习，从而润育数学核心素养，最终成长为充满智慧的小水娃。

（撰稿人：揭文瑶　　万平　　郑风　　闵少华）

➡ 范式 10

趣味数学: 促进孩子个性成长

　　学校课程建设是学校提升综合办学能力的一项重要工作。南昌市右营街小学树立"新数学"的大课程观,数学学科教研组 4 个,共计 13 人,多次在省、市、区各级优质课、基本功大赛中获奖。为了更好地落实《关于深化课程改革,落实立德树人根本任务的意见》及《义务教育数学课程标准(2011 年版)》等文件精神,以及满足学校"新数学"课程建设的需要,学校深入推进"趣味数学"学科课程建设,践行趣味教学理念,以培养一批"有活力(energy)、有能力(capacity)、乐观(optimistic)、充满魅力(glamour)"的右小学子为育人目标,让每个孩子都能做到有趣有味有素养有创造。

第一部分　学科课程哲学

一、学科性质

　　小学数学不仅具有一般数学的抽象性、逻辑严谨性和运用的广泛性,而且还具有自身的特殊性即生活性、现实性和应验性。生活性即倡导数学学习要回归儿童的生活,让孩子对数学学习具有熟悉感;儿童的数学是他们生活中的数学,存在于儿童的社会生活之中。这些"现实"是小学数学课程的起点,也是儿童获得数学的学习活动与生活时间的节点。我们要让孩子感受数学学习的真实性,让孩子去亲身体验解决数学问题的过程;要引导孩子进行仔细的观察、推理、论证。只有亲身参与,孩子学习的能力才能得到提高。

二、学科课程理念

小学数学课程应致力于实现义务教育阶段的培养目标,体现基础性、普及性和发展性。义务教育阶段的数学课程面向全体孩子,适应孩子个性发展,使得人人都能获得良好的数学教育,不同的人在数学上都得到不同的发展。[①] 在落实课程理念的过程中,我们遵循孩子学习的心理规律与认知特点,通过创设合理的教学情境,优化课堂结构等方式来激发孩子的学习兴趣,引导孩子亲身经历数学活动过程,对抽象的知识形成生动的表象认识,形成对知识的理解。同时学校也注重培养孩子的学习情感与学习技能,激发孩子学习的内在需求,形成"趣促学"的教学模式,以趣味为学习数学的生长点,对落实数学课程基本理念起到很好的推动作用。

"趣"字从走中取,意为快步趋之,必有所取。这个字既表现向自己喜欢的东西走过去,也很好地体现出一种积极主动的态度。孔子曰:"知之者不如好之者,好之者不如乐之者。"可见兴趣对学习的催化作用。孩子对学习产生兴趣,会激发自己认真观察、积极思考、主动探究等学习态度,产生自发性学习的需求,逐渐形成良好的学习品质。由于兴趣对学习有积极的导向性,右营街小学数学人在教学实践中,围绕"趣味教育"明确提出了趣味数学的学科理念。以"激趣"为"点火石",激发孩子积极探求数学真理,产生数学学习的强烈欲望,让孩子热爱数学。在数学课堂教学中,我们注意孩子的心理需求,努力发掘教材蕴含的智力因素以及非智力因素,把握时机,因势利导地为孩子创造良好的教学情境,激发孩子的兴趣,让孩子体验学习数学的乐趣,培养孩子学习数学的积极情感。教学实践也表明,孩子对数学学习产生兴趣,就会积极主动并愉悦地参与学习,孩子的学习能力自然有更好的发展。

(一) 趣味育人,愉悦且发展

趣味数学课堂巧妙呈现教学内容,运用多种活动形式,能激发孩子的学习兴趣,使孩子产生学习的好奇心,以积极的姿态来摄取新的知识,在愉悦的状态下掌握学习的方法和技能,满足多方面的心理需求,更好地适应外界环境,促进可持续发展。

---

① 中华人民共和国教育部.义务教育数学新课程标准(2011 年版)[S].北京: 北京师范大学出版社, 2012: 2 - 4.

(二) 趣味氛围,和谐且共振

　　趣味数学课堂实现了教学目标内容与方法手段的和谐,创造了一个和谐的教学环境,使师生在进行知识交流和情感交流时,心理相容,相互认可,积极互动,从而产生教师乐教、孩子乐学的和谐共振的教学氛围,实现师生的共同发展。

(三) 趣味教学,开放而有序

　　趣味数学课堂摆脱了原有的教学内容、学习资源、学习方式、评价方式的束缚,把现实生活中的学习资源融入灵活课堂,使数学课堂与现实生活紧密联系起来,再通过组织多样化的学习活动,有序引领孩子探究学习数学知识,运用知识解决生活中的常见问题,充分体验知识的现实价值,把数学学习向课外延伸,从而提升数学技能和素养,提高生活能力和社会实践能力。

(四) 趣味设计,自然而自主

　　在趣味数学的课堂里,教师是孩子自主学习的设计者和促进者,通过课前优化的教学设计和组织有效的课堂教学活动,使每个孩子真正实现自主学习、主动学习、合作学习,潜能得到开发,自然而然地实现了生本教育。

(五) 趣味交流,互动且生成

　　在趣味数学课堂教学中,师生双方进行信息交流、实践创造、资源开发、生成创造,成为一个真正的学习共同体;师生间、生生间达到共识、共享与共进,教师的教学推动孩子的发展,孩子的发展也促进教师的专业成长。

第二部分　学科课程目标

　　《义务教育数学课程标准(2011 年版)》指出:数学课程能使孩子获得适应社会生活和进一步发展所必需的数学的基础知识、基本技能、基本思想、基本活动经验;体会数学知识之间、数学与其他学科之间、数学与生活之间的联系,运用数学的思

维方式进行思考,增强发现和提出问题的能力、分析和解决问题的能力;了解数学
的价值,提高学习数学的兴趣,增强学好数学的信心,养成良好的学习习惯,具有初
步的创新意识和实事求是的科学态度,即获得"四基",增强能力,培养科学态度。
为了实现这一总目标要求,着力培养孩子的"数感、符号意识、空间观念、几何直观、
数据分析观念、运算能力、推理能力、模型思想、应用意识和创新意识"十大数学核
心素养,我们以趣味教学为主线,提出"趣味数学"课程目标。

一、学科课程总体目标

　　为使学生获得适应未来社会生活和进一步发展所必需的重要数学知识(包括
数学事实、数学活动经验)以及基本的数学思想方法和必要的应用技能;初步学会
运用数学的思维方式去观察、分析现实社会,去解决日常生活中和其他学科学习
中的问题,增强应用数学的意识;体会数学与自然及人类社会的密切联系,了解数
学的价值,增进对数学的理解和学好数学的信心;具有初步的创新精神和实践能
力,在情感态度和一般能力方面都能得到充分发展,我们将"趣味数学"课程总体
目标分为知识技能目标、数学思考目标、问题解决目标、情感态度目标四个维度。
(见表5-2-1)

表5-2-1　"趣味数学"课程总体目标表

知识技能	1. 拓展和延伸教材中的数学知识,使孩子掌握基本的数学解题方法,形成一定的数学技能和特长。 2. 尊重孩子的主体人格和主体地位,培养孩子的自主性和主动性,引导孩子在掌握数学思维成果的过程中学会学习、学会创造。 3. 让孩子获得适应未来社会生活和进一步发展所必需的重要数学知识(包括数学事实、数学活动经验)以及基本的数学思想方法和必要的应用技能。
数学思考	1. 要让孩子觉得数学有用,激发学习的欲望,产生发现美的动力。 2. 让孩子觉得数学好玩,让孩子在玩中学,发展思维,激发学习热情。 3. 数学处处有美,从公式的推导、数学规律的寻找、空间图形的运用中,发现思维创造之美、形式之美、图案之美。 4. 围绕"趣"字,把数学知识融于活动中,使孩子在追求答案的过程中提高自己的观察能力、想象能力、分析能力和逻辑推理能力。力求体现我们的智慧秘诀:"做数学,玩数学,学数学。"

续　表

问题解决	1. 创设趣味化的教学情境,激发孩子学习兴趣。 2. 开设丰富多彩的学习活动,激发孩子学习的动力。让孩子体会数学与自然及人类社会的密切联系,了解数学的价值,增强对数学的理解和学好数学的信心。 3. 引导孩子初步学会运用数学的思维方式去观察、分析日常生活中和其他学科学习中的问题,增强应用数学的意识。
情感态度	1. 建立人文化的师生关系,培养孩子积极的学习情感。 2. 发挥孩子的主体能动性,鼓励孩子勇于创新。 3. 培养孩子具有初步的创新精神和实践能力,在情感态度和一般能力方面都能得到充分发展。

二、学科课程年段目标

依据"趣味数学"课程总目标,我们制定了六年的课程年段目标如下(见表5-2-2)。

表 5-2-2　"趣味数学"课程年段目标表

目标 年级	知识技能	数学思考	问题解决	情感态度
一年级	1. 初步学会数数的方法。 2. 能够正确数出数量在 11—20 之间的物体个数。 3. 进一步认识符号"＜""＞""＝"的含义,能用这些符号来表示数的大小。 4. 比较熟练地口算 10 以内的加减法。 5. 能够正确数出数量在 11—20 之间的物体个数。	1. 通过操作知道同样多、多、少和长、短、高矮的含义。 2. 会用一一对应的方法比较物体的多少。学会比较物体长短、高矮的方法。 3. 结合生活经验会看、会写整时和半时。 4. 能认、读、写 10 以内数字,掌握 10 以内数的顺序和组成,知道加减法的含义。	1. 能用 100 以内的数描述现实生活中的事物并能与同伴交流。 2. 在具体的情境中,发现并提出能用 100 以内数的加减法解决的问题,发展应用意识。在探索、交流计算方法的过程中,感受可以用不同的方法解决问题。 3. 能综合运用方位、图形等知	1. 帮助孩子了解学校生活,激发孩子学习兴趣。 2. 建立时间观念,从小养成珍惜时间和遵守时间的习惯。 3. 初步学会用加法和减法解决简单的问题。 4. 培养孩子自主探究学习的能力、与他人合作交流的能力。

目标\年级	知识技能	数学思考	问题解决	情感态度
一年级	6. 初步认识"十位""个位",初步了解进制。	5. 直观认识长方体、正方体、圆柱和球等立体图形与长方形、正方形、三角形和圆等平面图形,能够辨认和区别这些图形。 6. 能按某一标准或选择某一标准对物体进行分类。	识解决问题,形成初步的创新意识和动手实践能力。	
二年级	1. 知道乘法的含义和乘法算式中各部分的名称,熟记全部乘法口诀,熟练口算。 2. 初步认识角,知道角的各部分名称,会用三角板判断一个角是不是直角;初步学会画直角和角;能辨别直角、锐角、钝角。 3. 知道除法的含义、除法算式中各部分的名称、乘法和除法的关系,能用乘法口诀求商。 4. 能辨认不同方向,从不同位置观察物体,	1. 在具体的情境中,探索有余数除法的计算方法。 2. 经历从生活情境中认识较大数的过程,能用万以内的数描述具体的事物,发展初步的观察、分析、抽象、概括能力,建立初步的数感和符号感。 3. 经历探索整百、整千数加减法计算方法的过程,初步形成独立思考和探索的意识。在进行估算的过程中,初步形成估算意识。	1. 能用加减法的有关知识解决简单的实际问题。 2. 能用加减混合运算的知识解决两步计算的简单的实际问题。 3. 能用统计知识解决日常生活中的有关问题。 4. 在解决问题的过程中,初步学会表达解决问题的大致过程和结果,体会解决问题策略的多样性,初步学会与同伴合作。	1. 体会学习数学的乐趣,提高学习数学的兴趣,建立学好数学的信心。 2. 养成认真完成作业,书写整洁的良好习惯。 3. 通过实践活动,体验数学与日常生活的密切联系。

续　表

目标 年级	知 识 技 能	数 学 思 考	问 题 解 决	情 感 态 度
二年级	并能根据一个方向辨认其余方向；会看路线图。 5. 了解统计的意义，体验数据的收集、整理、描述和分析的过程，会收集和整理数据，能按不同的类别分类整理。 6. 了解并掌握混合运算的运算顺序，熟练计算。	4. 在解决简单的混合运算问题中，体会分析问题的基本思想方法，能进行简单的、有条理的思考。 5. 探索长方形及正方形特征，提高孩子的观察、操作能力，发展空间观念。 6. 经历对数据的搜集、整理、分析过程，体会统计的作用，培养初步的统计意识和能力。		
三年级	1. 经历从日常生活中抽象出数的过程，理解常见的量；了解四则运算的意义，掌握必要的运算技能。 2. 经历从实际物体中抽象出简单几何体和平面图形的过程，了解平面图形的特征；感受平移、旋转、轴对称，认识物体的相对位置。掌握初步的测量、识图和画图的技能。	1. 能够理解身边有关数字的信息，会用数描述现实生活中的简单现象，发展数感。 2. 在讨论简单物体性质的过程中，发展空间观念。 3. 在教师的指导下，能对简单的调查数据归类。 4. 会思考问题，能表达自己的想法；在讨论问题过程中，能够初步辨别结论的共同点和不同点。	1. 能在教师的指导下，从日常生活中发现和提出简单的数学问题。 2. 获得分析问题和解决问题的一些基本方法，知道同一问题可以有不同的解决方法。 3. 体验与他人合作交流、解决问题的过程。 4. 初步学会整理解决问题的过程和结果。	1. 对身边与数学有关的事物(现象)有好奇心，能够参与数学活动。 2. 在他人帮助下，体验克服数学活动中的困难的过程。 3. 了解数学可以描述生活中的一些现象，感受数学与生活有密切联系。 4. 在解决问题的过程中，养成询问"为什么"的习惯。

目标 年级	知 识 技 能	数 学 思 考	问 题 解 决	情 感 态 度
四 年 级	1. 认识较大的计数单位，认识自然数，掌握十进制计数法，会读、写亿以内和亿以上的数，会用"四舍五入"法求一个数的近似数。体会和感受大数在日常生活中的应用，进一步发展数感。 2. 会笔算三位数乘两位数的乘法、除法是两位数的除法，会进行相应的乘、除法估算和验算。 3. 会口算两位数乘一位数（积在 100 以内）和几百几十乘一位数，整十数除整十数、整十数除几百几十数。 4. 认识直线、射线和线段，知道它们的区别；认识常见的几种角，会比较角的大小，会用量角器量出角的度数，能按指定度数画角。	1. 在联系已有知识探索计算方法的过程中，充分开展猜想、讨论、解释、交流等活动，发展推理能力。 2. 在观察、探究整数之间的一些关系和一些特征的过程中，发展抽象、概括能力和初步的演绎推理能力。 3. 能对现实生活中的有关数学问题进行分析和解释，经历用字母表示数、用含有字母的式子表示运算规律和概括数量关系的过程，发展抽象思维和符号感。 4. 在探索一些平面图形特征和对图形进行变换以及设计图案的过程中，进一步发展形象思维和空间观念。 5. 经历把现实问题中的数据进行统计处理，并合理地选择	1. 能从现实情境中提取数学问题，并能运用所学的数学知识加以解决。 2. 能运用相关计算方法解决一些简单的实际问题，能解决比较简单的三步计算的实际问题，并能与他人交流自己解决问题的想法。 3. 能选择恰当长度的小棒搭三角形，能判断一个三角形的种类，能根据三角形的两个已知角求第三个角的度数，根据等腰三角形的顶角（或底角）求一个底角（或顶角）的度数。 4. 能判断平行四边形和梯形，能从生活中找出平行四边形和梯形的实例，能利用方格纸画平行四边形和梯形，并能测量或画出平行四边形和梯形的高。	1. 让孩子经历从具体问题中抽象数量关系，并探索算法和运算规律的过程，掌握相应的计算方法和必要的计算技能，理解和掌握运算顺序，发现一些运算规律；联系数的已有知识认识整数间的一些关系和整数的特征。 2. 联系现实情境，经历观察、操作和探索相关图形的特征以及图形的简单变换的过程，认识一些简单的平面图形及其特征，了解图形的对称和图形位置关系的简单变换。 3. 联系具体的问题情境体验统计图的作用，掌握用统计图表达数据的方法，并能按照统计图里的数据变化，分析相应的统计结果；经历从具体问题的需要出发选择统计图的活动，

续　表

目标 年级	知识技能	数学思考	问题解决	情感态度
四年级	5. 认识垂线、平行线,会用直尺、三角板画垂线和平行线;掌握平行四边形和梯形的特征。	相应的形式描述数据,以及对数据作出分析和解释的过程,发展初步的统计观念。 6. 在建立数学概念、获得数学结论、发展数学规律和解决实际问题的过程中,充分开展观察、猜想、实验、类比、归纳等活动,进行有条理的思考,对结论作出合理的、有说服力的说明与解释。	5. 能将简单图形平移或旋转到指定位置,能灵活运用对称、平移、旋转的方法在方格纸上设计图案。 6. 能用计算器探索积的变化规律和商不变的规律,并能说明所得的结论。	体会条形统计图的特点。 4. 体会解决问题策略的多样性;在教师指导下反思自己的学习过程。
五年级	1. 比较熟练地进行小数乘法和小数除法的笔算。 2. 在具体情境中会用字母表示数,理解等式的性质,会用等式的性质解简单的方程,用方程表示简单情境中的等量关系并解决问题。 3. 探索并掌握平行四边形、三角形、梯形的面积公式。 4. 能辨认从不同方位看到物体的形状和相对位置。	1. 理解分数的意义和基本性质,会比较分数的大小,会把假分数化成带分数或整数,会进行整数、小数的互化,能够比较熟练地进行约分和通分。 2. 掌握因数和倍数、质数和合数、奇数和偶数等概念,以及2、3、5的倍数的特征;会求100以内的两个数的最大公因数和最小公倍数。 3. 理解分数加、减	1. 探索并掌握长方体和正方体的体积和表面积的计算方法,探索某些实物体积的测量方法。 2. 能在方格纸上画出图形的轴对称图形,以及将简单图形旋转90°;欣赏生活中的图案,灵活运用平移、对称和旋转在方格纸上设计图案。 3. 认识复式折线统计图,能根据需要选择合适的统计图表示数据。	1. 经历从实际生活中发现问题、提出问题、解决问题的过程,体会数学在日常生活中的作用,初步形成综合运用数学知识解决问题的能力。 2. 初步了解数字编码的思想方法,培养发现生活中的数学的意识,初步形成观察、分析及推理能力。 3. 体会学习数学的乐趣,提高学习数学的兴趣,建立学好数学的信心。

续　表

目标　年级	知 识 技 能	数 学 思 考	问 题 解 决	情 感 态 度
五年级	5. 体验事件发生的可能性以及游戏规则的公平性,会求一些事件发生的可能性;能对简单事件发生的可能性作出预测,进一步体会概率在现实生活中的作用。	法的意义,掌握分数加、减法的计算方法,比较熟练地计算简单的分数加、减法,会解决有关分数加、减法的简单实际问题。 4. 知道体积和容积的意义及度量单位,会进行单位间的换算。	4. 经历问题解决的全过程,体会数学在日常生活中的作用,形成综合运用数学知识解决问题的能力。 5. 体会解决问题策略的多样性及运用优化的数学思想方法解决实际问题。初步形成观察、分析及推理能力。	4. 养成认真作业、书写整洁的良好习惯。
六年级	1. 理解分数乘、除法的意义,掌握分数乘、除法的计算方法,比较熟练地计算简单的分数乘、除法,会进行简单的分数四则混合运算。 2. 理解倒数的意义,掌握求倒数的方法。 3. 理解比的意义和性质,会求比值和化简比,会解决有关比的简单实际问题。 4. 掌握圆的特征,会用圆规画圆;探索并掌握圆的周长和面积公式,能够正确计算圆的周长和面积。 5. 知道圆是轴对称图形,能运用平移、轴对称和旋转设计简单的图案。	1. 理解比例的意义和基本性质,会解比例,理解正比例和反比例的意义,能够判断两种量是否成正比例或反比例,会用比例知识解决比较简单的实际问题;能根据给出的有正比例关系的数据在有坐标系的方格纸上画图,并能根据其中一个量的值估计另一个量的值。 2. 会看比例尺,能利用方格纸等形式按一定的比例将简单图形放大或缩小。 3. 能从统计图表中准确提取统计信息,正确解释统计结果,并能作出正确的判断或简单的预测;初步体会数据可能产生误导。	1. 经历对"抽屉原理"的探究过程,初步了解"抽屉原理",会用"抽屉原理"解决简单的实际问题,发展分析、推理的能力。 2. 通过系统的整理和复习,加深对小学阶段所学的数学知识的理解和掌握,形成比较合理的、灵活的计算能力,发展思维能力和空间观念,提高综合运用所学数学知识解决问题的能力。 3. 经历问题解决的全过程,体会数学在日常生活中的作用,初步形成综合运用数学知识解决问题的能力。	1. 经历从实际生活中发现问题、提出问题、解决问题的过程,体会数学在日常生活中的作用,初步形成综合运用数学知识解决问题的能力。 2. 体会解决问题策略的多样性及运用假设的数学思想方法解决问题的有效性,感受数学的魅力。形成发现生活中的数学的意识,初步形成观察、分析及推理的能力。 3. 体会学习数学的乐趣,提高学习数学的兴趣,建立学好数学的信心。 4. 养成认真作业、书写整洁的良好习惯。

第三部分　学科课程框架

依据学校课程总目标和《义务教育数学课程标准(2011年版)》,我们构建了"趣味数学"课程,让孩子在生活中发现有趣的数学,找到学习数学的乐趣。

一、"趣味数学"课程结构

《义务教育数学课程标准(2011年版)》在每个学段均安排了数与代数、空间与图形、统计与概率和实践与综合运用四个领域的学习内容。学校结合自身特色,在立足于数学课程标准的基础上开设了"趣味妙算(数与代数)""趣味拼搭(空间与图形)""趣味统计(统计与概率)""趣味体验(实践与综合)"四大类课程内容。课程结构见下图(图5-2-1)。

图5-2-1　"趣味数学"课程结构图

（一）趣味妙算

　　趣味妙算的内容为数的运算及与运算相关联的趣味游戏等。开设的课程有"学唱数数歌""跳蚤小市场""火眼金睛""找规律填数""余数妙用""加减巧算""算式谜""计算小达人"等。"数与代数"是数学基础课程的重要领域，开发与"数与代数"相关联的拓展内容，能够拓展和延伸教材中的数学知识，使孩子们在丰富多彩的游戏中，体验计算的奇妙性，为孩子计算能力的提升打下坚实的基础，使孩子掌握一定的计算技巧。原本枯燥的数字及运算在趣味妙算中变得灵动起来，孩子们在趣味妙算学习中体验着数学学习的奇妙之旅。

（二）趣味拼搭

　　趣味拼搭的内容为数字排列规律与数学实物模型相结合的拼搭游戏，以及图案设计头脑风暴。开设的课程有"数字排队队""火柴棒游戏""七巧板拼搭""有趣的一笔画""简单的方阵""多边形内角和""组合图形""DIY图案设计"等。"图形与几何"是数学基础课程的重要领域，设计与"图形与几何"相关联的拓展内容，注重发展孩子的空间观念，让孩子感受到数学处处有美，从公式的推导、数学规律的寻找、空间图形的运用中，发现思维创造之美、形式之美、图案之美。

（三）趣味统计

　　趣味统计的内容为数据的分类、收集、整理和分析，感受简单的随机事件及其结果发生的可能性有大有小。开设的课程有"盲摸图形统计""淘宝秀""我来开超市""社区小调查""我们喜爱的图书""抽奖大转盘""班级消费我参与"等。"统计与概率"是小学数学基础课程的重要领域，设计与"统计与概率"相关联的拓展内容，注重发展孩子的数据分析观念，经历在实际问题中收集和处理数据，利用数据分析问题、获取信息的过程，掌握数据收集、整理和分析的方法，能对数据进行分类，体验数据中蕴含的信息。

（四）趣味体验

　　趣味体验的内容为创设生活情境，解决生活中真实存在的问题。开设的课程有"辨认方向户外数学活动""认钟小竞赛""我的小商店""优秀销售员""生活中的可能性""巧算 24 点""环形跑道中的学问""理财'小专家'"等。"综合实践"是数学基础课程的重要领域,设计与"综合实践"相关联的拓展内容,注重开发孩子的思维能力,引导孩子初步学会运用数学的思维方式去观察和分析日常生活中与数学相关的问题,增强孩子应用数学的意识。贴近生活的知识更能让孩子感受到数学的魅力,并且让孩子体会到数学与生活的密切联系,了解数学在生活中的实用价值,增进对数学知识的理解,增强学好数学的信心。

二、学科课程设置

　　趣味数学能激发孩子的非智力因素,发挥孩子的潜能,让孩子自主地进行学习,在自主学习中提高能力,让孩子的可持续发展能力得到充分地激发。"趣味数学"课程设置如下(见表 5-2-3)。

表 5-2-3 　"趣味数学"课程设置表

实施年级	趣 味 妙 算	趣 味 拼 搭	趣 味 统 计	趣 味 体 验
一年级上学期	1. 学唱数数歌 2. 学习加减法歌谣	1. 拼搭一 2. 数字排队队	盲摸图形统计	1. 辨认方向户外数学活动 2. 认钟小竞赛
一年级下学期	1. 认识钱币 2. 跳蚤小市场	1. 拼搭二 2. 火柴棒游戏	淘宝秀	1. 我的小商店 2. 优秀销售员
二年级上学期	1. 火眼金睛 2. 找规律填数	七巧板拼搭	整理谁能行	生活中的可能性
二年级下学期	余数妙用	间隔趣谈	对称图形整理	合理安排
三年级上学期	加减巧算	有趣的图形	我来开超市	页码中的数学
三年级下学期	算式谜	简单的方阵	班级来统计	巧算 24 点

实施年级	趣味妙算	趣味拼搭	趣味统计	趣味体验
四年级上学期	计算小能手	观察物体	社区小调查	最不利原则
四年级下学期	我是计算小达人	多边形内角和	我们喜爱的图书	"我爱数学"手抄报比赛
五年级上学期	平均数	数数图形	抽奖大转盘	巧填数字迷宫
五年级下学期	数字趣味题	组合图形	推理统计	班级身高统计图
六年级上学期	简便运算	DIY 图案设计	班级消费我参与	环形跑道中的学问
六年级下学期	折扣、利率的计算	抽屉原理	统计趣味题	理财"小专家"

第四部分　数学学科课程实施与评价

　　"趣味数学"课程的核心是让孩子快乐地、愉悦地、深度地学习,教与学的形式、方法和途径是多元的。我们通过"趣味课堂""趣味数学日""趣味数学节""趣味社团"等活动实施"趣味数学"课程,以"激趣"为杠杆点,撬动孩子学习的内在需求,提升数学核心素养。

一、构建"趣味课堂",让师生共同成长

　　在新课改的推动下,小学数学教学也进行了很大的改革。在数学课堂教学中不再是传统的以"教师、教材、课堂"为中心,而是坚持"以孩子为主体"的孩子观。教师不断地改进自己的教学方法,努力地将枯燥的数学知识变得生动有趣,构建一个个充满趣味的小学数学课堂。

(一)"趣味课堂"要素

　　1. 创设情境,营造宽松氛围。情境教学是教师经常采用的一种教学方法。课堂教学所创设的情境是人为的,有意创设的,目的是让孩子置身于特定的情境中,有效调动孩子的学习积极性。通过创设情境,将复杂抽象的数学知识变得简单易懂,让孩子在轻松愉悦的氛围中学习新知识。教师也要合理地选择生活情境,不同的教学内容采用不同类型的情境,并善于将生活化的语言用于教学中,激发孩子的学习兴趣,构建一个充满趣味的数学课堂。

　　2. 趣味提问,激活数学课堂。问题是思维的起点,爱思考的孩子都喜欢问问题。有趣的问题既能激发孩子的好奇心,同时也能培养孩子的思维能力。有些老师喜欢按照上课设计的步骤完成教学,一旦孩子有过多的问题就不知道如何应对,这种教学方式是需要反思的。老师要学会引活问题,引导孩子共同去解决问题。一方面这些问题如果是孩子们提出的,也代表他们心中需要解惑的地方,另外孩子们主动提问题,这是思维发展的很好表现。教师在课堂提问时,既要注重问题的趣味性与思维性,激发孩子主动思考并解决问题,同时也要对孩子们提出的问题给予肯定,让孩子们敢想、敢问并敢于挑战,让孩子们感受着思考带来的成功感与幸福感。

　　3. 动手操作,构建趣味课堂。心理学家皮亚杰认为"智慧的鲜花是开放在手指尖上的",这句话充分表达出动手操作的必要性。孩子天生好动,教学中让孩子动手操作其实正好可以发挥孩子的天性,课堂上老师根据教学内容设计一些趣味性的动手操作环节,放手让孩子自己操作,动脑思考,让原本枯燥的公式、定理、图形等知识通过孩子们的动手操作鲜活地呈现出来,课堂气氛趣味盎然。古语说"授人以鱼不如授人以渔",引导孩子动手操作能让孩子体验知识的形成过程,让孩子知其然且知其所以然,对知识的记忆会更加牢固,教学效果事半功倍。

(二)"趣味课堂"评价标准

　　我们从教学目标、教学内容、教学方法、孩子表现、教学效果等方面对"趣味课堂"展开评价,具体标准如下(见表5-2-4)。

表 5-2-4 "趣味数学"评价标准表

课 题		执教人		评课人		班 级	
教学目标 (20分)	1. 体现《义务教育数学课程标准(2011年版)》精神,注重知识技能、数学思考、问题解决以及情感态度四个方面的要求。						
	2. 教学目标要有层次性,可操作性强。让孩子享受生态课程,提高孩子生态意识。						
	3. 增进孩子对大自然和生活的热爱之情,提升保护自然、热爱生活从我做起的主人翁意识。						
教学内容 (20分)	1. 教学内容理解准确,容量合理,难易适度。						
	2. 适当补充相关生态环保的材料,支持孩子学习,注意本学科与其他领域的联系,增强孩子民族自豪感,体悟传承即是一种生态环保的意义。						
	3. 教学内容有利于孩子主动地进行观察、实验、猜测、验证、推理与交流等数学活动。						
教学方法 (20分)	1. 具有启发性,有利于充分发挥孩子的主体作用。						
	2. 采用不同的方式呈现教学内容。						
孩子表现 (20分)	1. 孩子参与教学活动是积极的、主动的。						
	2. 孩子敢于质疑问难,有见地、有新意。体现出孩子是学习的主人。						
	3. 体会数学源于生活并用于生活,数学与绿色和谐生活的关系。						
教学效果 (20分)	1. 孩子精神饱满,身心愉悦,参与学习活动面广。通过师生的双边活动,不同层次的孩子都有收获。						
	2. 全面达到生态教学目标,完成生态教学任务。						
	3. 孩子思维活跃,获得了积极的情感体验。						
综合评价							

二、构建"趣味数学日",让学玩共同融合

(一)"趣味数学日"要义和实施

4月30日是数学家高斯的生日,学校在这天会举办趣味数学日,为孩子提供展示自己智慧的平台,营造浓厚的数学文化气息,提升数学素养。趣味数学日的内容

不是固定不变的,教师可以根据实际情况,设计有意义的活动内容。先拟定出数学节的名称由来、知识内容、实施计划、评价方法等,再由课程委员会及孩子代表进行评议确定。"趣味数学日"采用小组合作、家校联合的方式进行。各年级趣味数学日活动内容如下(见表5-2-5)。

表5-2-5 "趣味数学日"活动内容表

时　　间	年　　级	活　动　内　容
4月30日	一年级	火柴棒游戏
4月30日	二年级	剪纸课设计对称图形
4月30日	三年级	数学搭配中的和谐美
4月30日	四年级	玩数独游戏
4月30日	五年级	推理问题
4月30日	六年级	为自己设计理财方案

(二)"趣味数学日"的评价标准

　　为了让"趣味数学日"这个节日课程活动规范化、科学化,我们构建了适合孩子年龄特征的评价体系,保证课程的高效开展,从而真正促进孩子的发展。由主管领导、课程委员会的老师和孩子代表组成评价小组,从三个方面对各个活动小组进行评价。首先是资料查阅,然后在节日当天进行现场活动,最后是孩子座谈。"趣味数学日"评价标准如下(见表5-2-6)。

表5-2-6 "趣味数学日"的评价表

小组人员		评价教师	
课　题		班　级	
项　目	评　价　标　准		评　价
活动内容 10分	难易适度,符合孩子的年龄特征		
	有趣味性,提高孩子的兴趣		
	有神秘性,激发孩子的好奇心		
	贴合生活实际,提高孩子解决问题的实践能力		

项　目	评　价　标　准	评　价
活动形式 10 分	形式要生动活泼,把孩子引入求知的活动中	
	班班结合,数学知识与社交能力共同增长	
	家校结合,多方面开发资源	
	参与到社会生活活动中,提升多方面能力	
活动过程 10 分	孩子参与积极,主体作用发挥好	
	各种能力增长循序渐进	
	教师管理有方,孩子活动有序	
活动效果 10 分	孩子兴趣得到培养,个性特长得到发展	
	拓展了孩子的思维空间,培养了孩子的创新意识	
综合评价		
精彩之处:	问题及建议:	

三、构建"趣味数学节",让情感共同深化

(一)"趣味数学节"的实施

学校每年开展趣味数学节活动,旨在激发孩子学习数学的兴趣,营造轻松快乐的学习氛围,丰富孩子的校园文化生活,使孩子更全面地了解数学、喜爱数学、快乐学习数学。低段的活动有口算小能手、数学连环画;中段有手抄报、巧运算;高段有数独游戏、图案设计等。教师根据孩子年龄特点确定主题,巧妙创设不同问题情境。孩子的学习积极性得以最大地调动,孩子们的认知能力在各种问题的解决过程中得到深化,技能得到提升。成功的"趣味数学节"让我们师生共同享受数学学习过程,收获成功的喜悦。"趣味数学节"时间安排如下(见表 5-2-7)。

(二)"趣味数学节"的评价

"趣味数学节"的评价从活动内容的丰富性、活动形式的多样性、活动过程

的系统性、活动效果的完美性四个方面进行评价。具体评价标准如下(见表
5-2-8)。

表5-2-7　"趣味数学节"的安排表

时　　间	年　　级	活　动　内　容
5—6月	一年级	口算小能手
	三年级	手抄报
	五年级	数独游戏
11—12月	二年级	数学连环画
	四年级	巧运算
	六年级	图案设计

表5-2-8　"趣味数学节"活动评价表

班　级		小组成员	
评价教师		课　题	
项　目	评　价　标　准		评　分
活动内容 (30分)	1. 能针对教学内容和孩子实际确定有利于孩子全面发展的素质教学目标 2. 教学目标明确具体,符合课程标准要求 3. 知识与技能,数学思考,解决问题,情感与态度体现于活动的全过程		
活动形式 (20分)	1. 形式要生动活泼,把孩子引入求知的活动中 2. 班班结合,数学知识与社交能力共同增长 3. 家校结合,多方面开发资源 4. 参与到社会生活活动中,提升多方面能力		
活动过程 (30分)	1. 全体孩子主动参与,投入深刻,勤于动手,乐于探究,不同层次的孩子都有所收获,潜能得到开发,个性得到张扬 2. 在小组讨论、合作学习、动手实践中态度积极,课堂无死角,无"闲人"		
活动效果 (20分)	1. 活动气氛和谐活跃,师生、生生主动交往、愉快交流、互相促进、共同发展 2. 主动与他人合作,虚心听取别人的意见,敢于发表自己的独特见解		

四、构建"趣味社团",让知情共同升华

　　学校选派专业素养强的教师担任社团辅导员,在孩子自愿报名的前提下各班科任教师推荐并选拔有兴趣、有特长的孩子组建学校"趣味社团"。社团秉持数学性与趣味性相结合;认知与情境相融合的原则。快乐的数学游戏,引导孩子们满怀兴趣地学数学;创设自选课程,让孩子结合自己特点或特长,自主选择问题,探索解决问题;多种形式的实践活动,让孩子体验成功解决问题的喜悦。

(一)"趣味社团"的要义与操作

　　开学初,结合学校的传统活动和数学学科特点,各年级数学学科组建"趣味社团"在各班进行宣传,以尊重孩子为前提,孩子自主选课报名,最后确定社团的任课教师以及参社孩子名单。"趣味社团"课程如下(见表5-2-9)。

表5-2-9　"趣味社团"课程表

时　　间	地　　点	年　　级	社 团 名 称
周一下午	一(1)班教室	一年级	数星阁社团
周一下午	二(1)班教室	二年级	趣味社社团
周三下午	三(1)班教室	三年级	数迷园社团
周三下午	四(1)班教室	四年级	喜奥团社团
周五下午	五(1)班教室	五年级	启思社社团
周五下午	六(1)班教室	六年级	智多星社团

(二)"趣味社团"活动评价方法

　　"趣味社团"活动,激发孩子学习数学的兴趣,陶冶情趣、磨炼意志、增进友谊。"趣味社团"的评价标准如下(见表5-2-10)。

表5-2-10　"趣味社团"的评价表

评价项目	评 价 标 准	分　　数
过程评价	制定可行的管理制度及详细活动计划	
	活动主题、内容、形式有创新	

续　表

评价项目	评　价　标　准	分　数
过程评价	活动组织井然有序,学习氛围浓厚	
	社团名册及活动过程记录详实	
	活动照片及孩子作品保存完整	
	教师的指导张弛有度,有针对性	
	每次活动结束后都有相应的总结、反馈、评价	
成果展示	展示形式丰富新颖	
	内容符合社团特点、全面完整	
	活动小组分工合作有序	
	有借鉴价值的经验与反思	

综上所述,"趣味数学"课程是结合教材与孩子的生活实际设计的课程,它积极发掘孩子生活中的数学素材,努力适应不同年龄孩子的智力情况和能力特点。通过"趣味课堂""趣味数学日""趣味数学节""趣味社团"等实施途径,让孩子积极、深入地参与丰富多彩的数学活动,聚焦生态育人目标,搭建多样化的孩子体验、展示、交流平台,实现"自由飞翔,自然成长",让每一个孩子全面而有个性地发展。

（撰稿人：张荣　　刘彦媛　　朱斯俐　　胡晓悦　　凌玉群　　陶雪梅）

第六章

从符号到文化

现代社会倡导以知识的积累、利用、创新为主的知识经济,而传统知识教学观注重对教材知识的复制和传递,把孩子的学习指向于智能提高,常采取题海训练、死记硬背等方式,把学科知识以符号学习形式传递给孩子,忽视了孩子的人性价值和知识的发展性。面向未来的学习,促使学科课程设计对教学内容进行拓展与整合,把文化性、社会性和发展性等作为基本要素,让课堂教学与生活实际贴近、与孩子可持续性发展贴近、与社会文化贴近。把数学课程以一种文化形态呈现给孩子,让孩子从符号学习走向学科本质和意义建构,培养学生对知识学习的批判意识、探究意识和创新精神,促进孩子的终身学习,实现全面发展。

➡ 范式 11

耕深数学: 培育生命成长的沃土

　　南昌市邮政路小学数学学科教研组共有6组,共计37人,师资队伍优良,结构合理,拥有名师3人、省骨干教师3人、南昌市数学学科带头人3人、区骨干教师9人、东湖区学科带头人3人,多次在省、市、区各级优质课、基本功大赛中获奖。在长期的课程实践中,构建起"从孩子的内在需求出发,使其获得基础知识和基础技能的同时,掌握数学思想和方法,提高核心素养,形成自主能力"的体系,全体数学教师在不断实践研究中提炼出"耕深数学"的学科课程理念,进一步推动数学课程品质的提升。

第一部分　学科课程哲学

一、学科性质

　　《义务教育数学课程标准(2011年版)》指出:数学是研究数量关系和空间形式的科学。数学作为对于客观现象抽象概括而逐渐形成的科学语言与工具,不仅是自然科学和技术科学的基础,而且在人文科学与社会科学中发挥着越来越大的作用。特别是20世纪中叶以来,数学与计算机技术的结合在许多方面直接为社会创造价值,推动着社会生产力的发展。①

　　我校致力于通过"耕深数学"课程的实施,使孩子掌握必备的基础知识和基本技能;培养孩子的抽象思维和推理能力;提高孩子的创新意识和实践能力;促进孩

---

① 中华人民共和国教育部.义务教育数学课程标准(2011版)[S].北京:北京师范大学出版社 2012:1.

子在情感、态度与价值观等方面的发展。

二、学科课程理念

　　"耕深"作为一种耕作方式,意为把田地深层的土壤翻上来,浅层的土壤覆下去,以此改良土壤结构,增加收成。而"耕深数学"的理念是培育孩子数学成长之沃土,通过深度学习,深孩子成长所需的数学核心知识、数学本质、思维方法、关键能力和核心素养之根,繁孩子发展之枝,茂孩子个性之叶,使孩子在小学数学的学习中深深扎根于肥沃的土壤,每个邮小孩子个性成长,全面发展。

(一)"耕深数学": 显数学本质

　　"耕深数学"注重深度解读教材,凸显数学本质。以学科课程标准为基准,大胆打破教材的局限,变教教材为用教材,通过横向、纵向、渗透等多维度深度整合,对学科知识、学习资源、学习方式进行重组与再构,让学科知识的深耕更加系统。整合后的内容,以项目探究为抓手,拓展知识的宽度和广度,延伸知识的深度,让孩子在更加系统的学习中全面接受知识,清晰地了解知识点之间的关系,推进思维的发展,向学习的更深处迈进。

(二)"耕深数学": 善追本溯源

　　生物学上个体发展的历史就是群体发展的历史的重现,这一规律对于认知发展也是大体适用。[①] 从某种意义上说,数学教学是在重演它发生发展的历史。为此,"耕深数学"在数学教学中"追本溯源",引导孩子追溯数学知识的本源,透过知识冰冷的外衣,演绎数学知识背后的生动故事,拓展每一个知识产生的丰富背景、历史故事文化,从而丰富知识的内涵,让数学知识深深扎根。

(三)"耕深数学": 重思维发展

　　数学是思维的体操,孩子数学能力的发展是思维能力的发展。"耕深数学"注

---

① 张奠宙.小学数学教材中的大道理核心概念的理解与呈现[M].上海：上海教育出版社,2018：113.

重孩子思维能力的培养,向孩子提出"有挑战性的问题",把数学思考引向深处,让孩子有足够的时间和空间经历观察、猜测、推理、验证等活动过程,唤醒孩子的潜能,让知识向更深处生长,让思维向更深处发展。

(四)"耕深数学": 乐孩子创造

　　爱因斯坦说:"创造性原则寓于数学之中。""耕深数学"以培育生命沃土为基,立足于满足孩子的需求,从孩子的实际出发,因材施教,激发孩子探索创新的需求,推动孩子去创造性思考和学习。每一次问题的解决都是数学素养的提升,是数学智慧的生长,也是数学学习的愉快体验,更是数学智慧的创新。

(五)"耕深数学": 育孩子情感

　　"耕深数学"的学习是深度学习。孩子在教师的引领下,围绕具有挑战性的学习主题,去积极参与、体验成功、获取发展的学习过程。在此过程中,激发孩子学习数学的好奇心和求知欲,锻炼孩子克服困难的意志,建立其自信心,使孩子感受到数学与人类生活的密切联系及对人类历史发展的作用,体验数学活动充满着探索与创造,感受数学的严谨性以及数学结论的确定性。这些积极的情感体验对学好数学有着重要作用。

　　"耕深数学"追求在"发现问题、提出问题、分析问题、解决问题"的递进过程中提升孩子的数学素养,在教师的引领下,围绕具有挑战性的学习主题探究学习,促进孩子数学智慧的生长。

第二部分　学科课程目标

　　新课改以来,数学课程在课改的春风中"千树万树梨花开"。我校提出的"耕深"课程深深扎根于学科课程,既扎实培育孩子数学必备的知识、技能和核心素养,又虔诚播种,将孩子视为一个不断发展的生命体,致力于唤醒人格和心灵,使其顺势成长,实现"其天者全而其性得"。而这也正是教育的核心。为了实现这一目标,我校提出"耕深"数学学科课程目标。

一、学科课程总体目标

依据课程标准提出的"数学课程应该致力于实现义务教育阶段的培养目标,要面向全体孩子,适应孩子个性发展的需要,使得人人都能获得良好的数学教育,不同的人在数学上得到不同的发展。"将"耕深数学"课程总体目标分为知识技能目标、数学思考目标、问题解决目标、情感态度目标四个维度。

(一) 知识技能目标

耕深运算引导孩子经历数与代数的抽象、运算与建模等过程,掌握数与代数的基础知识和基本技能;耕深创意发展孩子对图形的抽象、分类、性质探讨、运动、位置确定等认知过程,掌握图形与几何的基础知识和基本技能;耕深统计培养孩子经历在实际问题中收集和处理数据、利用数据分析问题,获取信息的能力,掌握统计与概率的基础知识和基本技能;耕深体验促进孩子参与综合实践活动,积累综合运用数学知识、技能和方法等解决简单问题的数学活动经验。

(二) 数学思考目标

建立数感、符号意识和空间观念,初步形成几何直观和运算能力,发展形象思维与抽象思维;体会统计方法的意义,发展数据分析观念,感受随机现象;在参与观察、实验、猜想、证明、综合实践等数学活动中,发展合情推理和演绎推理能力,清晰地表达自己的想法;学会独立思考,体会数学的基本思想和思维方式。[①]

(三) 问题解决目标

养成多角度解读、分析信息并发现和提出问题的能力;在解决问题的过程中敢于尝试、敢于追问、敢于从失败中反思,学习和他人合作,积极倾听他人的见解,助力独立思考;在交流中感受思考和解决问题角度和方法的多样性,养成多想一会儿

[①] 中华人民共和国教育部. 义务教育数学课程标准(2011 版)[S]. 北京: 北京师范大学出版社, 2012: 9.

的习惯;问题解决后养成及时有效自查的习惯,掌握自查的基本方法,初步形成评价与反思的意识;积累一定的解决问题的思路和方法,提高解决实际问题的能力。

(四) 情感态度目标

有参加数学活动的主观欲望,有乐观积极的心态;不怕犯错、不怕失败,有从失败中找正确的阳光心态;能积极吸取他人意见和建议,但不偏听,不盲从,有自己独立的思考;能长期地思考一个问题,养成不轻易放弃的习惯,在来之不易的成功中养成数学自信。

二、学科课程年级目标

为实现不同的人在数学上得到不同的发展,我校在尊重孩子的知识和活动经验的基础上,充分遵循孩子认知和心理发展规律,因年级制宜、因学科知识制宜、因学习方式制宜、因活动能力制宜,设立相应年级目标。力求尊重每一个孩子,对每一个孩子给予充分的信任、宽容、耐心、期待、守望,让每一个孩子在原有水平上得到和谐、全面、可持续发展。依据"耕深数学"课程总目标,我们制定了六年的课程目标如下(见表6-1-1)。

表6-1-1 "耕深数学"课程年级目标表

目标　　类别 年级	知 识 技 能	数 学 思 考	问 题 解 决	情 感 态 度
一年级	1. 经历从日常生活中抽象出数的过程,理解100以内数的意义。 2. 能用数表示物体的个数或事物的顺序。 3. 在理解数的基础上能运用一一对应等活动	1. 初步学会从数学思维的角度观察事物的方法,如:比较简单的长度、大小、轻重等活动。 2. 在具体的生活情境中,经历认识钟表的过程,结合日常	1. 培养孩子积极参与数学学习活动,能从生活中发现并提出数学问题,提升解决数学问题的能力,从而达到学以致用。 2. 能够根据不同的标准对事物	1. 愿意了解生活中与数学相关的信息,积极主动参与数学学习活动。 2. 能在老师和同学的鼓励、帮助下,克服在数学活动中遇到的某些困难,获得成功的感受。

续　表

目标 类别 年级	知 识 技 能	数 学 思 考	问 题 解 决	情 感 态 度
一年级	比较物体数量的多少,并引导孩子学会用抽象的数字、符号表示具体数量的大小关系。 4. 借助加减法计算,体会加减法运算的意义,培养孩子解决问题的策略和能力。 5. 在经历观察、想象和交流的操作活动中,积累认识立体图形和平面图形的活动经验,初步建立空间观念。感受图形与日常生活的密切联系,激发学习图形的兴趣。 6. 在动手操作的活动中能运用分类的方法解决生活中相关的实际问题。 7. 通过拼、补、移、做等活动,培养孩子的动手能力和想象能力。 8. 经历简单的数据收集、整理、分析的过程,了解简单的数据处理方法。	作息时间,学会合理安排时间,养成良好的珍惜时间的习惯。 3. 结合生活实际感受简单的收集、整理信息的过程,具有对简单事物和简单信息筛选、比较、分类的意识,渗透简单的统计思想。 4. 在观察、猜测、验证等活动中发展孩子有序思考、质疑的能力,提高语言表达的完整性。	或数据进行分类,感受分类与生活的密切联系。 3. 能对简单的几何图形进行简单的分类,并能联系情境描述一些物体的相对位置。	3. 在运用数学知识和方法解决问题的过程中,初步养成乐于思考、勇于质疑等良好品质。

目标类别 年级	知 识 技 能	数 学 思 考	问 题 解 决	情 感 态 度
二年级	1. 联系生活实际认识万以内的数,理解数的实际含义;能准确进行运算;借助四则运算游戏比赛,增强计算能力。 2. 通过观察、操作等数学活动,认识简单的平面图形,感受平移、旋转、轴对称现象;认识物体的相对位置;掌握初步的测量、识图、画图的技能,发展空间观念。 3. 经历简单的数据收集和整理过程,了解调查的基本方法,能看懂他人对调查数据及结果的记录,会运用自己的方式呈现整理数据的结果。	1. 体会数学与生活的联系,体会加、减、乘、除法运算的意义。 2. 在对运算结果进行估计的过程中发展数感。 3. 经历从实际物体中抽象出角、正方形、长方形和平行四边形的过程,初步发展空间观念,体会研究图形方法的多样性。 4. 在解决熟悉的问题中,体会调查和收集整理数据的必要性。能对调查过程中获得的简单数据进行归类,体验数据中蕴涵着信息。	1. 能从地铁达人、花样测量等实践活动中发现和提出简单的数学问题并尝试解决。 2. 通过班级小管家、小小导购员等活动让孩子在生活中解决统计与概率相关的问题。 3. 了解分析问题和解决问题的方法,知道一个问题可以有不同的解决方法。 4. 体验与他人合作交流解决问题的过程,尝试回顾解决问题的过程。	1. 通过跳方格、奇妙的 24 点等游戏感受计算的乐趣,增强孩子的计算兴趣。 2. 用正方形、长方形、平行四边形等图形设计简单的图案,发展初步的审美意识。 3. 通过交流养成接纳鉴赏他人意见的良好习惯,在表达自己意见的过程中增强自信心和创造力,以及对数据调查的兴趣。 4. 能倾听别人的意见,尝试对别人的想法提出建议,知道应该尊重客观事实。

续　表

目标类别 年级	知 识 技 能	数 学 思 考	问 题 解 决	情 感 态 度
三年级	1. 经历从日常生活中抽象出数的过程, 初步认识分数和小数; 会比较数的大小, 并进行简单的计算。 2. 在解决现实问题的过程中, 经历抽象出混合算式的过程, 理解混合运算的意义和运算顺序, 能准确进行运算, 体会混合运算与生活的密切联系。 3. 结合具体情景认识质量单位千克、克、吨; 认识年、月、日, 了解它们之间的关系。认识 24 时法, 并能计算简单的经过时间。 4. 能结合具体的情境进行估算, 进一步发展估算的意识和能力。 5. 通过观察操作, 初步认识轴对称图形。结合实例感受	1. 能结合具体情境进行估算, 进一步发展估算的意识和能力, 并发展数感。 2. 经历分析轴对称图形特征和观察物体平移, 旋转运动的过程, 发展空间想象能力。 3. 经历简单的数据收集、整理和分析的过程, 了解简单的数据处理方法, 体验数据中蕴涵的信息。 4. 经历对生活中的某些现象进行推理判断的过程, 能够对这些现象进行合理的分析。能独立思考, 会用语言清晰表达自己的想法。 5. 经历分析轴对称图形特征和观察物体平移、旋转运动的过程, 发展空间想象能力。	1. 经历麦田里的数学等系列实践活动, 体验运用所学的知识、思想和方法解决实际问题, 感受数学在生活中的作用。 2. 了解分析问题和解决问题的一些基本方法, 知道同一个问题可以有不同的解决方法。 3. 尝试回顾解决问题的过程。 4. 能对数据进行简单分析, 了解简单的数据处理方法, 解决简单的实际问题。	1. 通过探索时间的规律、文化等活动, 充分感受合理安排时间和惜时守信的重要性。养成热爱生命、珍惜时间的好习惯。 2. 在与同伴的合作学习下, 感受数学活动中的成功, 能尝试克服困难。 3. 在剪纸等实践操作活动中, 激发数学的兴趣和好奇心。 4. 在整理数据的过程中, 初步养成认真、仔细的良好习惯。 5. 在实践操作、讨论交流等活动中积累活动经验, 初步养成独立思考、勇于探索的习惯。

目标类别 年级	知 识 技 能	数 学 思 考	问 题 解 决	情 感 态 度
三年级	平移、旋转现象,能辨认简单图形平移后的图形,并运用它们设计简单的图案。 6. 结合具体实物或图形,通过观察、操作、比较、归纳等学习活动认识周长和面积,理解周长和面积的实际含义,初步建立周长和面积的概念。 7. 经历简单的数据收集、整理和分析的过程,了解简单的数据处理方法,能用自己的方式呈现整理数据的结果。			
四年级	1. 经历收集日常生活中常见大数的过程,认识亿以内的数;理解小数的实际意义,了解负数的意义;掌握必要的运算技能;理解估算的意义;能用方程表示简单的数	1. 初步形成数感和空间观念,感受符号和几何直观的作用。 2. 通过实例感受简单的随机现象,体验事件发生的可能性有大有小,并对可能性大小作出定性描述。	1. 借助奥运中的数学、电影票里的学问等具体情境,尝试从中发现并提出简单的数学问题,并运用知识加以解决。感受数学在生活中的应用,发展应用意识。	1. 借助大数据以及计算器的使用、算盘文化等,了解社会生活中与数学相关的信息,主动参与数学学习活动。 2. 在他人的鼓励和引导下,体验克服困难、解决问题的过

续　表

目标 类别 年级	知识技能	数学思考	问题解决	情感态度
四年级	量关系,能解简单的方程。 2. 探索线与角的形状、大小、位置关系,了解三角形和四边形的基本特征;了解确定位置的一些基本方法;掌握识图和画图的基本方法。 3. 经历数据的收集、整理和分析的过程,掌握一些简单的数据处理技能;体验随机事件和事件发生的可能性。 4. 能借助计算器解决简单的应用问题。	3. 在观察、实验、猜想、验证等活动中,发展合情推理能力,能进行有条理的思考,能比较清楚地表达自己的思考过程与结果。 4. 会独立思考,体会一些数学的基本思想。	2. 能探索分析和解决简单问题的有效方法,了解解决问题方法的多样性。 3. 经历与他人合作交流解决问题的过程,初步尝试解释自己的思考过程。 4. 能回顾解决问题的过程,初步判断结果的合理性。	程,相信自己能够学好数学。 3. 初步养成乐于思考、勇于质疑、言必有据的良好品质。
五年级	1. 经历探索数的有关特征的活动,认识自然数和整数、奇数和偶数、质数和合数、倍数和因数;根据解决问题的需要,收集有用的信息,进行归纳、类比与猜测,发展初步的合情推	1. 进一步认识到数据中蕴含着信息,发展数据分析观念;通过实例感受简单的随机现象。 2. 在操作的过程中,能用分数表示可能性的大小,能对一些简单的随机现象发生的可	1. 利用数形结合的数学思想,表示因数与倍数的关系;能合理借助几何直观正确表达分数应用题中的相关数量关系,将复杂抽象的问题用清晰直观的图例来表达,并尝试解决抽象的	1. 通过探究数字的相关现象,培养对数学的兴趣,能够主动参与数学学习活动。 2. 深入解读"鸡兔同笼"的数学文化,感受祖先的聪明才智,增强学好数学的自信心,初步养成乐于

续　表

目标类别／年级	知 识 技 能	数 学 思 考	问 题 解 决	情 感 态 度
五年级	理能力。 2. 探索长方体、正方体立体图形的形状、大小和位置关系,深入认识并掌握长方体的基本特征;结合具体情境,推导平面图形面积公式,测量立体图形的各部分数据,计算长方体的棱长、表面积及体积,发展孩子的空间观念。 3. 经历数据收集、整理和分析的过程,体会统计的作用,发展统计观念;通过实例,了解扇形统计图的特点与作用;能根据需要,选择合适的统计图,直观、有效地表示数据。	能性大小作出定性描述。	数学问题。 2. 经历实际生活调查、数据分析,选择适合自己的消费方式的过程,探索分析和解决简单问题的有效方法,了解解决问题方法的多样性。 3. 经历与他人合作交流解决问题的过程,尝试解释自己的思考过程。	思考、勇于质疑、言必有据等良好品质。 3. 在运用数学知识和方法解决问题的过程中,认识数学的价值。
六年级	1. 结合具体情境,理解小数和分数的意义,理解百分数的意义;会进行小数、分数和百分数的转化。	1. 在观察、猜想、综合实践等学习活动中,培养孩子有序思考的思维品质,发展合情推理能力,能比较清楚地表	1. 经历简单的收集、整理和分析数据的过程,能解释统计结果,根据统计结果做出简单的判断和预测。通过尝	1. 愿意了解社会生活中与数学相关的信息,主动参与数学学习活动。 2. 了解圆的相关信息,感受圆在生活中的广

续　表

目标 类别 年级	知 识 技 能	数 学 思 考	问 题 解 决	情 感 态 度
六年级	2. 认识中括号，能进行简单的整数、小数、分数、百分数四则混合运算。 3. 探索并了解运算律，会运用运算率进行简便计算。 4. 能选择合适的方法进行估算。能解决简单的实际问题，探索简单的规律。探索图形的形状、大小和位置关系，了解一些几何体和平面图形的基本特征；体验简单图形的运动过程，能在方格纸上画出简单图形运动后的图形，了解确定物体位置的一些基本方法；掌握测量、识图和画图的基本方法，能从平移、旋转和轴对称的角度欣赏生活中的图案，并运用它们在方格纸上设计简单的图案。 5. 认识复式折线统计图，能解释统计结果，根据结果作出简单的判断和预测，并进行交流。	达自己的思考过程与结果。 2. 初步形成数感和空间观念，感受符号和几何直观的作用。 3. 会独立思考，体会一些数学的基本思想。	试理财、绘制学校平面图等实践活动，了解相关项目及信息，经历分析、对比、合理判断的过程，发展孩子的应用意识。 2. 能探索分析和解决简单问题的有效方法，了解解决问题方法的多样性。 3. 通过应用和反思，回顾解决问题的过程，进一步理解所学的知识和方法，了解知识之间的联系。	泛应用，逐步形成坚持真理、严谨求实的科学态度。 3. 经历有目的、有设计、有步骤、有合作的实践活动。通过应用和反思，进一步理解所用的知识和方法，了解所学知识之间的联系，获得数学活动经验。

第三部分　数学学科课程框架

一、学科课程结构

依据小学数学学科的课程标准,"耕深数学"课程分为"耕深运算""耕深创意""耕深统计""耕深体验"四大类别,课程结构如下图(见图6-1-1)。

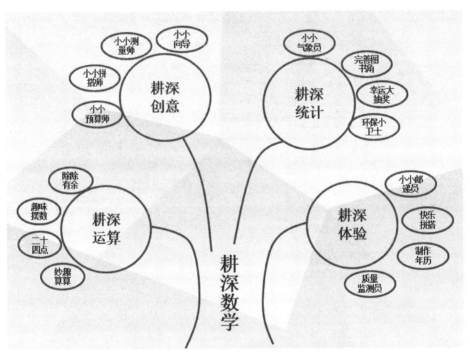

图6-1-1　"耕深数学"课程结构示意图

(一) 耕深运算

内容为数的运算及和运算相关联的趣味游戏等。开设的课程有"计算小行家""除除有余""巧算专家""易学算术""妙趣算算""数学百分百"等。"数与代数"是小学数学基础课程的重要领域,开设与"数与代数"相关联的拓展课程,旨在建立孩子的数感,发展孩子的运算能力,使孩子能选择有效的运算策略解决生活中的实际问题。

(二) 耕深创意

内容为拼搭图形、创造图形,以及设计创造空间模型。开设的课程有"小小拼搭师""小小测量师""小小创意师"等。"图形与几何"是小学数学基础课程的重要领域,开设与"图形与几何"相关联的拓展课程,注重发展孩子的空间观念,经历拼搭图形的过程,体会图形之间的联系与变化,在活动中提高动手操作的能力,发展初步的创新意识,感受图形之美。

(三) 耕深统计

内容为数据的分类、收集、整理、分析,感受简单的随机事件及其结果发生的可能性有大有小。开设的课程有"整理我能行""环保小卫士""完善图书角"等。"统计与概率"是小学数学基础课程的重要领域,开设"统计与概率"相关联的拓展课程,注重发展孩子的数据分析观念。掌握分类、整理的有效方法,会选择合适的呈现方式整理数据,能对数据进行分析、思考,并以此为依据对问题进行预判、分析、调整和决策。

(四) 耕深体验

内容为创设生活情境,解决生活中真实存在的问题。开设的课程有"制作年历""购物小达人""生活中的数学"和"旅游中的数学"等。"综合与实践"是小学数学基础课程的重要领域,充分利用真实情境,调动孩子感官和智慧,让孩子全情投入实际问题的解决和思考中,在触手可得的平常实践中独立思考、交流合作、运用知识和技能,并能从互相学习中发现自己和他人的优点和弱点,培养良好人格。

二、学科课程设置

根据"耕深数学"课程的整体架构,在夯实国家基础课程之外,我们针对孩子的年龄特点和学校实际设计和实施了拓展类学习课程,具体课程设置如下(见表6-1-2)。

表6-1-2 "耕深数学"课程设置表

实施年级		耕深运算	耕深创意	耕深统计	耕深体验
一年级	上学期	易加易减	小小拼搭师(一)(立体图形)	玩具分家	小小邮递员(送信)
	下学期	趣味摆数(摆一摆)	小小拼搭师(二)(平面图形)	整理我能行	购物小达人(人民币内容)
二年级	上学期	百数能手	小小测量师	小小气象员	快乐拼搭(一副三角板拼角)
	下学期	除除有余	小小设计师(轴对称或者平移内容)	完善图书角	小小侦探家(推理)
三年级	上学期	计算小行家	小小采购员(长方形、正方形周长)	社区调查	与时间赛跑(时、分、秒)
	下学期	二十四点	小小向导(位置与方向)	统计小能手(复式统计表)	制作年历
四年级	上学期	巧算专家	小小水电工(高)	环保小卫士	生活小达人(合理安排时间)
	下学期	加减乘除	探秘内角和	营养午餐	鸡兔同笼
五年级	上学期	未知世界"x"	小小预算师(多边形的面积)	幸运大抽奖(可能性)	生活中的数学(植树问题)
	下学期	妙趣算算(因数与倍数)	小小包装师(表面积)	环保监测(折线统计图)	质量监测员(找次品)
六年级	上学期	数学百分百	小小旅行者(生活中的"圆")	家庭消费我参与(扇形统计图)	妙笔绘图
	下学期	玩转数字	小小创意师	我的变化我知道	旅行中的数学

第四部分　数学学科课程实施与评价

学习是一个基于学习主体的动态过程,这就要求数学课程的实施要符合孩子的认知规律,贴近孩子的实际,这样有利于孩子的体验与理解、思考与探索。课程内容的组织要重视过程,要重视直观,要重视直接经验。"纸上得来终觉浅,绝知此事要躬行",经历即获得、思考即收获。

"耕深课堂"是学校"心根课程"体系框架的一部分。"心根"是一个人成长的心灵根基,是每个人认识世界的价值取向。育人先育心,浇花先浇根,"耕深课堂"深深扎根于孩子心灵,从孩子中来,到孩子中去,像农民对待田里庄稼一样浓厚、深沉地爱孩子;像农民精心筛选种子那样专研知识、选择内容。尊重每一个孩子,从尊重出发拉伸课程的内容和评价的弹性,在包容、多样的实践中引起孩子既火热又深沉的思考,让孩子终身受用。

一、夯实"土壤课程",培育成长土壤

"土壤课程"就是基础课程。基础课程是最基本最基础的,它的重要性不言而喻。自新课改以来,教师在课堂中的角色从主动传授转变成引导者、组织者与合作者,从教材的传授者变成课堂的建设者,而且随着时代的发展,作为学习主体的孩子不再是一张白纸进课堂,那么一节数学课不再仅仅建立在知识本身的基础上,更应该关注作为学习主体的孩子的认知和经验的出发点。基于此我们扎实开展"单元前测",以单元为单位,在新授前通过精心设计问题,了解孩子的知识和经验基础,依循认知规律,为后面的课堂实施提供设计依据。

(一)"土壤课程"实施

叶圣陶先生说:"教育是农业,不是工业。"为了有效实现数学课堂育人功能"深耕",基于扎实的"单元前测",我们纵向做了以下尝试:

1. 像农民深耕细翻土地那样精心设计问题情境。[1] 好的数学问题情境不能仅仅是投其所好,只求"热闹",应该像西班牙斗牛士的红布,能点燃孩子挑战的激情,唤起孩子揭开数学神秘面纱的冲动。我们从孩子"学"的视角,在研究教材的基础上创造性地设计情境,根据年龄特点,设计游戏、谜语、问题、动画、表演等多种形式,为孩子的后续主动探究埋下"种子",以求达到"入之愈深,其进愈难,而其见愈奇"的境

---

① 华应龙.我就是数学[M].华东师范大学出版社,2009:203.

界。不仅如此,我们还紧跟时势,创造性地运用爱国主义素材,达到认知与德行自然融合。如教授五年级下册数学广角的"植树问题"时,鉴于部分孩子已经提前学习的前测分析,恰逢建国70周年阅兵,我们经过多方筛选调整,最后确定用阅兵式前的"标兵精准就位"情境,让所有孩子眼前一亮,问题抛出,各个摩拳擦掌,跃跃欲试。好的情境就在身边,需要教师时时像农民一样,心中有孩子,细细地为孩子培育思考的土壤。

2. 像农民因地、因时、因物制宜地栽培作物那样调整课堂、尊重生成。在农业耕种过程中,不可预知的东西太多,所以农民总是不断地调整,因地制宜、因时制宜、因物制宜地栽培、呵护作物。① 《义务教育数学课程标准(2011年版)》强调了孩子自主获得活动经验的重要性,在动态、生动的生成中,数学课堂的灵动和不可预设必然是常态,所以尊重孩子,尊重课堂中的自然生成,精心呵护它,细细培育它,针对有价值的生成更要充分地利用它,让它如迸发的火苗般点燃他人的思考。这就需要教师对预设全情地投入,兢兢业业地付出。只要是孩子在思辨中自己走出的路,我们都要尊重。

3. 像农民看天、摸土等待时机那样寻找课堂上大胆地退与适宜地进的时机。思维生长就像耕种一样,我们应该像农民那样耐心地等待,不做揠苗助长、贻笑大方的傻事。② 要想让孩子自己获得知识,就要针对知识的矛盾冲突点,放开时间让孩子充分思考、交流,错着错着,辩着辩着,大部分孩子在愤悱状态中豁然开朗,看似浪费时间,可是,长久的实践,让我们感受到等待的值得,因为在这个过程中,孩子真正成为学习的主人。我们从来不缺乏发现问题的眼睛,可创新性人才更需要的是对一个问题持续不断地思考,我们的课堂慢下来,孩子可以一直想一直想,在我们勇敢的"退"中,孩子的交流会在思辨中深入,教师适时的"进"提供适当的帮助,孩子从经历到获得,从学习到建构,充分地发挥了主体性。

4. 像农民关注作物的生命力那样关注孩子精神和灵魂的提升。一位哲人曾说:"人不是一件东西,他是置身于不断发展过程中的生命体。在生命的每一时刻,他都在成为却永远尚未成为他能够成为的那个人。"我们的教育要像农业一样,要有期待和守望,要有每节课堂上的信任和宽容。在关注学科知识获得和技能方法

---

① 华应龙.我就是数学[M].华东师范大学出版社,2009:204.
② 华应龙.我就是数学[M].华东师范大学出版社,2009:203.

习得的前提下,我们更加关注孩子思维的提升以及品格的形成,尊重每个孩子作为人的成长的独特性,在人人都获得良好的数学教育的基础上使得不同的孩子在数学上都能得到发展。

(二)"土壤课程"评价标准

为更好落实"耕深课堂",了解"耕深课堂"实施情况,以作出进一步的调整,学校建立了主体多元、目标丰富、方法多样的动态评价体系。把结果和过程性评价相结合,重视过程性评价,着重关注孩子的课堂表现,孩子参与的主动性和热情、交流合作意识、技能方法的运用、接受能力和受挫折能力、及时调整的能力等。"耕深课堂"评价标准如下(见表6-1-3)。

表6-1-3 "耕深课堂"评价标准表

课 题			执教人		评课人		班级	
因材施教	趣味性 30分	1. 目标明确。学习目标的制定明晰,叙写规范,目标具体可测评。 2. 以学定教。立足孩子已有的经验基础,充分考虑孩子的兴趣,根据学习的内容挖掘各种教学资源,创设孩子感兴趣的情境,调动孩子的学习热情。 3. 因材施教。在课堂教学的各个环节,关注孩子差异性,兼顾各个层面的孩子。						
	主体性 20分	1. 体现活动自主,遵守让孩子自主发现问题,提出问题,分析问题,解决问题的原则。 2. 赏识激励。关注学习过程,课堂评价及时准确,以激励、欣赏为主。 3. 寓教于乐。教态亲切,语言亲和,方法灵活。						
学有所获	参与度 20分	1. 互帮互学。有效进行小组合作学习。 2. 积极参与。在学习过程中孩子积极投入,气氛活跃。 3. 乐思耕深。孩子的思维有广度有深度,勇于发表自己的观点,乐于听取别人的意见。						
	发展性 20分	1. 知行合一。重知识与能力的综合,过程与技能的转化,体验与品质的过渡。 2. 目标达成。体现教——学——评的一致性,学习目标达成度高。 3. 启迪心灵。关注孩子的内心成长,让孩子在学习知识中体会到学习的快乐,乐学乐思。						
创新性 10分		恰当运用电子白板等多媒体,理念先进,教师创教,孩子创学,课堂中有创新点。						
综合评价及总分								

二、组建"茎干课程"群,全面丰富课程

为了有效促进学习的深度发生,依托分学段"主题研究课",我们设置了丰富的"茎干课程",在常规的肥沃学习土壤中,孩子以主题研究为载体,了解知识的生活实际及知识的文化历史,不仅丰盈了数学知识内涵,而且在问题解决过程中拓宽了儿童视野,提升了综合素质。

(一)"茎干课程"的实施

1. 培养孩子持续深入地思考一个问题的习惯并形成能力。学校依托数创绘本和数学阅读,针对孩子在本学年的学习内容,设置一个研究大主题,孩子在一个学期中自主选择一个课题进行研究。"茎干课程"内容见表6-1-4。

2. 在大主题下孩子自主选择,个人或者小组通过各种方式查阅资料并在学期末交流、推广。

3. 学习成果以汇报、宣讲、手抄报、表演等形式在学期总结时作专题总结。

表6-1-4　"茎干课程"内容表

年　级	课　　题	书　　目
一年级	过去的人是怎么数数的	《过去的人们是怎么数数的呢?》
二年级	竟然还有这些数字	《数字——破解万物的钥匙》
三年级	阿拉伯数字一统天下的秘诀	《数字——破解万物的钥匙》
四年级	1. 绝望的分数 2. 你真的会吗?	1.《要命的数学》 2.《特别要命的数学》
五年级	测来测去——长度、面积和体积	《逃不出的怪圈——圆和其他图形》
六年级	寻找你的幸运星	《寻找你的幸运星——概率的秘密》

(二)"茎干课程"的评价标准

我们从实施过程和成果展示两方面对"茎干课程"进行评价,具体标准如下(见表6-1-5)。

表 6-1-5 "茎干课程"评价标准表

评价项目	评 价 标 准	评 价
过程评价 (70分)	阅读数学故事到熟练程度(10分)	
	通过多种形式针对感兴趣的内容搜集资料(10分)	
	保留思考记录和交流记录(10分)	
	自主选择喜欢的分享方式(10分)	
	教师的指导张弛有度,有针对性(10分)	
	碰到困难会主动寻求帮助(10分)	
	认真准备分享方式(10分)	
成果展示 (30分)	展示形式新颖(10分)	
	内容用心,有交流性(10分)	
	会真诚交流、分享和反思自己的作品(5分)	
	善于从其他的作品中学习(5分)	

三、依托社团,绽放"枝叶课程",发展孩子能力

想要实现教育的育人价值,就要真正做到从以书本为中心到以现实问题为基点,从教室走向社会大课堂,从以教师为主导到师生共同学习创造,师生不断打破学科界限,多角度思考并解决问题。依托社团,针对真实问题,帮助孩子摆脱学科思维纵向的单一性,摆脱思维定势,在解决问题中发挥孩子的超凡创造力,在合作中培养孩子的交流能力,在面对挫折中锻炼坚强品格,学以致用,培养健全的完整的人。这需要我们不断地创设和丰富我们的课程内容。

(一)"枝叶课程"实施

依托学校两大社团——"堂堂学科融合工作室""科技工作室",从信息技术和科技两大抓手着力,每周五下午定期开展数学科学小实验。"耕深数学社团"课程安排如下(见表6-1-6),每次活动做好记录,具体内容如下(见表6-1-7)。

表6-1-6　"耕深数学社团"课程安排表

堂堂学科融合工作室	科技工作室
可以这样制作数学游戏	抛骰子的秘密(统计概率)
模拟购物	影长的变化(测量)
期末大抽奖	怎样剪会多一块?(图形的拼剪)
有趣的点名	难舍难分的两本书(面积与摩擦力)
数学小老师	这样买才划算(数学与购物)
	一笔画的秘密(交点的秘密)
	单面纸(面的再认识)
	水池问题(长度、面积、体积)

表6-1-7　课程活动记录表

实验材料	
实验步骤	
实验原理	
实验图片	

(二)"枝叶课程"评价标准

　　"枝叶课程"的评价包括过程评价和成果展示两个方面,具体评价标准如下(见表6-1-8)。

表6-1-8　"枝叶课程"评价表

评价项目	评　价　标　准	评　价
过程评价(70分)	积极参与、认真倾听(10分)	
	主动参与小组交流合作(10分)	
	保留思考记录和交流记录(10分)	
	自主选择选择喜欢的分享方式(10分)	
	教师的指导有针对性(10分)	

续　表

评价项目	评　价　标　准	评　价
过程评价 (70分)	碰到困难会主动寻求帮助(10分)	
	认真准备分享方式(10分)	
成果展示 (30分)	用自己思考的方式记录(10分)	
	主动参与成果展示(10分)	
	会真诚交流、分享和反思自己的作品(5分)	
	善于从其他的作品中学习(5分)	

综上所述,"耕深数学"夯实基础课程,借助数学思想方法,带着孩子纵向深潜,借助"茎叶"和"枝叶"课程横向丰盈数学知识,将孩子的"学"建立在纵横之间。多维立体的学习空间,既有知识性、专业性,更有社会性、文化性和发展性。这样的课程是主动的、变化的,是富有挑战性的、原生态的,是富有价值的,为孩子的终身学习和发展奠定了坚实的基础。

　　　　　　　　　(撰稿人:曾欢　　罗炉枝　　周红娟　　彭素萍　　刘娜

　　　　　　　　　　　　　喻莉　　周国华)

➡ 范式 12

益智数学: 启发孩子高阶思维

　　南昌市东湖区南林小学数学学科组,现有教师 6 人,中小学一级教师 6 人,是一支平均年龄在 35 岁以上、有着丰富教学经验的教学队伍。秉承"益智数学"的课程理念,数学组充分发挥团队合作的优势,组织开展听课、评课、磨课等教研活动,积极参与各级各类教育教学活动。为进一步提升学校数学学科课程品质,更好地落实《教育部关于全面深化课程改革,落实立德树人根本任务的意见》《义务教育数学课程标准(2011 年版)》等政策精神,学校深入推进"益智数学"学科课程建设,进行深度教学,启发孩子高阶思维,提升孩子数学核心素养。

第一部分　学科课程哲学

一、学科性质观

　　《义务教育数学课程标准(2011 年版)》指出:"数学是研究数量关系和空间形式的科学。数学与人类发展和社会进步息息相关,随着现代信息技术的飞速发展,数学更加广泛应用于社会生产和日常生活的各个方面。数学作为对于客观现象抽象概括而逐渐形成的科学语言与工具,不仅是自然科学和技术科学的基础,而且在人文科学与社会科学中发挥着越来越大的作用。特别是 20 世纪中叶以来,数学与计算机技术的结合在许多方面直接为社会创造价值,推动着社会生产力的发展。"①数学素养是现代社会的每一个公民都应该具备的基本素养,发展学生的数学素养

---

① 中华人民共和国教育部. 义务教育数学课程标准(2011 年版)[S]. 北京: 北京师范大学出版社, 2012: 1.

是数学教育的重要任务。

数学体现的是人类的思维精华,能提升人的思维品质,培养人的情感态度,数学教育作为促进学生全面发展教育的重要组成部分,既要使学生掌握现代生活和学习中所备的数学知识与技能,更要发挥数学在培养人的思维能力和创新能力方面不可替代的作用,使学生获得极为重要的数学素养。[①] 如果说核心素养是教育最高目标,那么深度学习就是实现目标的方法和重要途径了。在数学教育中科学运用深度学习的方式,引导学生建立数学思想和方法,培养学生用数学思想方法处理和解决问题的能力,有效培养孩子良好的思维能力,打开孩子想象力,从而增强孩子数学核心素养。

综上所述,我们认为,数学课程是关注孩子的发展,立足每一个孩子健康成长的课程。数学课程体现人类生活与数学之间的联系,数学课程也可看成是一系列用数学思想与方法不断解决实际问题的活动。数学课程以孩子的发展为本,使孩子掌握必备的知识和技能,培养孩子的抽象思维和推理能力,培养孩子的创新意识和实践能力,促进孩子在情感、态度与价值观等方面的改变,为孩子未来生活、工作和学习奠定重要的基础。孩子的个人知识、直接经验和现实世界都是课程的重要资源。

二、学科课程理念

《义务教育数学课程标准(2011 年版)》明确提出了"数学教学活动,特别是课堂数学应激发学生兴趣,调动学生积极性,引发学生的数学思考,鼓励学生的创造性思维,要注重培养学生良好的数学学习习惯,使学生掌握恰当的数学学习方法。"数学是一门自然科学,是一种思维方式,更是一种文化思想。新课程下的小学数学课堂教学强调学生的发展,注重调动学生的内在潜力,培养学生深度学习的能力。随着新课程改革的深入发展,"数学文化"成为我们培养孩子终生学习能力的重要组成部分。为此,结合我校数学学科的实际情况,提出以"益智数学"为核心的数学学科理念,力图在数学课程实施过程中着重培养孩子掌握基本思维方法,积累基本思维经验,提升思维品质,养成思维习惯,在数学学习过程中受到文化感染,体会数学

[①] 中华人民共和国教育部. 义务教育数学课程标准(2011 年版)[S]. 北京:北京师范大学出版社, 2012:1.

的文化品位,在深层次上促使孩子更加喜爱数学学科、喜爱数学学习、喜爱数学课堂。关注引导孩子发现自己,帮助孩子发展自己,指导孩子提升自己,培养孩子创造自己。

(一)"益智数学"有营养

　　"有营养"的数学教育就是在孩子数学学习过程中获得终身可持续发展所需要的基础知识,基本技能,基本数学思想和基本活动经验、文化品位,以及科学的探究态度,解决实际问题的创新能力的教育。数学特级教师吴正宪主张"与其教严格的不理解的数学知识,不如教不严格的理解的数学知识"。益智数学就是要把数学课程烹调成有营养的,让孩子能学的、爱学的和能给孩子良好感悟的数学学习。重在孩子学习的真理解,只有孩子理解的数学才是最好的、有营养、增智慧的数学。

(二)"益智数学"有学生

　　教育是一个生命对另一个生命的影响,是开启孩子智慧和创造力量的过程,是健全孩子人格和培养卓越品质的需要。作为教师,有时候很容易被一种"恨铁不成钢"的情绪蒙蔽双眼,只看到孩子的缺点和不足,按自己的想法对孩子挑剔不已。"益智数学"让老师用心走进孩子的内心世界,理解孩子的经验,理解孩子的语言,理解孩子的思想,理解孩子的困惑,理解孩子的错误,理解孩子的心理,以童心感悟童心,以童心理解童心,"知其因,晓其果",看清孩子的思维阻碍,帮助孩子打开思维大门,促进智慧生成与发展,在教与学的良性互动中,提高教的有效性、学的深入性。

(三)"益智数学"有实践

　　斯托里亚尔在《数学教育学》一书中指出"数学教学是数学活动的教学,也是思维活动的教学"。"活动与体验"是深度学习的核心特征,是以孩子为主体的主动活动。因此,在小学数学深度学习中,教学是理智与情感共在的、鲜活的、有温度的活动。关注数学活动,让数学实践由表层走向深入,并在活动中培养孩子的数学思维,不但能更好地提升孩子的数学素养,也能为孩子智慧成长打下坚实的基础。益智数学为孩子打造"做"的过程和"思考"的过程。将"学"与"做","做"与"思"有效结合,通过真实、多样的操作实践,让孩子经历"活生生"的智慧体验。

(四)"益智数学"有分享

建构主义强调,学习是通过某种社会文化的参与而内化相关知识和技能,掌握有关工具的过程。这一过程要通过学习共同体与合作互助完成。因此,"有分享"的学习就是在分享、交流个体的观点、经验的过程中获得思维碰撞、启发、修正和完善,使碎片化的认知得以系统化,使个体智慧实现自主成长。

第二部分　学科课程目标

《义务教育数学课程标准(2011年版)》中课程的基本理念指出:数学教学活动必须激发学生兴趣,调动孩子积极性,引发学生思考,通过义务教育阶段的数学学习,让学生能获得适应社会生活和进一步发展所必需的数学的基础知识、基本技能、基本思想、基本活动经验;体会数学知识之间、数学与其他学科之间、数学与生活之间的联系,运用数学的思维方式进行思考,增强发现和提出问题的能力、分析和解决问题的能力;了解数学的价值,提高学习数学的兴趣,增强学好数学的信心,养成良好的学习习惯,具有初步的创新意识和科学态度。基于数学学科核心素养的内涵,着力培养孩子的"数感、符号意识、空间观念、几何直观、数据分析观念、运算能力、推理能力、模型思想、应用意识和创新意识"十大数学核心素养。[①] 我校提出如下数学学科课程目标。

一、学科课程总体目标

(一)核心知识:多领域的数学概念

经历数与代数的抽象、运算与建模等过程,掌握数与代数的基础知识和基本技

---

① 中华人民共和国教育部.义务教育数学课程标准(2011年版)[S].北京:北京师范大学出版社,2012:
2,8.

能。经历图形的抽象、分类、性质探讨、运动、位置确定等过程,掌握图形与几何的基础知识和基本技能。经历在实际问题中收集和处理数据、利用数据分析问题、获取信息的过程,掌握统计与概率的基础知识和基本技能。①

(二) 关键能力: 数学问题的解决能力

初步学会从数学的角度发现问题和提出问题,综合运用数学知识、技能和方法等解决简单的实际问题,增强应用意识,提高实践能力;获得分析问题和解决问题的一些基本方法,体验解决问题方法的多样性,发展创新意识;学会运用数学的基本思想和思维方法独立思考;学会与他人合作交流;初步形成评价与反思的意识。②

(三) 思维方法: 数学学科的科学思维

建立数感、符号意识和空间观念,初步形成几何直观和运算能力,发展形象思维与抽象思维。在参与观察、实验、猜想、证明、综合实践等数学活动中,发展合情推理和演绎推理能力,清晰地表达自己的想法。体会统计方法的意义,发展数据分析观念,感受随机现象。③

(四) 情感态度: 积极参与数学活动

对数学有好奇心和求知欲。在数学学习过程中,体验获得成功的乐趣,锻炼克服困难的意志,建立自信心。体会数学的特点,了解数学的价值。养成认真勤奋、独立思考、合作交流、反思质疑等学习习惯,形成实事求是的科学态度。④

二、学科课程年段目标

义务教育阶段的数学课程要面向全体学生,适应学生个性发展的需要,使得人

---

① 中华人民共和国教育部. 义务教育数学课程标准 (2011 年版) [S]. 北京: 北京师范大学出版社, 2012: 8.
② 同上书,第 9 页。
③ 同上。
④ 同上。

人都能获得良好的数学教育,不同的人在数学上得到不同的发展。① 我校在"益智课堂"教学活动中注意发挥孩子的主动性、独立性和创造性,尽可能地传授知识,拓宽知识领域,培养兴趣爱好,发展孩子的数学才能。根据我校的实际情况特制定一至六年级的课程目标如下(见表6-2-1)。

表6-2-1 "益智数学"课程年段目标表

目标 年级	知 识 技 能	关 键 能 力	思 维 方 法	情 感 态 度
一年级	1. 经历从日常生活中抽象出数的过程。 2. 能用数表示物体的个数或事物的顺序。 3. 引导孩子学会用抽象的数字、符号表示具体数量的大小关系。 4. 在"计算大本营"中体会加减法运算的意义。 5. 在"快乐拼搭"中认识立体图形和平面图形。	1. 初步学会从数学思维的角度观察事物的方法。 2. 在具体的生活情境中,经历认识钟表的过程。 3. 结合"小小商店"感受简单的收集、整理信息的过程,渗透简单的统计思想。 4. 在"数字小主人"活动中发展孩子的有序思考、质疑的能力以及语言表达的完整性。	1. 鼓励孩子积极参与数学学习活动,通过走进超市,发现并提出数学问题,提升解决数学问题的能力,从而达到学以致用。 2. 能够根据不同的标准对事物或数据进行分类,感受分类与生活的密切联系。 3. 在"快乐拼搭"中能对简单的几何图形进行简单的分类。	1. 愿意了解生活中与数学相关的信息,积极主动参与数学学习活动。 2. 能在老师和同学的鼓励、帮助下,克服在数学活动中遇到的某些困难,获得成功的感受。 3. 在运用数学知识和方法解决问题的过程中,初步养成乐于思考、勇于质疑等良好品质。

---

① 中华人民共和国教育部. 义务教育数学课程标准(2011年版)[S]. 北京:北京师范大学出版社,2012:2.

续　表

目标 年级	知 识 技 能	关 键 能 力	思 维 方 法	情 感 态 度
二年级	1. 联系生活实际理解数的实际含义；能准确进行运算。 2. 通过在"边边角角"数学活动的观察、操作中，认识简单的平面图形，感受平移、旋转、轴对称现象；认识物体的相对位置；掌握初步的测量、识图、画图的技能。 3. 在"小小调查员"活动中经历简单的数据收集和整理过程，了解调查的基本方法。	1. 通过"除除有余"体会加、减、乘、除法运算的意义。 2. 在对运算结果进行估计的过程中发展数感。 3. 经历从实际物体中抽象出角、正方形、长方形和平行四边形的过程，初步发展空间观念，体会研究图形方法的多样性。 4. 在解决熟悉的问题中，体会调查和收集整理数据的必要性。能对调查过程中获得的简单数据进行归类，体验数据中蕴涵着信息。	1. 能从"地铁达人"等实践活动中发现和提出简单的数学问题并尝试解决。 2. 通过"班级小管家""小小采购员"等活动，让孩子能在生活中解决统计与概率相关的问题。 3. 在"地铁达人"中了解分析问题和解决问题的方法，知道一个问题可以有不同的解决方法。 4. 在"地铁达人"中体验与他人合作交流解决问题的过程，尝试回顾解决问题的过程。	1. 通过"除法大聚会"、"奇妙的24点"等游戏，感受计算的乐趣，增强孩子的计算兴趣。 2. 通过"边边角角"活动，设计简单的图案，发展初步的审美意识。 3. 通过交流，养成接纳鉴赏他人意见的良好习惯，在表达自己意见的过程中增强自信心和创造力，以及对数据调查的兴趣。 4. 能倾听别人的意见，尝试对别人的想法提出建议，知道应该尊重客观事实。
三年级	1. 在"计算能手"中理解混合运算的意义和运算顺序，能准确进行运算。 2. 结合"麦田数学"认识质量单位千克、克、吨；认识年、月、日，认识24时法，并能计	1. 能结合"生活小能手"具体情境进行估算，进一步发展估算的意识和能力，并发展数感。 2. 经历分析轴对称图形特征和观察物体平移、旋转运动	1. 经历"麦田里的数学"等系列实践活动，体验运用所学的知识、思想和方法解决实际问题，感受数学在生活中的作用。 2. 了解分析问题和解决问题的	1. 通过制作年历探索时间的规律、文化等活动，充分感受到合理安排时间和惜时守信的重要性。养成热爱生命，珍惜时间的好习惯。 2. 在与同伴的合作学习下，感受

续　表

目标 年级	知 识 技 能	关 键 能 力	思 维 方 法	情 感 态 度
三年级	算简单的经过时间。 3. 能结合具体的情境进行估算。 4. 在"移步幻影"中观察操作，初步认识轴对称图形。结合实例感受平移、旋转现象。 5. 通过"生活小能手"实践活动，经历简单的数据收集、整理和分析的过程。	的过程,发展空间想象能力。 3. 在"生活小能手"活动中经历简单的数据收集、整理和分析的过程,了解简单的数据处理方法,体验数据中蕴涵的信息。 4. 经历对生活中的某些现象进行推理判断的过程,能够对这些现象进行合理的分析。能独立思考,会用语言清晰地表达自己的想法。 5. 探究轴对称图形特征,观察物体平移和旋转运动的过程,发展空间想象能力。	一些基本方法,知道同一个问题可以有不同的解决方法。 3. 通过"生活小能手"活动能对数据进行简单分析,了解简单的数据处理方法,解决简单的实际问题。	数学活动中的成功,能尝试克服困难。 3. 在"奇妙的剪纸"等实践操作活动中,激发数学的兴趣和好奇心。 4. 在"生活小能手"整理数据的过程中,初步养成认真、仔细的良好习惯。 5. 在实践操作、讨论交流等活动中积累活动经验,养成独立思考、勇于探索的习惯。
四年级	1. 通过"神机妙算"掌握必要的运算技能;能用方程表示简单的数量关系,能解简单的方程。 2. 在"巧数图形"中探索线与角的形状、大小、位置关系,了解三角形和四边形的基本特征。	1. 初步形成数感和空间观念,感受符号和几何直观的作用。 2. 通过"机智过人"实例感受简单的随机现象,体验事件发生可能性有大有小,并对可能性大小作出定性描述。 3. 在"巧数图形"	1. 借助"节约用水""电影票里的学问"等具体情景,发现并提出简单的数学问题,运用知识加以解决。感受数学在生活中的应用,发展应用意识。 2. 能探索分析和解决简单问题的有效方法,了	1. 借助大数据以及计算器的使用、算盘文化等,了解社会生活中与数学相关的信息,主动参与数学学习活动。 2. 在他人的鼓励和引导下,体验克服困难、解决问题的过程,相信自己能够学好数学。

目标 年级	知识技能	关键能力	思维方法	情感态度
四 年 级	3. 通过"生活里的学问"经历数据的收集、整理和分析的过程，体验随机事件和事件发生的可能性。	中经历观察、实验、猜想、验证等过程，发展合情推理能力，能进行有条理的思考，能比较清楚地表达自己的思考过程与结果。 4. 会独立思考，体会数学的基本思想。	解决问题方法的多样性。 3. 经历与他人合作交流解决问题的过程，初步尝试解释自己的思考过程。 4. 能回顾解决问题的过程，判断结果的合理性。	3. 初步养成乐于思考、勇于质疑、言必有据的良好品质。
五 年 级	1. 在"妙趣巧算"活动中经历探索数的有关特征的活动。 2. 在"巧手包装"中深入认识并掌握长方体的基本特征，测量立体图形的各部分数据，计算棱长、表面积及体积，发展孩子的空间观念。 3. 通过"精打细算"活动，能根据需要，选择合适的统计图，直观、有效地表示数据。	1. 在"统统有数"中进一步认识到数据中蕴含着信息，发展数据分析观念；通过实例感受简单的随机现象。 2. 在"抽奖大转盘"活动的过程中，能用分数表示可能性的大小，能对一些简单的随机现象发生的可能性大小做出定性描述。	1. 利用数形结合的数学思想，表示因数与倍数的关系；能合理借助几何直观正确表达分数应用题中的相关数量关系，将复杂抽象的问题用清晰直观的图例来表达，并尝试解决抽象的数学问题。 2. 在"精打细算"中经历实际生活调查、数据分析，选择适合自己的消费方式的过程，探索分析和解决简单问题的有效方法。	1. 通过"妙趣巧算"培养对数学的兴趣，能够主动参与数学学习活动。 2. 深入解读"鸡兔同笼"的数学文化，感受祖先的聪明才智，增强学好数学的自信心，初步养成乐于思考、勇于质疑、言必有据等良好品质。 3. 在运用数学知识和方法解决问题的过程中，认识数学的价值。

续　表

目标 年级	知识技能	关键能力	思维方法	情感态度
六年级	1. 结合"玩转数字"理解小数和分数的意义，理解百分数的意义；会进行小数、分数和百分数的转化。 2. 认识中括号、能进行简单的整数、小数、分数、百分数四则混合运算。 3. 在"小小设计师"中探索图形的形状、大小和位置关系，了解一些几何体和平面图形的基本特征；能在方格纸上画出简单图形运动后的图形；能运用平移、旋转和轴对称的角度在方格纸上设计简单的图案。	1. 在"我是小柯南"中经历观察、猜想、综合实践等活动，培养孩子有序思考的思维品质，发展合情推理能力，能比较清楚地表达自己的思考过程与结果。 2. 在"小小设计师"中初步形成数感和空间观念，感受符号和几何直观的作用。 3. 在"我是小柯南"活动中会独立思考，体会一些数学的基本思想。	1. 在"我最有才"中经历简单的收集、整理和分析数据的过程，能解释统计结果，根据统计结果做出简单的判断和预测。通过理财高手、旅行中的数学等实践活动，了解相关项目和信息，经历分析、对比、合理判断的过程，发展孩子的应用意识。 2. 能探索分析和解决简单问题的有效方法，了解解决问题方法的多样性。 3. 通过应用和反思，回顾解决问题的过程，进一步理解所学的知识和方法，了解知识之间的联系。	1. 通过"我最有才"，愿意了解社会生活中与数学相关的信息，主动参与数学学习活动。 2. 通过"生活中的圆"了解圆的相关信息，感受圆在生活中的广泛应用，逐步形成坚持真理、严谨求实的科学态度。 3. 经历有目的、有设计、有步骤、有合作的实践活动。通过应用和反思，进一步理解所用的知识和方法，了解所学知识之间的联系，获得数学活动经验。

第三部分　学科课程框架

我校"益智数学"课程框架结构的依据是《义务教育数学课程标准(2011年版)》和学校"青草地课程"体系。根据"益智数学"课程基本理念,在实施基础课程的同时,满足孩子的学习需求,开发丰富数学学科的拓展课程,让孩子在经历互动交流、体验操作、角色演练的学习过程中获得发展,引导孩子学会主动思维、自主学习。

一、学科课程结构

我校"益智数学"课程是依据《义务教育数学课程标准(2011年版)》,秉承数学学科课程哲学,结合孩子发展特点以及我校的育人目标而自主开发的,具体分为"益智代数""益智几何""益智统计""益智实践"四大类。具体如下(见图6-2-1)。

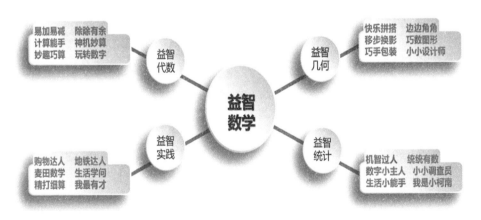

图6-2-1　"益智数学"课程结构示意图

(一) 益智代数

"数与代数"是小学数学基础课程的重要领域,开设相关拓展课程,旨在建立孩子的数感。通过开展有趣的计算、巧算活动,提高孩子的计算兴趣、计算能力,发展思维灵活性。开设的课程有"易加易减""除除有余""计算能手""神机妙算""妙趣巧算""玩转数字"等课程。

(二) 益智几何

"图形与几何"是小学数学基础课程的重要领域,开设相关拓展课程,注重发展孩子的空间观念,根据孩子已有的生活经验和不同的认知规律,经历剪、拼、画等动手操作活动,体会图形之间的联系与变化,提高孩子操作能力。开设的课程有"快乐拼搭""边边角角""移步换影""巧数图形""巧手包装""小小设计师"等课程。

(三) 益智统计

"统计与概率"是小学数学基础课程的重要领域,开设相关拓展课程,注重发展孩子对事物或数据进行分类、收集、整理和分析的能力,能用自己的方式呈现结果,并体会统计的价值,发展统计观念。开设的课程有"数字小主人""小小调查员""生活小能手""机智过人""统统有数""我是小柯南"等课程。

(四) 益智实践

"综合与实践"是小学数学基础课程的重要领域,开设相关拓展课程,有助于帮助孩子体验数学知识间的内在联系、数学与现实生活的内在联系。通过创设生活情景,解决生活中真实存在的问题,培养孩子的问题意识、应用意识和创新意识,提高孩子解决现实问题的能力。[①] 开设的课程有"购物达人""地铁达人""麦田数学""生活学问""精打细算""我最有才"等课程。

二、学科课程设置

我们根据数学教育教学和孩子认知发展及成长规律,逐步完善"益智数学"课程设置,让学习自然生长。"益智数学"以课程目标的达成和核心素养的落实为出发点,围绕"有氧教育"的学科理念,除了基础课程之外,"益智数学"拓展课程设置

---

① 戴玲.有效提高课堂教学以落实数学生活化[J].新课程导学,2017(31): 86.

如下(见表6-2-2)。

表6-2-2 "益智数学"拓展课程设置表

内容 年级	类别	益智代数		益智几何		益智统计		益智实践	
		课程 名称	课程 内容	课程 名称	课程 内容	课程 名称	课程 内容	课程 名称	课程 内容
一年级	上	易加 易减	计算大 本营	快乐 拼搭	玩转七 巧板	数字小 主人	神奇 的数	购物 达人	走进 超市
	下		火柴棒 的平移		玩转七 巧板		投色子		小小 商店
二年级	上	除除 有余	24点 游戏	边边 角角	拼出美 丽的 图案	小小调 查员	班级小 管家	地铁 达人	我是购 票员
	下		除法大 聚会		角的 世界		小小采 购员		我是测 量员
三年级	上	计算 能手	数字 迷宫	移步 换影	奇妙的 剪纸	生活 小能手	小小气 象员	麦田 数学	我们的 校园
	下		竖式 之谜		画脸谱		小小裁 判员		制作 年历
四年级	上	神机 妙算	巧用运 算律	巧数 图形	巧数 图形	机智 过人	幸运大 转盘	生活 学问	电影票 里的 学问
	下		妙趣算 算算		巧算内 角和		抽奖的 学问		节约 用水
五年级	上	妙趣 巧算	玩转扑 克牌	巧手 包装	壁纸设 计师	统统 有数	抽奖大 转盘	精打 细算	价格 学问
	下		图解 分数		体积中 的学问		我是数 据分 析师		促销 策略
六年级	上	玩转 数字	数字变 形记	小小设 计师	图形 变幻	我是小 柯南	我是 侦探	我最 有才	理财 高手
	下		计算变 形记		生活中 的圆		图劳 有功		旅行中 的数学

第四部分　学科课程实施与评价

数学学习要使孩子乐学、活学,不仅能够使孩子学习数学知识、推动思维的发展,还能对孩子进行德育的渗透。数学学习是一个生动活泼的、主动的和富有个性的过程,数学课程的实施要符合孩子的认知规律,贴近孩子的实际,为孩子创造足够的时间和空间去经历观察、动手实践、思考探索、推理验证等活动过程。

为此,根据"益智数学"的课程理念、学科性质、课程目标等方面的要求,我校从益智课堂、益智数学课程群、益智探究活动体验、益智社团活动等几个方面进行课程实施。

一、构建"益智课堂",教学共同生长

"益智课堂"坚持以"智"为本,通过课堂教学与课外学习活动相结合,激发孩子学习数学的兴趣,感受数学的魅力。

(一)"益智课堂"实施要素

1. 创设情境,激发兴趣,有效导入。教师在备课时要立足孩子已有的生活经验和知识经验,充分考虑孩子的兴趣,根据教学内容,挖掘各种资源,从导入到练习,创设孩子感兴趣的情境,激发孩子的学习热情。

2. 互动对话,积极思考,交流质疑。教师组织和引导孩子讨论和交流,根据情境,结合新知与同伴互动交流,在对话中引发思考,激起疑问,共享集体思维成果,体验交流之趣。能比较全面、正确地理解所学知识,完成对所学知识的建构。

3. 展示研讨,智慧分享,自我提高。在交流互动之后,孩子将已获得的知识进行展示分享,体验到思考之乐、智慧之趣。在展示分享中对孩子所反映的情感、态度、策略等方面进行及时地评价,鼓励孩子自我调整,自我提高。

4. 拓展延伸,完善知识,共同成长。这是对师生学习成效的延伸,也是对教学目标的检测与评价,更是对所学知识的扩展与应用,它真正体现了师生的教学相长,共同成长。以孩子的本真作为"蓝本",在独立建构的基础上,思维相互碰撞,逐步对知识进行完善。

(二)"益智课堂"评价标准

我们从趣味性、主体性、参与度、发展性、创新性等方面对"益智课堂"进行评价,具体标准如下(见表6-2-3)。

表6-2-3 "益智课堂"评价标准表

课题		执教人		评课人		班 级		评分
因材施教	趣味性(30分)	1. 目标明确。学习目标的制定明晰、正确,书写规范,目标具体可测评。 2. 以学定教。立足孩子已有的经验基础,充分考虑孩子的兴趣,根据学习内容,挖掘各种教学资源,创设孩子感兴趣的情境,调动孩子的学习热情。 3. 因材施教。课堂教学的各个环节关注孩子差异性,兼顾各个层面的孩子。						
	主体性(20分)	1. 活动自主。体现让孩子自主"发现问题、提出问题、分析问题、解决问题"的原则。 2. 赏识激励。关注学习过程,课堂评价及时、准确、丰富,以激励、欣赏为主。 3. 寓教于乐。教态亲切,语言亲和,方法灵活。						
学有所获	参与度(20分)	1. 互帮互学。有效进行小组合作学习。 2. 乐思善述。孩子的思维有广度和深度,勇于发表自己的观点,乐于听取别人的意见。 3. 积极参与。在学习过程中孩子积极投入,气氛活跃。						
	发展性(20分)	1. 知行合一。重知识与能力的综合、过程与技能的转化、体验与品质的过渡。 2. 目标达成。体现"教—学—评"的一致性。学习目标达成度高。						
创新性(10分)		恰当运用电子白板等多媒体、理念先进,教师创新、孩子创学,课堂中有创新点。						
综合评价								

二、建设"益智数学"课程群,全面丰富课程

(一) 组建"益智数学"课程群

根据学校数学学科师资力量,结合教师自身特长,以国家统编教材为原点,按照"1＋X"形式组建数学学科课程群,"1"是指基础性课程,"X"是指拓展性课程,是基础性课程的拓展与延伸。课程群的实施基于《义务教育数学课程标准(2011 年版)》,是对基础课程的强化与夯实。通过课程群的实施,提高孩子的兴趣爱好,激发孩子的学习潜能,促进孩子对基础性课程的学习效能。"益智数学"课程群主题如下(见表 6‐2‐4)。

表 6‐2‐4 "益智数学"课程主题表

年　级	课　程　主　题
一年级	1. 奇妙的数学世界 2. 巧手绘写数 3. "加""加"有礼 4. 玩转七巧板 5. "位""位"到来
二年级	1. 计算大本营 2. 小会计 3. 我的另一面 4. 巧手拨数 5. 走出一千米
三年级	1. 数学秒世界 2. 综合实践活动 3. 电脑动漫 4. IT 博士 5. 我会画计算 6. 搭配中的学问 7. "步""步"有现 8. 我是小柯南
四年级	1. 数学"小"主人 2. 信息技术 3. 综合实践活动 4. 电脑动漫小木匠

续　表

年　级	课　程　主　题
四年级	5. 我为同学编学号 6. 抽奖中的学问 7. 小数点大学问 8. 做时间的主人
五年级	1. 综合实践活动 2. 数学应用家 3. 航模 4. 火柴盒 5. 3D 打印 6. 棋乐无穷 7. 我是计算小能手 8. 拳头的体积
六年级	1. 数学总动员 2. 生活中的圆 3. 我是有"财"人 4. 大风车数学 5. "空"想大师

(二)"益智数学"课程群评价标准

　　我们围绕教学目标、教学内容、教学过程、教学方法、教学效果、教师素质等方面对"益智数学"课程群开展评价,具体评价标准如下(见表6-2-5)。

三、推行"益智探究",学习与生活相连

　　把数学问题生活化,生活问题数学化,让教育重归生活是数学教育的一种趋势和共识。开展数学实践与运用活动,让孩子通过运用所学知识去解决生活中的数学问题,体验数学与生活的联系,体验数学的应用价值,同时在培养孩子解决问题的过程中提高孩子的动手操作能力,自觉进行数学思考的能力,以及创新精神和实践能力。探究活动体验,就是倡导生活场景即课程,鼓励孩子回归生活,打开生活世界与数学世界的通道,在活动中快乐学习。

表6-2-5 "益智数学"课程群评价表

课题		执教人		评课人		班 级		评分
教学 目标 (10分)	1. 符合新课标理念,基础性目标、教学核心目标、附属性目标合理、明确。 2. 深挖教材,符合要求,切合孩子实际。							
教学 内容 (15分)	1. 能准确把握教学重点和难点。 2. 教学内容是现实的、有意义的,是从孩子已有的知识和经验出发的。 　有利于孩子进行观察、实验、猜测、验证、推理与交流等数学活动。 3. 适当补充相关情境材料,以支持孩子的学习,注意本学科与其他领域 　的适当联系。							
教学 过程 (30分)	1. 教学思路清晰,层次清楚,结构合理,重点突出,符合孩子认知规律,有 　利于孩子认知结构的建立。 2. 创设良好课堂教学气氛,激发孩子的学习积极性。体现教师是孩子学 　习活动的引导者与合作者。开展有效学习活动,向孩子提供充分的参 　与数学活动的机会,让师生、生生多边互动,积极参与,课堂上孩子动 　手实践、自主探索与合作交流。 3. 师生关系和谐,情知交融,孩子学习积极主动,体现个性。							
教学 方法 (20分)	1. 教学方法具有启发性,充分发挥孩子的主体作用。 2. 情境创设恰当、有效,问题设计严谨、合理、有探究性,启发孩子的智 　慧。 3. 采用不同的方式呈现教学内容,激发孩子学习兴趣。 4. 体现对孩子的能力培养,情感的激发。 5. 教学手段运用得当。							
教学 效果 (15分)	1. 孩子在原有的基础上获得知识、技能、情感态度等方面的发展。 2. 教学"六度"得到一定体现。							
教师 素质 (10分)	1. 教态自然,语言准确精炼,示范规范,指导得法。 2. 善于组织教学,有教学机智,调控能力强。							
综合 评价								

(一)"益智探究"活动实施

　　数学活动的主体是孩子,教师根据孩子的学习内容引导孩子去观察生活,留心生活中的数学问题。"益智探究"活动实施原则：1. 体现基础性,促进应用化。

2. 挖掘主题性,注重兴趣化。3. 重视灵活性,力求主体化。4. 加强针对性,突出个性化。"益智探究"活动主题如下(表6-2-6)。

表6-2-6　"益智探究"活动主题表

年　级	活　动　主　题
一年级	1. 我的家里有什么 2. 身边的图形多又多 3. 生活中的时间 4. 有趣的拼图 5. 巧手会整理 6. 快乐购一购
二年级	1. 教室有多大 2. 量一量,比一比 3. 做时间的小主人 4. 合理搭配 5. 小小设计师 6. 有趣的剪纸
三年级	1. 数学商店 2. 数字编码 3. 我会看地图 4. 小小统计员 5. 制作活动日历 6. 我们的校园
四年级	1. 小小掌柜 2. 1亿有多大 3. 我们的城市有多大 4. 优化大师就是我 5. 营养午餐 6. 神奇的三角形 7. 小小设计师 8. 买票的学问
五年级	1. 超市快乐购 2. 围棋大战 3. 设计平面图 4. 抽签 5. 快乐的植树节 6. 设计门牌号 7. 行李尺寸的秘密 8. 数学与艺术

续　表

年　　级	活　动　主　题
六年级	1. 今天我是小导游 2. 五线谱里的音符 3. 自制洗手液 4. 硬井盖里的学问 5. 我是家庭记账员 6. 学习理财 7. 自行车里的数学 8. 照相机里的学问

(二)"益智探究"活动评价

　　"益智探究"活动实行多元评价,将老师评价、家长评价、孩子自评相结合,关注孩子自主、合作、探究的意识。具体评价内容包括:活动主题体现数学问题生活化;活动方案设计的合理化;活动过程中解决问题的科学化;活动成果呈现的数学化。具体评价标准如下(见表6-2-7)。

表6-2-7　"益智探究"活动评价表

活动名称		主持教师								
活动时间		活动地点				参与人数				
项目及评分标准			孩子评价			家长评价			教师评价		
			优秀	良好	合格	优秀	良好	合格	优秀	良好	合格
活动主题	1. 立足于孩子数学基础和生活实际,与课程目标契合。 2. 目标明确、具体、切实可行,符合孩子实际。 3. 内容生动有趣,能为孩子所理解,有利于学习目标的达成。										
活动方案	1. 设计合理,能满足孩子的兴趣、爱好和发展需要,密切数学学科与孩子生活经验的联系。 2. 方法灵活多样、有实效,符合孩子特点,为孩子所喜爱。 3. 内容新颖生动,知识点突出,能吸引孩子,促进孩子思维发展。										

续　表

项目及评分标准		孩子评价			家长评价			教师评价		
		优秀	良好	合格	优秀	良好	合格	优秀	良好	合格
活动过程	1. 教学材料准备充分,活动场地选择适当,活动环境有利于师生互动和孩子交流。 2. 有针对性,突出个性化,鼓励和肯定孩子独特的思路及方法,突出孩子的主体意识。 3. 过程清晰合理,新颖有效,能体现孩子的主体作用。									
活动成果	1. 成果展示形式丰富新颖,内容符合数学学科特点、全面完整。 2. 活动目标达成率高,孩子乐于动脑、动口、动手,孩子能力得到提高并乐于展示自我。 3. 孩子兴趣得到培养,个性特长得到发展。									
综合评价										

四、开设"益智社团",浓郁学习氛围

将小学数学综合实践与应用和数学教学内容相结合,以小组合作探究的形式成立"益智社团"。

(一)"益智社团"的活动主题

我们根据孩子年龄特点设置了不同的社团活动主题如下(见表6-2-8)。

(二)"益智社团"活动评价要求

"益智社团"的评价内容包含社团组织和组员参与两个方面:(1)社团组织:资料的查找,方案的设计,活动过程中小组成员的分工,活动的成果。(2)组员参与:参与活动的是否主动,在活动中是否贡献有价值的思考,是否与其他组员合作

解决问题,是否倾听别人的意见或建议。"益智社团"活动评价效果、评价内容和活动记录内容如下(见表6-2-9)。

表6-2-8 "益智社团"活动主题表

年 级	社 团 活 动 主 题
一年级	1. 美丽的拼图 2. 汉诺塔 3. 照镜子 4. 巧拼七巧板 5. 数学绘画 6. 口算达人 7. 数学阅读《李毓佩数学童话集》 8. 五宫格
二年级	1. 我是小主编 2. 数独游戏 3. 巧移火柴棒 4. 三笔画 5. 趣味果冻摆起来 6. 神机妙算 7. 数学阅读《李毓佩数学童话集》 8. 测量比赛
三年级	1. 趣味数学 2. 用智慧创造速度 3. 华容道 4. 能掐会算的本事 5. 数学故事会 6. 制作手抄报 7. 数学阅读《少年智力开发报》 8. 两人三足
四年级	1. 设计美丽的图案 2. 高斯的故事 3. 历史上的2月30日 4. 谁在说谎 5. 24点 6. 放棋子的游戏 7. 洛书幻方 8. 25张牌的游戏

续 表

年 级	社 团 活 动 主 题
五年级	1. 神奇的数字黑洞 2. 完美数 3. 谁是最简分数 4. 哥德巴赫猜想 5. 七桥环 6. 数学知识竞赛 7. 数学阅读《小学数学报》 8. 魔方
六年级	1. 奇妙的循环数 2. 黄金比 3. 蜂房结构趣闻 4. 制作无盖的长方体纸盒 5. 椭圆的秘密 6. 四巧板 7. 数学资料库 8. 钻山洞游戏

表 6-2-9 "益智数学"社团效果评价表

活动名称				主持教师	
活动时间		活动地点		参与人数	
评 价 项 目		分 值		得 分	
活动设计		10			
各项资料		20			
教师技能		10			
孩子参与度		30			
活动效果		30			

　　"益智数学"面向全体孩子,以培养孩子的数学核心素养、促进孩子的素质均衡发展为目标,重视孩子的个性发展,重视激发孩子的内部动力与发展潜力,重视孩子的身心愉悦,重视孩子的心灵感知,重视对孩子的文化熏陶。通过丰富多彩的课程资源、灵活多元的课程实施与评价,引导孩子在深度反思中加深

对知识的理解并提高自主学习能力,在深度理解中形成深度的数学思维,在教师深度教学、孩子深度学习的合力下实现孩子高阶思维的形成,使孩子获得良好的数学教育。

(撰稿人:龚文丽　　岳秋分　　郭淑华　　周晶　　江小花)

后 记

　　自 2018 年至今,数学学科课程建设在东湖区已经走过两年多的历程,其间经历了一次又一次的探索与实践。数学品质课程提升项目的阶段性成果《学科课程和深度学习》,几经磨砺终于落笔了。这是项目组各位校长、教师和教研员共同努力、智慧分享的结晶。

　　书稿记录了南昌市东湖区数学学科课程群建设过程的点点滴滴,全体数学教师把课程改革作为落实立德树人根本任务的一个重要抓手和突破口,将《义务教育数学课程标准(2011 年版)》作为课程建设的总纲和方向,走进课程深处、学科深处,为孩子搭建更多更好的平台,指导孩子深度学习,提升数学核心素养。最终勾勒出了学校数学学科课程的新景象,推进了数学课程的深度变革。

　　在数学学科课程设计与实施中,全体老师加强学习,深化研究,坚持"以生为本,让学习真正发生"的教学理念,进行学科核心素养落地的学科转化,尊重孩子的学习特性,突出教与学方式的"变化",以体验式、参与式、探究式为主旋律,让孩子数学核心素养的培养在课程中得以落实。教师在与课程的互动中,课程意识和研究意识也有了质的提升,获得了专业成长!

　　在项目成果即将出版之际,首先感谢各校数学学科建设团队的老师们,每位老师都是学科课程资源的提供者、加工者和建构者,感谢每一位老师的智慧交流和无私奉献;同时,要衷心感谢上海市教育科学研究院杨四耕教授的高水准的专业引领和高站位的学术指导,让学校学科课程建设规划有逻辑、学科课程建设方案有特色。更要感谢东湖区教科体局和东湖区教研中心为项目工作推进给予的全面部署和专业指导;感谢学校领导对学科课程实施的大力支持,对课程实施中出现的问题提出的宝贵的意见和建议。专家的引领,领导的支持,团队的奋进,激发了大家对数学课程与数学教学的思考与灵感,促进了教师对学习本质、教学本质、深度学习、核心素养等有了更高层次的认识。

数学学科课程群的建设是一件复杂的事,课程的实施与行进不可能一蹴而就,我们的数学课程建设依然任重而道远,需要我们在不断否定自我中实现超越,让课程图谱更加丰富,课程逻辑更加清晰,课程实施更具特色,让每一个孩子得到更加全面的发展。

时间仓促加之笔者水平所限,书中仍有许多不妥之处,恳请读者提出宝贵意见。

编委会

2020 年 2 月

教师专业发展的理论与实务	978 - 7 - 5760 - 0721 - 3	42.00	2021 年 1 月
课堂教学的 30 个微技术	978 - 7 - 5760 - 1043 - 5	52.00	2020 年 12 月
教学诠释学	978 - 7 - 5760 - 0394 - 9	42.00	2020 年 9 月
原点教学：提升区域育人质量的策略研究			
	978 - 7 - 5760 - 0212 - 6	56.00	2020 年 8 月
聚焦学科核心素养的课堂教学	978 - 7 - 5675 - 8455 - 6	36.00	2018 年 11 月
指向学科核心素养的课堂教学范式	978 - 7 - 5675 - 8671 - 0	54.00	2019 年 6 月

学校课程发展丛书

数学学科课程群	978 - 7 - 5675 - 9445 - 6	58.00	2019 年 8 月
科学学科课程群	978 - 7 - 5675 - 9593 - 4	34.00	2019 年 9 月
核心素养与课程设计	978 - 7 - 5675 - 9462 - 3	46.00	2019 年 9 月
语文学科课程群	978 - 7 - 5675 - 9441 - 8	56.00	2019 年 9 月
品牌培育与学校课程	978 - 7 - 5675 - 9372 - 5	39.00	2019 年 9 月
英语学科课程群	978 - 7 - 5675 - 9575 - 0	39.00	2019 年 10 月
体艺学科课程群	978 - 7 - 5675 - 9594 - 1	34.00	2019 年 10 月
跨学科课程的 20 个创意设计	978 - 7 - 5675 - 9576 - 7	34.00	2019 年 10 月
学校课程与文化变革	978 - 7 - 5675 - 9343 - 5	52.00	2019 年 10 月

品质课程实验研究丛书

学校课程框架的建构：HOME 课程的旨趣与架构			
	978 - 7 - 5675 - 9167 - 7	36.00	2019 年 9 月
聚焦育人目标的课程设计：红棉花季课程的愿景与追求			
	978 - 7 - 5675 - 9233 - 9	39.00	2019 年 10 月

核心素养导向的课程设计：花园式课程的文化与聚焦

                         978 - 7 - 5675 - 9037 - 3   48.00   2019 年 10 月

学校课程文化的实践脉络：百步梯课程的逻辑与架构

                         978 - 7 - 5675 - 9140 - 0   48.00   2019 年 11 月

学校课程发展策略：SMILE 课程的逻辑与深度

                         978 - 7 - 5675 - 9302 - 2   46.00   2019 年 12 月

聚焦内涵发展的课程探究：芳香式课程的理念与实施

                         978 - 7 - 5675 - 9509 - 5   48.00   2020 年 1 月

以儿童为中心的课程：欢乐谷课程的旨趣与维度

                         978 - 7 - 5675 - 9489 - 0   45.00   2020 年 1 月

学校课程体系的建构："小螺号课程"的架构与创生

                         978 - 7 - 5760 - 0445 - 8   45.00   2020 年 9 月

特色学校聚焦丛书

每一个孩子都是一棵树	978 - 7 - 5675 - 6978 - 2	28.00	2018 年 1 月
教育不是一个人的事："众教育"36 条			
	978 - 7 - 5675 - 7649 - 0	32.00	2018 年 8 月
不一样的生命，一样的精彩	978 - 7 - 5675 - 8675 - 8	34.00	2019 年 3 月
童味正醇：特色学校的文化图谱	978 - 7 - 5675 - 8944 - 5	39.00	2019 年 8 月
特色普通高中课程建设探索	978 - 7 - 5675 - 9574 - 3	34.00	2019 年 10 月
儿童是天生的探索者：360°科学启蒙教育			
	978 - 7 - 5675 - 9273 - 5	36.00	2020 年 2 月
做精神灿烂的教师：教师自我成长的 5 个密码			
	978 - 7 - 5760 - 0367 - 3	34.00	2020 年 7 月
让教育温暖而芬芳	978 - 7 - 5760 - 0537 - 0	36.00	2020 年 9 月
快乐教育与内涵生长	978 - 7 - 5760 - 0517 - 2	46.00	2020 年 12 月

故事教育与儿童发展　　　　　978 - 7 - 5760 - 0671 - 1　39.00　2021 年 1 月

跨学科课程丛书

大情境课程：主题设计与创意评价

978 - 7 - 5760 - 0210 - 2　44.00　2020 年 5 月

社会参与素养的培育模型与干预机制

978 - 7 - 5760 - 0211 - 9　36.00　2020 年 5 月

大概念课程：幼儿园特色主题活动设计

978 - 7 - 5760 - 0656 - 8　52.00　2020 年 8 月

核心素养导向的课堂教学丛书

漾着诗性智慧的课堂教学　978 - 7 - 5675 - 9308 - 4　39.00　2019 年 7 月

转识成智的课堂教学：核心素养导向的历史教学

978 - 7 - 5760 - 0164 - 8　40.00　2020 年 5 月

学导式教学：学会学习的教学范式

978 - 7 - 5760 - 0278 - 2　42.00　2020 年 7 月

高阶思维教学的关键技术　978 - 7 - 5760 - 0526 - 4　42.00　2021 年 1 月

特色课程建设丛书

教师,生长的课程　978 - 7 - 5760 - 0609 - 4　34.00　2020 年 12 月

学校课程发展的实践范式　978 - 7 - 5760 - 0717 - 6　46.00　2020 年 12 月

丰富学习经历：如歌式课程的愿景与深度

978 - 7 - 5760 - 0785 - 5　42.00　2020 年 12 月